SOCIÉTÉ DE GÉOGRAPHIE DE DUNKERQUE

Fondée en 1880

CONGRÈS NATIONAL

DES

SOCIÉTÉS FRANÇAISES DE GÉOGRAPHIE

XXVIIe Session

DUNKERQUE — JUILLET-AOUT 1906

Président d'honneur : M. GUILLAIN, Député du Nord, Ancien Ministre

Président : M. Thomas DEMAN, Avocat, Président de la Société

COMPTE-RENDU DES TRAVAUX DU CONGRÈS

DUNKERQUE
IMPRIMERIE PAUL MICHEL, RUE DE LA MARINE, 23
1907

CONGRÈS NATIONAL

DES

Sociétés Françaises de Géographie

XXVIIᵉ SESSION

DUNKERQUE — JUILLET-AOUT 1906

SOCIÉTÉ DE GÉOGRAPHIE DE DUNKERQUE

Fondée en 1880

CONGRÈS NATIONAL

DES

SOCIÉTÉS FRANÇAISES DE GÉOGRAPHIE

XXVIIe Session

DUNKERQUE — JUILLET-AOUT 1906

Président d'honneur : M. GUILLAIN, Député du Nord, Ancien Ministre

Président : M. Thomas DEMAN, Avocat, Président de la Société

COMPTE-RENDU DES TRAVAUX DU CONGRÈS

DUNKERQUE

IMPRIMERIE PAUL MICHEL, RUE DE LA MARINE, 23

1907

AVANT-PROPOS

Organisation du Congrès

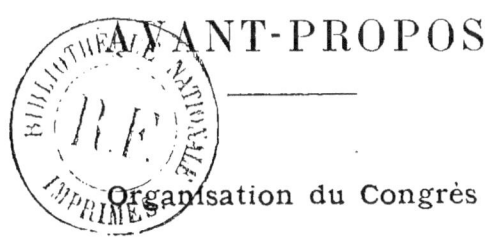

Le Congrès, tenu à Saint-Etienne en 1905, a décidé sur la proposition de M. Thomas Deman, Président de la Société de Géographie de Dunkerque et délégué de cette Société, que la Ville de Dunkerque recevrait le XXVIIe Congrès en 1906.

Honorée de ce choix, la Société de Dunkerque se mit à l'œuvre et nomma un Comité ainsi composé :

BUREAU DU CONGRÈS

Président :

M. Thomas DEMAN, Avocat, ancien bâtonnier de l'Ordre.

Vice-Présidents :

M. Félix COQUELLE, Négociant, Juge au Tribunal de Commerce, Consul du Pérou.

M. Georges MORAEL, Armateur, Président du Comité de la Ligue Française, à Dunkerque.

Secrétaire Général :

M. Georges MAJOUX, Armateur, Vice-Consul de Portugal, Consul de Bolivie et de Colombie.

Secrétaire :

M. Maurice DUCHATEAU, Syndic des Agents de Change, Courtier Maritime, Membre de la Chambre de Commerce.

Secrétaire-Adjoint :

M. Joseph MOURAUX, Licencié ès-lettres, Professeur au Collège Jean-Bart.

Trésoriers :

M. Albert DUTOIT, Industriel.
M. Lesti WOUSSEN, Négociant, Membre de la Chambre de Commerce.

Ainsi constitué, et, grâce au concours de nombreuses bonnes volontés particulières qui se mirent à sa disposition, le Bureau du Congrès put composer les Commissions suivantes :

COMMISSIONS

Organisation Générale

MM. Félix COQUELLE, Président.
Georges MAJOUX, Secrétaire.

Travaux

MM. Georges MORAEL, Président.
Julien CŒVOET, Secrétaire.

Réceptions

MM. Lesti WOUSSEN, Président.
Désiré VANHAMME, Secrétaire.

Excursions

MM. Jules LEROY, Président.
Edouard GOVARE, Secrétaire.

Fêtes

MM. Fernand WEUS, Président.
René LIZOT, Secrétaire.

Le Comité d'organisation fit aux autorités locales et départementales un appel aimablement entendu ; il reçut du Gouvernement de la République les meilleurs encouragements ainsi que des subventions importantes.

SUBVENTIONS

Souscriptions Publiques

Ville de Dunkerque	4.000 fr.
Chambre de Commerce	4.000 »
Ministère de l'Instruction Publique	1.000 »
Conseil Général du Nord	1.000 »
Compagnie du Chemin de Fer du Nord	500 »
Comité Dunkerquois Maritime et Colonial	500 »
Syndicat des Courtiers Maritimes	500 »
Syndicat des Transitaires	250 »
Chambre Syndicale et de Conciliation	250 »
	12.000 fr.

Un vif courant de sympathie se produisit dès que l'on connut le choix qui avait été fait de Dunkerque pour recevoir le Congrès et en peu de temps les listes de souscriptions se couvrirent de signatures.

SOUSCRIPTIONS

Souscriptions Particulières

MM. F. GUILLAIN, ancien Ministre, Député du Nord	100 fr.
J. TRYSTRAM, Sénateur, Président de la Chambre de Commerce	100 »
TRYSTRAM père, Ancien Sénateur, Président honoraire de la Chambre de Commerce et de la Société de Géographie	100 »
Alfred DUMONT, Avocat, Maire de Dunkerque	100 »
A Reporter...	400 fr.

Report...	400 fr.
MM. Th. DEMAN, Avocat, Président de la Société de Géographie....................	100 »
F. COQUELLE, Négociant, Juge au Tribunal de Commerce, Vice-Président de la Société...........	100 »
G. MAJOUX, Négociant, Secrétaire-Général de la Société de Géographie....................	100 »
L. WOUSSEN, Négociant, Membre de la Chambre de Commerce........................	100 »
G. MORAEL, ancien Avocat, Armateur, Vice-Président de la Société de Géographie...............	100 »
M. DUCHATEAU, Syndic des Courtiers Maritimes....	100 »
D. VANHAMME, Directeur de la Compagnie des Bateaux à Vapeur du Nord.................	100 »
A. PETYT, Banquier, ancien Conseiller Général.....	20 »
CAVROIS, Avocat, Adjoint au Maire.............	25 »
BOLLAERT-CUENIN, Industriel.................	12 »
DALINVAL, Armateur.......................	25 »
HUTTER, Courtier Maritime...................	50 »
WEUS, Fernand, Négociant....................	50 »
NISSEN J., Administrateur en chef de l'Inscription Maritime...............................	20 »
HÉRAUX..................................	50 »
CARLOS BERNARD, Propriétaire.................	50 »
AMESPIL, Consul de la République Argentine......	20 »
LEROY, Agent-voyer, faisant fonctions d'Ingénieur..	20 »
Pierre WOUSSEN, Négociant...................	25 »
WAETERLOOT, Courtier Fluvial.................	15 »
ROSSIGNOL, Receveur Principal des Douanes.......	20 »
TRESCA, Négociant..........................	20 »
COEVOET, Propriétaire, Docteur en Droit.........	25 »
SELIGMANN, Négociant.......................	50 »
COUSYN, Médecin de la Marine, en retraite........	5 »
Général COUPILLAUD, Gouverneur de Dunkerque...	20 »
Ch. CABOUR, Courtier Maritime, Juge au Tribunal de Commerce.........................	25 »
BECK G., Négociant et Armateur................	50 »
A Reporter...	1.697 fr.

Report...	1.697 fr.	
MM. De Clebsattel, Négociant, Président du Tribunal de Commerce.............................	50	»
Legriel, Directeur du Comptoir National d'Escompte de Paris....................................	20	»
Lizot, Avocat................................	20	»
L'abbé Decherf, Supérieur de l'Institution Libre N.-D. des Dunes...........................	12	»
M. Dutoit, Chimiste, Industriel.................	50	»
Ed. Govare, Propriétaire......................	50	»
Lefebvre J., Principal du Collège Jean Bart.......	25	»
Mme Manier-Michel, Imprimeur.....................	25	»
	1.949 fr.	

A tous, le Bureau du Congrès renouvelle l'expression de sa gratitude. Ils ont largement contribué au succès de notre Congrès auquel ils ont permis d'être véritablement digne, et de ceux que nous avions l'honneur de recevoir, et de la Société qui était heureuse de les accueillir.

Nous tenons également à remercier grandement la Compagnie du Chemin de Fer du Nord et son aimable représentant, M. Guillemain, et les Compagnies de Chemins de Fer pour les facilités et les avantages qu'elles ont, de si bonne grâce, accordés aux Congressistes.

Et nous tenons à ne pas oublier le précieux concours que nous ont donné la Compagnie des Tramways de Dunkerque et la Société Dunkerquoise de Remorquage, en mettant si gracieusement à notre disposition, l'une, ses voitures pavoisées à Malo-Terminus, l'autre ses remorqueurs pour la visite du port et des bassins.

Les représentants de la Presse locale et de la Presse régionale ont bien voulu, dès l'annonce du Congrès, promettre au Comité d'organisation un concours assidu et dévoué. Ils ont aimablement et complètement tenu leur promesse. Le Bureau du Congrès les remercie à nouveau très sincèrement.

Les réunions du Congrès eurent lieu à la salle Ste-Cécile pour les séances solennelles et, pour les séances de travail, dans la salle du Tribunal de Commerce, que M. le Président de ce Tribunal voulut bien aimablement nous accorder.

Un Comité d'honneur fut constitué, se composant des hautes personnalités de la région, qui, bienveillamment, manifestèrent ainsi le vif intérêt qu'elles portent à notre Société.

COMITÉ D'HONNEUR

Président :

M. GUILLAIN, Député du Nord, ancien Ministre des Colonies.

Vice-Présidents :

MM. J. TRYSTRAM, Sénateur du Nord.
A. DUMONT, Maire de Dunkerque.

Membres :

MM. le Sous-Préfet de Dunkerque.
le Général Gouverneur.
le Président du Tribunal Civil.
le Président du Tribunal de Commerce.
GEORGES VANCAUWENBERGHE, Conseiller Général.
DRON, Député du Nord, Maire de Tourcoing.
MŒNECLAEY, Conseiller Général, Maire de Cassel.
le docteur GEERAERT, Maire de Malo-les-Bains.
l'Ingénieur en Chef des Ponts et Chaussées.
le Syndic des Agents de Change, Courtiers Maritimes.
le Président du Comité Dunkerquois, Maritime et Colonial.
le Président de la Chambre Syndicale et de Conciliation.
le Président du Syndicat des Transitaires.

Le Congrès fut placé sous le haut patronage du Gouvernement de la République et de

'MM. le Président du Conseil, Ministre de la Justice.
   le Ministre de l'Instruction Publique.
   le Ministre de l'Intérieur.
   le Ministre de la Marine.
   le Ministre des Finances.
   le Ministre des Travaux Publics.
   le Ministre de l'Agriculture.
   le Ministre des Colonies.
   le Ministre des Affaires Etrangères.
   le Ministre du Commerce, de l'Industrie et du Travail.
   le Ministre de la Guerre.
   le Général en Chef.
   le Préfet du Nord.
   le Président du Conseil Général.
   le Maire de Dunkerque.
   le Président de la Chambre de Commerce.

Messieurs les Ministres voulurent bien se faire représenter effectivement aux travaux du Congrès et nous eûmes l'honneur de recevoir comme délégués :

Présidence du Conseil, Ministère de la Justice :

M. FOCHIER, Chef-adjoint du Cabinet du Ministère.

Ministère de l'Instruction Publique :

M. le Docteur Ernest HAMY, Membre de l'Institut et de l'Académie de Médecine, Professeur au Muséum d'Histoire Naturelle, Conservateur au Musée d'Ethnographie, Secrétaire du Comité des Travaux Historiques et Scientifiques.

M. Etienne PORT, Chef-adjoint du Cabinet du Ministre.

Ministère de la Marine :

M. HONNORAT, Sous-directeur de la Marine Marchande.
M. ROBIN, Chef-adjoint du Cabinet civil du Ministre.

Ministère des Finances :

M. LÉCUYER, Directeur des Douanes à Dunkerque.

Ministère de l'Intérieur :

M. P. FONTIN, Chef-adjoint du Cabinet du Ministre.

Ministère des Travaux Publics :

M. RECLUS, Secrétaire particulier du Ministre.

Ministère de l'Agriculture :

M. LETOURNEUR, Sous-chef de Cabinet du Ministre.

Ministère du Commerce :

M. Paul GERVAIS, Chef du Secrétariat particulier du Ministre.

Ministère de la Guerre :

M. le Général de Brigade BOELL, Gouverneur de Dunkerque.

Ministère des Colonies :

M. DYBOWSKI, Inspecteur Général de l'Agriculture Coloniale.

TRAVAUX DU CONGRÈS

Dimanche 29 Juillet

Le Dimanche 29 Juillet, à 10 heures, sous la présidence de M. Thomas Deman, Président du Congrès, eut lieu dans la salle du Tribunal de Commerce, la première réunion des délégués des Sociétés de Géographie et Sociétés assimilées adhérentes au Congrès.

Etaient présents :

Alger : M. ARMAND MESPLÈ, Agrégé d'Histoire et Géographie, Professeur à l'Ecole supérieure des Lettres d'Alger, Président de la Société (représenté par M. NICOLLE, Président de la Société de Géographie de Lille).

Angers : M. HENRI ROGÉ, Docteur en Droit, Vice-Président de Section à la Société de Géographie Commerciale de Paris.

Béthune : M KREMP, Avocat, Président de la Société.

Bordeaux : M. E. GAUDY, Vice-Trésorier de la Société de Géographie Commerciale de Paris.

Boulogne-sur-Mer : M. le docteur E. HAMY, Membre de l'Institut et de l'Académie de Médecine et Membre correspondant de la Société.

Bourges : M. PAUL HAZARD, Avocat à la Cour d'Appel, ancien Avocat Général, Président de la Société.

Brive : M. le lieutenant LAURIN, Vice-Président de la Société (représenté par M. CÉSAR DE GIVENCHY.)

Douai : M. BOTTIN, Juge d'Instruction, Président de la Société.

Dunkerque : M. GEORGES MORAEL, Armateur, Vice-Président de la Société, Président de la Commission des Travaux.

Le Havre : M. GUITTON, Agent Commercial, Vice-Président de la Société.

Lille : M. Albert MERCHIER, Professeur agrégé d'Histoire au Lycée de Lille, Secrétaire Général de la Société.

Marseille : M. H. BARDON, Secrétaire de la Section Coloniale.

Nancy : M. P. COLLESSON, Secrétaire Général de la Société.

Nantes : M. Victor DOBY, Professeur à l'Ecole Nationale de Nantes, Secrétaire Général de la Société.

Oran : M. FLAHAUT, Secrétaire Général de la Société.

Paris : M. le baron Jules de GUERNE, Président de la Commission Centrale de la Société.

Paris (Commerciale) : M. Paul LABBÉ, Secrétaire Général de la Société.

Rouen : M. ROBILLARD, Président de la Société.

Roubaix : M. E. BOULENGER, Négociant, Président de la Société (représenté par M. CLETY, Avocat).

Saint-Etienne : M. GALBERT, Négociant (représenté par M. VALLADAUD).

Saint-Nazaire : M. L. COGNEL, Président d'honneur de la Société (remplacé par M. Et. PORT, Chef-adjoint du Cabinet de M. le Ministre de l'Instruction Publique, Président de la Société).

Saint-Omer : M. G. DUQUENNOY, Avocat, Président de la Société.

Saint-Quentin : M. l'abbé PONTHIEU, Membre Administrateur de la Société.

Toulouse : M. GUÉNOT, Secrétaire Général de la Société.

Tourcoing : M. Ludovic LEGRAND, Avocat (représenté par M. NICOLLE).

Tunis : M. Paul BONNARD, Avocat, Président de la Société.

Valenciennes : M. André DOUTRIAUX, Avocat.

Délégués des Sociétés Assimilées :

Alliance Française : M. DUMONT, Avocat, Maire de Dunkerque.

Comité du Maroc : M. Aug. TERRIER, Secrétaire Général de la Société.

Club Alpin Français : M. BELLOC.
   (Délégué Suppléant) : M. le commandant HUGUES.

La France Colonisatrice : M. BUCHÈRE, Président de la Société.

Ligue Maritime Française : M. P. CLOAREC, Directeur de la Ligue Maritime.

Société d'Etudes Coloniales et Maritimes : M. Jean DUPUIS, ancien Explorateur.

Union Coloniale Française : M. Léon FAYOL, Courtier Maritime, Secrétaire Général du Comité Dunkerquois Maritime et Colonial.

La Dépêche Coloniale : M. BUCHÈRE, Président de la France Colonisatrice.

Comité de l'Afrique Française : M. Auguste TERRIER, Secrétaire Général de la Société.

Délégués des Sociétés de Géographie Etrangères :

Anvers : M. Edouard JANSSENS, Vice-Président de la Société.
(Délégué Suppléant) : M. Albert CATEAUX, Avocat.

Genève : M. Arthur de CLAPARÈDE, Docteur en Droit, Président de la Société.

Lisbonne : M. Oscar GODIN, Membre correspondant de la Société.

Madrid : M. Vicente VERA, Professeur à l'Institut de San-Isidro, Secrétaire-adjoint de la Société.

Manchester : M. C. H. BELLAMY, Membre correspondant de la Société.

Neuchâtel : M. Arthur de CLAPARÈDE, Président de la Société de Géographie de Genève.

Rome : M. WINTLE, Vice-Consul de S. M. B. et Gérant de l'Agence Consulaire d'Italie à Dunkerque.

Après les souhaits de bienvenue, il fut procédé à l'élection des Présidents de séances. Ont été élus : MM. Paul Labbé et le baron Jules de Guerne, de Paris ; Merchier, de Lille ; P. Collesson, de Nancy ; Guénot, de Toulouse ; Georges Morael, de Dunkerque et Paul Hazard, de Bourges.

A cette séance furent communiqués par les délégués les rapports sur les travaux de leurs Sociétés respectives.

RAPPORT DE LA
SOCIÉTÉ DE GÉOGRAPHIE D'ALGER

(M. Armand MESPLÉ, Agrégé d'Histoire et Géographie, Professeur à l'Ecole Supérieure des Lettres d'Alger, Président de la Société, Délégué).

« La Société de Géographie d'Alger et de l'Afrique du Nord a atteint sa dixième année d'existence. Dans cette période relativement courte, elle a su grouper un nombre considérable d'adhérents, non seulement d'Algérie, mais encore de France et de tous les pays.

» Son accroissement a été rapide, elle compte aujourd'hui près de 1.400 membres : notabilités algériennes, ministres, membres du Parlement, ambassadeurs, consuls, officiers supérieurs de terre et de mer, membres de l'Institut, etc.

» Le terrain où elle s'est établie est sans doute éminemment favorable. L'Afrique du Nord est au regard de la métropole le premier plan du Continent où s'étendent à présent les champs les plus vastes de l'avenir français, où nos intérêts nationaux s'agitent avec une activité incessante et souvent surprenante, où les découvertes et les transformations géographiques ont été naguère, et resteront probablement encore, les plus rapides et les plus importantes.

» Alger est, plus que les cités européennes, la résidence de nombreuses personnes attirées par les circonstances de la vie vers les questions dont l'étude est la raison même de nos Sociétés. Marins, militaires, explorateurs, savants, commerçants et voyageurs de toute sorte y affluent.

» Mais pour mettre en œuvre même des éléments si fertiles, il faut encore des ouvriers habiles, courageux et tenaces. Ils se sont trouvés dès le début, et sans nous arrêter à un historique que ne comporte pas ce rapport annuel, constatons que c'est à l'activité inlassable et à la vigoureuse impulsion de son Président, M. Armand Mesplée, à l'éclairée et persévérante collaboration des membres du Bureau Central et des Sections que la Société doit sa prospérité présente et son rang actuel parmi les premières.

» Ses travaux ont été cette année variés et remarquables: d'abord dans les séances bi-mensuelles, toujours très suivies et très goûtées, des communications ont été faites par MM. Paysant, Saurel, Boyer-Banse, Aubry, Demontès, Pelleport, Rousseau, Durrieux, etc.

» Dans les séances des Sections, l'activité a été toute aussi grande, grâce à l'intelligente initiative de leurs présidents respectifs : nous signalerons en particulier les communications très intéressantes et très documentées faites par MM. Ficheur, Rivière, Yver, Brives, Léon Gauthier, Macquart, Lecq, Couput, Imbert, De Chéon, Garrot, Martino, lieutenant Bancel, capitaine Paul Azan.

» De grandes conférences avec projections lumineuses ont été faites dans la salle d'honneur de l'Hôtel-de-Ville par :

MM. Etiennot	Voyage aux oasis sahariennes, à l'Adrar et au Hoggar.
Macquart	Chez les Troglodytes de l'Extrême-Sud Tunisien.
Martino	Au centre du Péloponèse.
E. Gautier	D'Alger à Dakar par le Sahara.
Brives	Au pays de Secsaouah (Maroc).
Rousseau	Une mission dans l'Oued Sour (Sahara oriental).
Paysant	La femme arabe : légendes et réalités.
Juillet St-Lager	Le Dahomey.

» L'importance qu'acquiert notre Bulletin est en rapport avec le développement de la Société. Des articles originaux et d'une réelle valeur concernant l'Afrique du Nord et les régions soudanaises ont été publiés, quelquefois avec cartes ou graphiques.

» Dans le but de provoquer des études sérieuses ayant trait à notre vaste empire colonial africain, la Société ouvre des concours et des prix sont décernés aux auteurs des meilleurs mémoires.

» Les sujets suivants ont été proposés en 1905 :

» 1° Les tribus marocaines de la frontière.

» 2° Les phosphates tunisiens.

» 3° Les forages artésiens dans les oasis sahariennes : leurs résultats, leur avenir.

» 4° L'irrigation en Algérie.

» 5° Monographie communale.

» 6° Une industrie d'art algérien.

» 7° Région de Tombouctou.

» Des subventions ont été accordées à des explorateurs.

» Notre bibliothèque s'enrichit de jour en jour grâce à des dons importants et à l'échange de notre publication qui se fait avec 90 Sociétés françaises et 52 Sociétés étrangères.

» Il y a lieu d'espérer que la Société continuera sa marche ascendante, ce qui lui permettra de servir plus utilement encore dans le Continent noir les intérêts de la Science et de la Patrie. »

RAPPORT SUR LA SOCIÉTÉ DE GÉOGRAPHIE COMMERCIALE DE BORDEAUX

(M. GAUDY, Vice-Trésorier de la Société de Géographie Commerciale de Paris, Délégué).

« Messieurs,

» La vie de nos Sociétés locales de Géographie ne présente pas toujours des incidents suffisamment variés pour faire du rapport prescrit par le réglement de nos congrès nationaux, un document d'un intérêt capital. Quelles que soient les bonnes volontés et les dévouements de ceux qui ont la charge de l'Administration, il est souvent difficile, en un an, d'accomplir de grandes choses, dignes d'être exposées devant l'élite de Sociétés savantes.

» C'est que, pour réaliser un progrès, pour assurer la marche en avant, la première condition est d'avoir une situation financière en rapport avec le but poursuivi. La Société de Géographie Commerciale de Bordeaux n'a point de mauvaises finances ; elles sont bien administrées et les déficits budgétaires nous sont encore inconnus. Mais dans notre grande Cité commerciale du Sud-Ouest où se coudoient, en nombre considérable, les œuvres scientifiques, sociales, scolaires, etc..., nous maintenons notre effectif sans arriver à l'augmenter comme il conviendrait. Les adhésions nouvelles balancent, à peu près, les déficits par démissions, radiations ou décès, Il ne faut pas accuser trop rapidement nos concitoyens d'indifférence pour notre œuvre ; Bordeaux traverse une crise économique qui n'est un mystère pour personne, aussi rencontre-t-on peu d'enthousiasme quand il s'agit d'augmenter son budget de dépenses dans un but utile à l'intérêt même de ce commerce éprouvé.

» L'avenir, toutefois, nous laisse pleins d'espérance. Bordeaux subit une transformation économique ; depuis quelques années des industries nouvelles et importantes s'y établissent et bientôt la vieille Cité uniquement commerciale sera devenue une ville industrielle. Il n'y a pas de doute qu'à ce moment notre concours, que personne ne méconnaît, sera sollicité et encouragé.

» Nous ne pouvions, dans ce compte-rendu, omettre de signaler la part importante prise par notre Société à la création d'un *marché des caoutchoucs* à Bordeaux.

» Le succès a couronné les efforts tentés dans ce but ; la Côte Occidentale d'Afrique alimente de plus en plus notre marché de ce précieux produit.

» Notre collègue M. Philippe Delmas, initiateur de cette idée, a été désigné comme secrétaire rapporteur de la commission des caoutchoucs, au Congrès Colonial de 1906, à Marseille, et M. le Ministre du Commerce l'a chargé d'une mission spéciale, à l'effet d'étudier le fonctionnement des marchés de caoutchoucs dans les villes de Londres, Anvers et Hambourg.

» C'est de la Société de Géographie Commerciale, sur l'initiative de son trésorier M. Paul Descombes, qu'est sortie l'idée de cette belle « *Association pour l'aménagement des montagnes* ». Notre bulletin ouvre largement ses colonnes aux travaux de cette Société, qu'elle ne pouvait songer à garder dans son sein, étant donnés les procédés pratiques utilisés pour cette propagande : Locations et aménagements de terrains en montagne, travaux de transformation et de conservation de ces terrains, etc... L'idée née chez nous en est sortie toute prête à entrer dans la pratique.

» C'est que Bordeaux et toute notre région du Sud-Ouest

sont intéressés au premier chef à ce *Sauvetage de la Terre de la Patrie*, suivant l'heureuse expression de M. Descombes. Les questions mises à l'ordre du jour de ce Congrès sont les meilleures preuves de l'utilité du travail accompli chez nous.

» Comme nous l'avons fait remarquer précédemment, c'est pour répondre à un besoin général qu'est sortie de notre Société, avec M. Georges Rossignol, l'idée du *Sud-Ouest navigable*.

» Depuis le Congrès de l'an dernier a paru, à la librairie Challamel, le travail de MM. *A. Gruvel* et *A. Bouyat* sur *Les Pêcheries de la Côte Occidentale d'Afrique*. C'est le rapport scientifique complet de la *Mission* organisée par la Société Géographique Commerciale de Bordeaux et confiée à M. Gruvel.

» Comme nous l'avions prévu, les résultats en ont été heureux et vous avez pu voir, par les décisions et les résolutions prises depuis par M. Roume, Gouverneur Général de l'Afrique Occidentale Française, que nous avons contribué à mettre en évidence une source précieuse de bienfaits pour notre pays, pour la Colonie, dans l'intérêt à la fois du commerce et des consommateurs.

» Grâce aux libéralités testamentaires d'un de nos collègues, M. Albert de Saint-Laurent, nous avons pu mettre au concours deux grandes questions de *Géographie féminine* ; des prix importants sont attribués à ces concours.

» Notre bulletin, dont la direction est toujours confiée à M. Henri Lorin, paraît toujours régulièrement, s'efforçant de publier des travaux d'ordre divers et originaux.

» Nos conférences publiques et mensuelles sont l'objet de

nos soins les plus jaloux ; elles sont toujours très recherchées et très suivies par le public Bordelais.

» Des excursions, organisées de temps en temps, emmènent nos collègues sur différents points du département et des départements voisins.

A notre *Section coloniale et du commerce extérieur* nous avons ajouté une *Section d'authropologie*, répondant en cela aux désirs de nombreux sociétaires se rappelant qu'il y a quelque douze ans la Société d'authropologie de Bordeaux et du Sud-Ouest avait fusionné avec la Société de Géographie commerciale. Cette nouvelle section a déjà justifié sa création par de nombreux et importants travaux dont notre bulletin a commencé la publication.

» Notre champ est vaste, puisque aux études de Géographie et d'ethnographie modernes et historiques, nous avons joint la géographie et l'ethnographie préhistoriques.

» Voilà, Messieurs, le résumé très sommaire de nos travaux, qui sont modestes ; mais par les efforts dont ils témoignent, ils nous permettent de regarder l'avenir avec sérénité. »

RAPPORT SUR LA SOCIÉTÉ DE GÉOGRAPHIE DU CHER (Bourges)

(M. Paul HAZARD, Avocat à la Cour d'Appel, ancien Avocat-Général, Président de la Société, Délégué).

« Voici l'effectif comparé de l'Association :

	En 1904-05	En 1905-06
Membres titulaires.......	445 (dont 4 à vie)	462 (dont 5 à vie)
— d'honneur.....	8	8
— correspondants .	24	27
Ensemble........	477	497 sociétaires.

» A la vérité, il a été admis, au cours du dernier exercice, 49 nouveaux membres actifs, mais nous avions à combler le vide formé par la disparition, d'une année à l'autre, de 32 de nos collègues.

» Les conférenciers de l'exercice écoulé ont été les explorateurs Paul BOURDARIE (*Congo*), le docteur CHARCOT (*Expédition antarctique de 1903-05*), le lieutenant du génie MORNET (*Côte d'Ivoire*), et Lucien TIGNOL (*Chine*), puis les éminents professeurs de l'Université, MM. THOULET (*l'Océanographie*) et Paul BERRET (*Le Rhône Dauphinois*).

» Ces conférences ont été remarquables et extrêmement suivies.

» Nous avons achevé cet été la publication du tome II du Bulletin trimestriel de la Société. Ce volume ne comprend pas moins de 596 pages avec de nombreuses photogravures ; 15 sociétaires et 4 étrangers à l'Association ont collaboré à sa rédaction.

» Rien autre chose ne paraît devoir être signalé dans l'existence de l'Association depuis le dernier Congrès. »

RAPPORT SUR LA SOCIÉTÉ DE GÉOGRAPHIE DE BRIVE

(M. J.-B. RUFFIN, Délégué-adjoint).

« Messieurs,

» Fondée depuis 1901, la Société de Géographie Commerciale de Brive a pris part aux différents Congrès qui ont eu lieu.

» Bien que les populations Corréziennes, comme nous l'avons exposé au Congrès de St-Etienne, aient été portées jusqu'à l'an dernier à ne pas considérer les études de la géographie économique, elles ont pris, cette dernière année, une part active à notre développement et, aujourd'hui, grâce à la constitution définitive de notre Société, ces populations partagent avec nous l'admiration que nous éprouvons pour tous ceux qui ont aidé à la civilisation française dans le pays d'outre-mer, de même qu'elles nous ont aidé à vulgariser l'exportation de nos produits agricoles, corollaires de notre entreprise si intimement liés à l'avenir de notre département et des régions limitrophes.

» Pour faire connaître notre pays, nous ne nous sommes pas arrêtés à vulgariser, par des conférences dans nos pays, le goût de la géographie appliquée, nous avons édité une brochure à 10.000 exemplaires. Cette brochure fait connaître les beaux sites de nos contrées de même qu'elle convie l'industrie à venir s'y établir. La force motrice électrique y abonde et la main-d'œuvre y est bon marché.

» Brive, tête de sept grandes lignes, offre à l'industrie une topographie toute particulière, en raison de sa situation exceptionnelle, placée à l'intersection même des points géographiques pouvant desservir, à peu de frais, *Paris*, *Toulouse*, *Lyon* par Clermont, et *Bordeaux*, et par ces dernières villes, la Suisse, l'Allemagne, l'Angleterre et les Amériques.

» *Brive est une ville qui offre une situation exceptionnelle*, aussi est-ce avec empressement que sa Société de Géographie Commerciale vous convie à venir dans son berceau pour vous rendre compte de son importance et des avantages qu'elle y offre au point de vue économique. »

(Au dernier moment, M. Ruffin n'ayant pas pu se rendre à Dunkerque, a confié à M. De Givenchy le soin de représenter au Congrès la Société de Géographie de Brive, **mais sans mission spéciale.**)

RAPPORT SUR LA SOCIÉTÉ DE GÉOGRAPHIE DE DUNKERQUE

(M. Georges MORAEL, Armateur, Vice-Président et Délégué de la Société).

« Mesdames, Messieurs,

». Aujourd'hui que notre société dunkerquoise, arrivée au terme de sa vingt-cinquième année, célèbre ses noces d'argent au milieu de très nombreux amis qu'elle est fière de voir réunis autour d'elle, et qui sont venus lui apporter aimablement les congratulations de la plupart de ses sœurs de France, il m'incombe de rappeler en quelques mots son histoire et le but poursuivi par elle, les progrès qui l'en ont rapprochée, les efforts qui lui restent encore à accomplir.

» Et mon rôle sera bien modeste, car la Société fut heureuse, et, comme les peuples et les gens heureux, elle n'a point d'histoire. Tranquillement et sans bruit, elle a poursuivi sa voie, manifestant son activité par son Bulletin et ses conférences ; — accidentellement, par des excursions. Et toute ma tâche sera remplie lorsque j'aurai adressé un souvenir ému aux fondateurs de la Société, et lorsque j'aurai rapidement analysé ses tendances et ses travaux.

» Ils sont encore vivants pour la plupart, les ouvriers de la première heure qui, en mai 1880, jetaient les premières bases de notre association :

M. Jean-Baptiste Trystram, son premier chef, dont le nom, attaché à presque tous les progrès de sa ville natale, ne pouvait manquer de figurer au premier rang de ceux de nos présidents honoraires, et dont la robuste vieillesse triomphera cette fois encore, nous voulons tous l'espérer, d'une maladie qui met à si rude épreuve l'affection de ses enfants et la reconnaissante sympathie de toute une cité ;

M. Terquem, qui exerça ensuite la présidence pendant plus de dix ans, et, à notre première séance solennelle, en 1882, précisait le programme de la Société en cette phrase aimable que je me plais à rappeler : « Répandre les connaissances élémentaires, faire connaître la géographie locale, ce que l'on peut appeler la *petite patrie*, car c'est en connaissant et aimant la petite patrie qu'on apppend à aimer la grande ; enfin provoquer des travaux de géographie commerciale et générale » ;

» M. Guillain, qui ne devait pas tarder à s'élever au premier rang des serviteurs de la petite patrie, dont il est le député, et de la grande, dont il fut ministre ; M. le colonel Arnould, qui a tenu à se rappeler, en prenant part à ce congrès, qu'il fut un de nos plus zélés fondateurs et l'un de nos premiers conférenciers ; M. Berteloot, qui occupa avec tant de distinction la présidence de notre Société ; M. Albert Mine, premier secrétaire général, et son collaborateur, M. Thomas Deman, notre président actuel. A tous, j'adresse en ce jour de fête une parole de reconnaissance, comme je suis sûr d'être l'interprète de tous en adressant une parole de regret au président Verberckmoës et à ceux de nos sociétaires qu'une mort trop prompte a ravis à notre estime et à notre affection.

» Comme l'avait si bien déterminé M. Terquem au moment de sa fondation, notre Société s'occupa d'abord surtout de la vulgarisation des connaissances géographiques, en donnant une attention spéciale à celles qui présentaient un intérêt immédiat pour la prospérité de notre grand port. C'est ainsi qu'en juin 1881, le bureau émit un vœu fortement motivé en faveur de l'exécution du canal du Nord.

» Mais au premier rang des connaissances géographiques indispensables, il faut placer celle du magnifique domaine qui assure déjà à notre génération, qui réserve surtout à nos enfants un énorme accroissement de puissance et de richesse. Enfermée dans de rigides limites continentales, la France, à l'époque même où se fondait notre association, commençait par l'occupation de la Tunisie une politique coloniale qui s'imposait à elle sous peine de s'étioler et mourir. En présence des formidables états modernes dont quelques-uns, comme l'Angleterre, la Russie, les Etats-Unis, s'enorgueillissent de territoires plus vastes et plus peuplés que n'en possédait jadis l'empire romain, que serait devenue la France si, reniant son passé, elle s'était refusée à toute expansion ? Du grand rôle qu'elle a joué jadis, il ne fût resté bientôt qu'un vague souvenir, s'effaçant de plus en plus ; d'ici bien peu d'années, elle eût eu dans le monde une situation matérielle et morale comparable à celle que la Grèce possède aujourd'hui en Europe.

» Et ce n'est là que le côté — qu'on me passe le mot — sentimental de la question.

» Partout, la machine accomplit la tâche réservée à l'homme ; privées de l'existence modeste, mais stable, que menaient leurs pères, les jeunes générations encombrent les grandes villes, se ruent aux bancs des écoles ; dans ce département du Nord surtout, où grâce à un afflux inouï de population, nous voyons dans nos campagnes les routes se transformer en rues et le territoire entier tendre à devenir une unique et immense ruche industrielle, l'assaut des carrières et des positions est de jour en jour plus ardent, et il faut trouver des débouchés nouveaux sous peine de perdre toute cette force condamnée à s'aigrir dans l'oisiveté et le besoin, sous peine de livrer la société aux attaques chaque jour plus ardentes des déclassés et des mécontents. Ces débouchés nouveaux, ce sont les colonies.

« Mais comment veut-on que les jeunes Français songent à s'y rendre, s'ils ne les connaissent pas ? Les temps héroïques de l'exploration et de la conquête coloniale sont finis ; là où régnait la barbarie, l'ordre s'est établi, et, avec lui, le calme, le travail, le respect des êtres et des choses qui sont l'apanage de la civilisation. De toutes parts, l'immense domaine acquis par les armes françaises s'ouvre aux énergies pacifiques, aux initiatives fécondes. C'est aux Sociétés de Géographie qu'est incombée la tâche de propager dans l'opinion publique ces idées de mise en valeur de nos colonies ; c'est à elles, par le bulletin qu'elles publient, par les conférences où elles établissent le contact entre ceux qui ont vu, qui ont préparé les voies, et ceux-à qui il appartient de recueillir les fruits de la conquête, qu'est revenu l'honneur de créer un mouvement général d'opinion qui a déjà donné de si magnifiques résultats et a fait reléguer au rancart des aphorismes démodés cette vieille formule, jadis adoptée comme un dogme : « Le peuple français n'est pas un peuple colonisateur. »

» Placée en avant-garde sur le seuil extrême de la patrie, façade sur la mer du Nord du département le plus industriel de France, de celui qui entre tous recherche avec le plus de passion les débouchés nouveaux nécessaires à l'écoulement de son intensive production, Dunkerque ne pouvait manquer de vouer à cette œuvre vivifiante ses vœux et ses efforts. La Société de Géographie a donc consacré aux études coloniales une attention toute spéciale. Lorsque ses ressources le lui ont permis, elle a envoyé dans la plus belle et la plus proche de nos colonies des instituteurs qui ont pu faire profiter plusieurs générations d'élèves des connaissances pratiques acquises au cours de ces voyages. Elle a, d'autre part, multiplié les conférences sur nos dépendances d'Afrique et d'Asie. Et ainsi, sans rien sacrifier de son programme originaire, elle a tenu à participer, dans la sphère modeste où elle évolue, au développement de la plus grande patrie, de ce qui sera la grande, la prodigieuse France de demain. »

RAPPORT SUR LA SOCIÉTÉ DE GÉOGRAPHIE COMMERCIALE DU HAVRE

(M. GUITTON, Agent Commercial, Vice-Président de la Société, Délégué)

« Messieurs,

» La Société de Géographie Commerciale du Havre a été fondée en mai 1884. Au moment de sa fondation, elle comptait 200 membres, deux ans plus tard, 500 ; depuis, le nombre oscille d'une manière constante entre 600 et 650. Nos sociétaires se recrutent pour la plus grande partie parmi le négoce de notre ville, dont les occupations professionnelles sont extrêmement absorbantes et les heures tardives par suite de la différence de méridiens entre le Havre et les marchés des Etats-Unis. C'est pourquoi il serait difficile à notre Société d'aborder les questions de géographie générale, aussi reste-t-elle modestement dans les limites que lui indique son nom de Société de Géographie Commerciale, se bornant à répandre, à susciter autour d'elle le goût des études géographiques. Notre Bibliothèque est ouverte tous les soirs ; nous y invitons Messieurs les officiers de notre garnison et Messieurs les capitaines de navires attachés au port du Havre. Notre salle de lecture et de réunions de Comité, qui peut contenir 120 à 130 personnes, possède une installation pour projections à la lumière électrique ; nous nous en servons pour les causeriesconférences de nos propres sociétaires, mais nos grandes conférences, qui sont généralement au nombre de six à huit par saison d'hiver, se font dans une salle pouvant contenir 900 personnes et qui se trouve maintenant être trop exiguë pour le nombre d'auditeurs qui se présentent, tant le goût des études géographiques s'est étendu parmi notre population. Une autre manifestation de l'activité de notre Société est le concours que, depuis 15 ans, nous organisons chaque année entre les jeunes gens de 12 à 16 ans, garçons et filles du Havre et de l'arrondissement ; il s'y présente régulièrement 130 à 150 concurrents. Il y aurait certainement bien d'autres choses à faire. Nous avons eu un cours public de topographie, principalement pour préparer les jeunes gens au service militaire ; nous avons eu aussi, deux années durant, un cours public de géographie commerciale ; il serait désirable de rendre ces cours permanents en leur donnant pour consécration des prix, par exemple, en ce qui concerne le cours de Géographie Commerciale, sous forme d'une ou plusieurs bourses de voyage à l'étranger, mais ce sont là des *desiderata* que nos moyens actuels ne nous permettent pas d'envisager. »

RAPPORT SUR LA SOCIÉTÉ DE GÉOGRAPHIE DE LILLE

(M. MERCHIER, Professeur agrégé d'Histoire au Lycée de Lille, Secrétaire-Général de la Société, Délégué).

« Messieurs et chers Collègues,

» Le premier devoir d'un rapporteur en nos Congrès est d'être bref ; je ne veux pas manquer à cette règle.

» Notre Société de Géographie de Lille est surtout une

Société de vulgarisation. Elle continue à remplir dignement sa mission.

» Depuis le Congrès de St-Etienne, elle a donné 41 conférences, toutes suivies par un public nombreux et attentif, ainsi que peut en témoigner M. Georges Morael, vice-président de votre Société, qui nous a tous charmés et instruits avec sa spirituelle et instructive étude sur *Dunkerque et sa lutte contre Anvers*. M. Cloarec, en nous parlant des *grands ports de la France*, M. de Givenchy, en nous rapportant ses impressions toutes fraîches d'un *voyage aux portes du Maroc* n'ont pas été moins applaudis, et si je les cite au milieu des autres, c'est qu'ils sont du Congrès, et que je fais appel à leur témoignage pour appuyer celui de M. Morael sur la qualité et le nombre de leurs auditoires.

» Nos excursions continuent, multiples et utiles : ici encore, je m'interdis l'énumération.

» Notre concours de Géographie a réuni, cette année, 209 candidats de toute provenance : il a ce singulier mérite de se soutenir, alors que dans l'Université les concours semblent tomber en défaveur.

» Une mention spéciale doit être donnée à notre concours *Paul Crépy*. La générosité de Mme Paul Crépy a porté de 300 à 500 francs la somme mise à la disposition du lauréat pour faire un voyage dans la région choisie par lui. Ce voyage a pour conclusion un rapport qui renferme souvent d'utiles observations.

» Notre Société aide de ses subventions les travaux géographiques. C'est ainsi qu'elle a fait les frais d'un curieux travail d'un jeune professeur plein de talent, puissamment aidé aussi à Dunkerque, M. Raoul Blanchard. Ce travail est un curieux essai de statistique sur les mouvements de population du département du Nord.

» Je ne vous dirai pas ce qu'est notre Bulletin, parce que vous le recevez tous et que j'aurais mauvaise grâce à en dire du bien comme aussi à en dire du mal.

Voici le bilan de notre situation au 1er Juillet :

Lille	1.781	Sociétaires
Roubaix	256	»
Tourcoing	202	»
Total	2.239	Sociétaires

» Si nous joignons à cela les chiffres de Valenciennes qui se rattachent à nous par le Bulletin, nous arrivons à un chiffre respectable voisin de 2.500.

» Ces résultats sont dus à l'intelligente et infatigable direction de M. Ernest Nicolle, notre président. Nous avons eu cette chance rare de n'avoir depuis notre fondation que deux présidents, mais tous deux incomparables. J'écris cette phrase parce que je veux rappeler ici le nom de notre premier président, M. Paul Crépy ; et si j'agis ainsi, c'est pour rendre un indirect hommage à la Société de Dunkerque qui nous reçoit, car M. Coquelle, président de l'organisation générale du Congrès, est le gendre de notre premier président, et sans doute, il vous semble, comme à moi, qu'il a voulu marcher sur ses traces. »

RAPPORT SUR LA SOCIÉTÉ BRETONNE DE GÉOGRAPHIE

(M. LEGRAND, Secrétaire-Général de la Société).

« La Société Bretonne de Géographie vient d'entrer dans sa vingt-quatrième année d'existence.

» Elle continue toujours à s'intéresser aux questions maritimes et coloniales. Les officiers et administrateurs parmi lesquels elle se recrute, contribuent à en répandre le goût par des conférences publiques, des articles insérés au Bulletin ou de simples communications faites au Conseil central.

» La Société Bretonne de Géographie établie au centre d'une région dont la pêche est la principale richesse, doit aussi fixer son attention sur cette importante industrie. Elle suit avec un intérêt constant le progrès des méthodes de pêche et de l'enseignement nautique donné aux enfants des pêcheurs. Car il est indispensable, à son avis, de développer les connaissances pratiques, capables d'augmenter le bien-être et la sécurité de populations qui sont une des garanties de notre force et qui fournissent les meilleurs éléments de notre flotte de guerre. L'école de pêche de Groix, à la fondation de laquelle elle a contribué plus que personne, a été la première en date des écoles françaises de cette nature.

» Jamais sa prospérité n'a été aussi grande qu'à présent. Plusieurs de ses élèves ont même réussi, cette année, à subir, après quelques mois seulement de préparation spéciale, les examens de capitaine au long-cours.

» La Société compte actuellement 175 membres. Elle est en relation, par son Bulletin trimestriel, avec 36 Sociétés françaises et 17 étrangères. Elle a donné cet hiver six conférences publiques sur la Bretagne, l'océanographie ou les diverses parties de notre empire colonial. Au cours de l'été de 1905, elle a organisé neuf excursions vers les points les plus intéressants de la presqu'île armoricaine. Ses modestes ressources ne lui permettent pas de prendre rang parmi nos grandes Sociétés françaises de Géographie. Elle s'inspire du moins de leurs méthodes et de leurs travaux, et dans la mesure du possible, elle a la satisfaction de travailler avec elles à développer dans toutes les classes le goût des questions géographiques.

RAPPORT SUR LA SOCIÉTÉ DE GÉOGRAPHIE ET D'ÉTUDES COLONIALES DE MARSEILLE

(M. Jacques LÉOTARD, Secrétaire-Général de la Société).

« Messieurs,

» Nous avons l'honneur de vous présenter le rapport annuel sur les travaux de notre Société pendant l'exercice 1905-06.

» Aidée du concours généreux des corps élus, des grandes Compagnies et des Pouvoirs Publics, notre Société poursuit avec un succès croissant son œuvre de vulgarisation scientifique et de propagande coloniale.

» L'action extérieure de la Société a continué à se manifester par de nombreuses conférences publiques. C'est ainsi que nous avons entendu tour à tour cette année : MM. Eugène Gallois, sur les oasis d'Algérie et de Tunisie; René Delaporte, sur l'île de Ceylan ; Benoît Lévy, sur les Cités-Jardins; Francis Mury, sur la Chine en évolution ; E. Salesses, sur les chemins de fer africains; A. Raguez, sur Laos; P. Pasquier, sur la littérature annamite; Henri Brenier, sur l'Indo-Chine économique, ainsi que deux des membres de la délégation des mandarins cochinchinois à l'Exposition Coloniale, présentée par M. l'administrateur Outrey et M. le doc-phu Hung ; MM. Vinh, sur le culte des ancêtres, et Nhùt, sur les origines du peuple annamite. En outre, a eu lieu la conférence annuelle des secrétaires de la Société : MM. J. Léotard, H. Giraud et R. Teisseire, sur les événements géographiques et coloniaux de 1905. Ces brillantes conférences, accompagnées de projections lumineuses, ont été données avec plein succès dans le grand amphithéâtre de la Faculté des Sciences.

» Dans nos séances de quinzaine, soit en réunion générale, soit à la Section Coloniale, l'activité des travaux a été également considérable. Des communications variées et intéressantes ont été présentées par MM. Paul Gaffarel et Grand-Dufay, sur l'Espagne d'aujourd'hui ; Charles Martin, sur les peuples de la côte de Guinée ; Paul Marcillac, sur les câbles sous-marins français ; Fernand Sabatier, sur les territoires du Tchad ; Paul Gaffarel, sur les îles Baléares ; Henri Barré, sur le Sahara, d'après la mission Foureau-Lamy ; L. Borelli, sur une croisière au Spitzberg ; F. Westrup, sur les paysages de Suède ; J. Repelin, sur la montagne Pelée de la Martinique, d'après la mission Lacroix ; E. Outrey, sur le sanatorium du Lang-Biang ; L. Cazeau, sur l'avenir agricole des pays Moïs ; A. Briot et M. Dupuy, sur le Cambodge ; Decker, sur le Quang-tchéou-Ouan ; le mandarin Leuou, sur le mariage annamite; enfin le secrétaire-général et MM. H. Barré et L. Laurent, bibliothécaires de la Société, ont fait leur causerie habituelle sur les Livres de l'année, pour 1905. Il convient de mentionner aussi que nous continuons à subventionner le cours public de Géographie physique, professé hebdomadairement par M. Repelin à la Faculté des Sciences.

» Le *Bulletin* trimestriel, dirigé par le secrétaire-général de la Société, demeure une importante publication, qui a renfermé, outre le texte des conférences et communications et le résumé de nos actes, des études originales sur : les Sources de la Durance, par M. J. Repelin ; la Démographie Maltaise, par M. E. Fallot ; les Nouvelles-Hébrides, par le commandant Bourge ; l'Industrie des Pêches Maritimes au Tonkin, par M. A. Gérard ; l'Exposition internationale de Liège en 1905, par M. J. Fournier; l'Exposition Coloniale de Marseille, etc.

» La Chronique Géographique et Coloniale du secrétaire-général forme toujours un répertoire documenté et une abondante bibliographie, avec de nombreuses variétés, complète notre *Bulletin*, dans lequel ont paru des cartes du Maroc, de l'Afrique Occidentale, de l'Indo-Chine, de la baie de Camranh et des Sources de la Durance, ainsi qu'une vue panoramique de l'Exposition Coloniale.

» Notre Société a distribué cette année, comme d'usage, 60 prix de géographie aux établissements d'instruction publique de Marseille et de la région, afin de maintenir l'émulation en faveur de la science qui nous est chère.

» Quant à notre Bibliothèque, de plus en plus considérable, elle s'est enrichie, au cours de cette année, davantage encore que durant les précédentes, par dons ou achats : le total des entrées s'est élevé à 450 volumes ou brochures, et à 35 atlas ou grandes cartes, sans compter les collections de 250 périodiques du monde entier, dont les « Bulletins » de 160 Sociétés correspondantes. Nous tenons à rappeler que la Bibliothèque de la Société est ouverte tous les jours au public et que notre Secrétariat assure un véritable service de renseignements géographiques et coloniaux.

» Nous avons plaisir à constater dans ce rapport l'heureuse ouverture, le 15 avril dernier, de l'Exposition Coloniale Nationale de Marseille et du magnifique succès obtenu par cette grandiose manifestation, sous l'éminente direction de notre président honoraire, M. J. Charles-Roux, commissaire-général, et de son adjoint, M. le Dr Heckel, vice-président de notre Société, qui fut le promoteur de cette Exposition. Non seulement notre Association y a pris part, mais ce sont presque exclusivement ses membres qui composent, sous la présidence de M. E. Delibes, président de la Société, la Commission officielle des Publications et Notices à laquelle on doit une collection de treize beaux volumes.

» Pendant que s'achevaient les travaux de l'Exposition Coloniale, le 25 février dernier, M. Paul Doumer, président de la Chambre des Députés et ancien gouverneur-général de l'Indo-Chine, est venu la visiter, et une réception lui a été offerte, à cette occasion, au siège de la Société, dont il est membre d'honneur. M. Doumer a répondu par un éloquent discours à l'allocution de bienvenue de notre président, M. Delibes. D'autre part, fidèle à une excellente tradition, notre Bureau a salué à leur passage à Marseille, M. Beau, gouverneur-général de l'Indo-Chine, et M. Augagneur, gouverneur-général de Madagascar, successeur du général Gallieni, auquel notre Société avait offert un brillant banquet à son retour en France.

» Telle a été, en résumé, au cours du dernier exercice, la vie d'incessante activité dont peut s'enorgueillir notre Société, poursuivant sans relâche son œuvre scientifique et patriotique pour le bien de la Cité et du Pays. Arrivée à la trentième année de son existence, qui coïncide si heureusement avec l'Exposition consacrant Marseille comme métropole coloniale de la France, notre Association, en outre du concours qu'elle donne à la préparation du Congrès Colonial National, a pensé, de concert avec l'Alliance Française pour la propagation de la langue nationale aux Colonies et à l'Étranger, qu'il serait intéressant de convoquer un Congrès international de l'Alliance Française et des Sociétés de Géographie. Nous avons donc organisé, pour les 10-15 septembre prochain, sous la présidence de MM. Charles-Roux, Le Myre de Vilers et Pierre Foncin, une brillante assemblée, à laquelle viendront se joindre les explorateurs polaires réunis en conférence internationale à Bruxelles. L'éclat de ce Congrès se trouve dès maintenant assuré et nous espérons bien que nombreux seront les membres de nos Sociétés-sœurs de France qui viendront y prendre part : le plus cordial accueil les attend à Marseille. »

RAPPORT SUR LA
SOCIÉTÉ DE GÉOGRAPHIE DE L'EST
(Nancy-Épinal)

(M. COLLESSON, Secrétaire-Général de la Société, Délégué).

« Depuis la dernière session du Congrès des Sociétés françaises de Géographie, lequel s'est tenu à Saint-Etienne et où la Société de Géographie de l'Est a été représentée par M. Eug. Gallois, publiciste, membre correspondant, la vie, toute de travail de notre groupement, s'est passée bien tranquillement.

» Nous sommes, je crois, une des plus anciennes Société de Géographie, puisque nous datons de 1878. Aussi les âges héroïques sont passés pour nous. Cela ne veut pas dire que nous nous engourdissions dans un mortel *far-niente*, au contraire.

» Nos finances ne nous permettant pas de subventionner des expéditions et des explorations, nous devons nous contenter de faire connaître à nos 800 membres les résultats des travaux géographiques.

» Nous avons pour cela deux moyens de propagande : Conférences et Bulletins.

» Pendant le cycle qui s'est étendu du mois d'août 1905 à

aujourd'hui (août 1906), nous avons fait entendre à nos membres, tant à Nancy qu'à Epinal, et de plus à un nombreux public convié spécialement aux séances extraordinaires, les paroles autorisées de Mme Bullock-Wockmann et de MM. Gallois, Francis Mury, Paul Van Houcke, commandant Lemaire, Paul Bourdarie, Hugues Le Roux, Jean Charcot, Paul Helbronner, Henryck Arctowsky et Berehon, lesquels nous ont parlé respectivement de l'Himalaya, de la Tunisie, du Rhône, du Congo belge et français, de l'Abyssinie, du Pôle Sud, des projets d'exploration des régions antarctiques, de l'établissement des cartes topographiques en haute montagne, etc.

» Vous voyez que nos sujets sont variés au possible et cependant se maintiennent toujours dans la gamme géographique.

» Par notre *Bulletin*, nous pénétrons plus intimement dans certains milieux. Grâce à nos échanges, nous montrons à nos collègues de tous pays ce que nous faisons et notre Bibliothèque s'augmente à vue d'œil. Le local déjà fort grand devient insuffisant ; nous espérons en obtenir un plus vaste grâce à l'amabilité de la Municipalité de Nancy.

» Je ne voudrais pas reproduire ici la table des matières de notre publication, mais je tiens à vous donner un aperçu des articles qui y paraissent.

» De nombreux collaborateurs concourent à notre succès. Notre *Bulletin* a vu paraître depuis un an : des articles de M. Paul d'Enjoy sur les Associations et les Sociétés secrètes chinoises ; le récit d'une ascension au Tromsdalstind, par M. P. Collesson ; une étude très documentée sur Nancy sous le règne de François III, par notre ancien président, M. Ch. Pfister ; des notes sur la place Carrière de Nancy, par le même ; une étude sur les voies d'accès au Simplon, par M. Nérat, ingénieur ; un article de M. Paul Van Houcke sur le Rhône ; le compte-rendu *in extenso* d'une très intéressante conférence faite par M. Paul Helbronner sur l'établissement des cartes topographiques en haute montagne, etc.

» Il va sans dire que des miscellanées et des articles que nous groupons sous la rubrique : « Chronique géographique », renseignent nos lecteurs sur les événements susceptibles de les intéresser. Nous donnons aussi le compte-rendu de ce que la Société fait à Nancy, à Epinal et aux Congrès.

» Nous espérons continuer encore de longues années à travailler sans bruit, mais aussi sans relâche, tenant à coopérer dans la mesure de nos faibles moyens à la grandeur de nos deux patries : la Lorraine et la France. »

RAPPORT SUR LA SOCIÉTÉ DE GÉOGRAPHIE DE PARIS

(M. le Baron Jules de GUERNE, Président de la Commission Centrale de la Société, Délégué).

« L'année 1905-1906 pourra être considérée comme l'une des plus fécondes dans l'œuvre poursuivie par la Société de Géographie de Paris, sour l'impulsion de son président, M. Le Myre de Vilers.

» Pour ce qui concerne l'organisation de sa vie intérieure, nous avons à signaler l'agrandissement de la Bibliothèque de la Société.

» La salle qui vient d'être construite est aménagée de façon à pouvoir contenir, dans son état actuel, plus de

30.000 volumes. Susceptible d'augmenter considérablement sa capacité, la nouvelle bibliothèque permettra aux travailleurs d'utiliser commodément les documents mis à leur disposition. L'ancienne Bibliothèque, qui n'a pas été désaffectée, avait déjà permis d'entasser une quarantaine de mille volumes dans deux salles.

» Les lecteurs qui fréquentent la Bibliothèque de la Société sont de plus en plus nombreux : élèves des Ecoles normales, de l'Ecole supérieure de Guerre, bibliographes, industriels, colons en quête de renseignements sur l'état physique ou économique des différentes parties du Globe, y sont toujours bien accueillis.

» Afin de justifier son titre d'institution d'utilité publique, la Société de Géographie accorde, comme on sait, toutes facilités aux auteurs et éditeurs pour puiser dans ses archives des textes, des cartes, des illustrations ; elle admet au même titre les travailleurs qui ne font pas partie de la Société à consulter les documents qu'elle possède. Plus de 200 personnes de conditions diverses et n'appartenant pas à la Société, ont eu recours, durant l'année dernière, aux services de la Bibliothèque.

» *Finances.* — A ceux de nos confrères qui désireraient se renseigner d'une façon précise sur l'état financier de la Société de Géographie, nous signalerons le rapport paru dans le numéro d'août de *La Géographie* de cette année, la situation budgétaire, année par année, depuis la fondation de la Société, ses progrès, l'emploi des fonds, ses besoins. Nous y voyons qu'à l'heure actuelle, le capital social de la Société — abstraction faite de son mobilier, de ses archives, bibliothèque, fonds d'avances, etc... — se monte à la somme de 1.773.000 francs.

» *Avances aux Explorateurs et aux Coloniaux.*—La Société de Géographie a créé dans son sein un Comité d'assistance aux Explorateurs et aux Coloniaux.

» Cette œuvre se développe d'une façon normale et la Société a eu la satisfaction de pouvoir accorder cette année aux fonctionnaires coloniaux, aux veuves d'explorateurs, diverses subventions et avances se montant à environ 3.000 francs.

» *Missions d'exploration.* — Depuis quelques années déjà le *Fonds des Voyages* de la Société, comme la généreuse contribution de plusieurs de ses membres, a permis à la Société de Géographie de participer activement à l'organisation et à l'exécution de diverses missions scientifiques.

» Cette année, la part de la Société a été d'une importance exceptionnelle. Après avoir pris à sa charge la mission accomplie par M. Bonnel de Mézières dans le Soudan Egyptien, elle a fait entreprendre deux autres missions en Afrique.

» L'une de ces missions, confiée au commandant Lenfant, connu par ses campagnes sur le Niger et jusqu'au Tchad, a pour objet l'étude complète et détaillée du vaste quadrilatère arrosé par la Hauts-Sangha, le Logone et le Chari et s'étendant du 5° au 10° de latitude N. et du 2° au 16° de longitude E. Une somme de 180.000 francs a été affectée à cette exploration. Le commandant Lenfant est parti de Bordeaux le 25 août 1906.

» Une autre mission, qui a un caractère philanthropique autant que scientifique, est celle qui a pour but l'étude sur place de la «Maladie du sommeil». Cette tâche humanitaire a stimulé le zèle d'autres institutions savantes à l'Etranger, soit la Société Royale de Londres et l'Académie des Sciences de Vienne. Déjà les dispositions ont été prises pour l'installation d'un hôpital et d'un laboratoire.

» Une somme de 200.000 francs a été allouée également à cette importante mission et la Société a été assez heureuse pour grouper à cette occasion les plus précieux concours en même temps qu'elle se ménageait l'appui des pouvoirs publics.

» D'autres subventions ont été accordées à diverses expéditions en formation ou en voie d'exécution, parmi lesquelles il y a lieu de citer :

» *Pour l'Afrique.*—Mission Brussaux rattachée à la mission de délimitation du Cameroun oriental, dirigée par le commandant Moll.

» *Pour l'Asie.* — Celle du commandant de Lacoste qui parcourt la Perse, le Pamir et le Béloutchistan ; la mission archéologique de M. Pelliot qui doit traverser la région de l'Asie centrale qui s'étend au Nord du Tibet.

» *Pour l'Amérique.*—Le voyage de M. le comte de Périgny qui entreprend des fouilles dans le Mexique et notamment dans le Yucatan.

» Parmi les autres œuvres d'intérêt général subventionnées ou secondées par la Société de Géographie, citons les travaux de jaugeage des chutes du Niger en vue de leur utilisation comme force productrice de l'électricité ; les recherches économiques de M. G. Louis Jaray dans la Haute-Autriche ; les études de M. Belloc dans les divers massifs pyrénéens.

» Ces divers travaux ont été l'objet de bourses de voyage conformément aux vues des fondateurs de celles-ci.

» La Société n'a pas manqué de prendre part à divers Congrès et Expositions. Elle a été heureuse de pouvoir contribuer à l'Exposition Coloniale de Marseille par l'envoi de plusieurs documents provenant de ses archives.

» La publication du bulletin *La Géographie* se poursuit d'une façon normale. Les derniers fascicules renferment des mémoires et des cartes d'un intérêt scientifique particulier, comme les mémoires couronnés par la Société à la suite du concours ouvert, il y a quelques années déjà ; cartes diverses, dont celle de la région du Tchad, publiée avec le concours du Ministèrs des Colonies.

» Signalons aussi les trois points d'étude posés pour le concours ouvert par la Société pour les années 1906-1907 et qui ont trait, d'une façon particulière, à la connaissance de notre pays (annoncés dans le Bulletin de la Société du 15 Mai 1905).

1º Application des principes actuels de la géographie physique à certaines régions de la France.

» 2º Histoire de la représentation graphique d'une province française.

» 3º Dans quelle mesure se trouve utilisée en France la force motrice des fleuves, rivières, chutes d'eau.

» Les séances de quinzaine, de plus en plus suivies, ont eu lieu comme les années précédentes. Parmi les principales communications faites en séance, nous signalerons divers récits de voyages et d'études : le secrétaire-général des colonies Salesses, chemins de fer africains ; Privat-Deschanel, l'Australie ; Chevalier, Ouest africain ; Gentil, mission Segonzac au Maroc ; Tilno, mission Moll (délimitation franco-anglaise au Niger) ; de Périgny, au Mexique ; Martel, spéléologie alpinisme.

» Les médailles et prix annuels ont été distribués cette année à 20 lauréats. Plusieurs des prix sont distribués, comme on sait, en espèces. Le montant des sommes ainsi accordées aux lauréats est d'environ dix mille francs. La valeur intrinsèque des médailles (argent, vermeil, or) varie de 50 à 400 francs.

» Nous avons déjà signalé plus haut l'état général financier de la Société de Géographie. Ajoutons que les ressources budgétaires arrêtées au 31 Décembre 1905 ont été, pour l'année écoulée, de 70.000 francs environ.

» Parmi les dons et legs faits à la Société de Géographie en 1905-1906, nous devons signaler le legs universel de Mme Francheterre, grevé actuellement de rentes viagères, mais qui permettra, dans l'avenir, de favoriser les voyages ayant pour objet le progrès géographique et l'étude méthodique de notre domaine colonial. »

RAPPORT DE LA SOCIÉTÉ DE GÉOGRAPHIE COMMERCIALE DE PARIS

(M. PAUL LABBÉ, Secrétaire-Général de la Société, Délégué).

« La Société de Géographie Commerciale peut considérer l'année 1905-1906 comme une des plus brillantes de son histoire.

» Le *Bulletin* est devenu mensuel, transformé sous la direction du Prince Roland Bonaparte, de MM. Levasseur, Anthoine, Hourdelet, Claeyssen, Octave Noël et Paul Labbé ; l'analyse des rapports consulaires y a pris place, les questions des transports vont y être traitées et dans ce but la Société s'est assuré la collaboration de publicistes connus français et étrangers.

» Un Comité d'extension a été fondé qui organisera des conférences et fera de la propagande dans les environs de Paris. Une Commission a été en outre nommée pour organiser des voyages industriels.

» La Société a accordé son concours et des subventions à des voyageurs en Asie Centrale, à la Côte des Somalis, aux Etats-Unis, en France même. Une de ses missions, dont on parlera avant peu, est partie sous le nom de Mission de la Société de Géographie Commerciale et du Comité de l'Afrique Française.

» Les Sections de la Société ont été toute l'année à la peine, il est juste qu'elles soient à l'honneur.

» Tunis a perdu son secrétaire-général, M. Dollin du Fremel, qui nous a quittés, emportant avec lui notre reconnaissance.

» St-Etienne prépare un volume sur le Congrès de 1905, merveilleusement illustré.

» Brive vient d'éditer sur la région corrézienne une brochure remarquable.

» Angers, Constantinople, Hanoï font preuve d'activité.

» Enfin, si nous passons au point de vue matériel, jamais la Société n'a traversé pareille période: plus de 200 nouveaux l'an dernier, 200 pour les sept premiers mois de cette année.

» Les craintes qu'avaient inspirées justement la mort de M. Gauthiot sont dissipées et à son grand honneur. Lorsqu'un homme comme lui meurt, il communique à la chose dont il s'occupe une force de vie intense, et pour que la Société voie ses succès progresser, il suffit que ses successeurs restent fidèles à sa mémoire et à la cause qu'il a si noblement servie.

RAPPORT SUR LA SOCIÉTÉ DE GÉOGRAPHIE DE ROUBAIX

(M. BOULENGER, Président de la Société).

« Monsieur le Président,

» Messieurs,

» C'est comme vice-président de la Société de Géographie de Lille et surtout comme président de la Section de Roubaix que j'ai l'honneur d'assister au Congrès de Dunkerque.

» Il y a 25 ans, vous le savez, Messieurs, les connaissances géographiques étaient très limitées et n'intéressaient guère que le petit nombre : les « *dilettanti* du savoir » ; et l'indifférence coupable des autres a été une des causes du retard apporté dans le commerce d'exportation : on ne voulait pas s'aventurer dans l'inconnu et l'on ne cherchait pas à connaître.

» Consciente du devoir à accomplir, notre Section de Roubaix s'est efforcée de développer le goût de l'étude par certains cours spéciaux et par des conférences choisies avec discernement (le nombre de nos conférences varie de 15 à 20 par saison).

» C'est ainsi, Messieurs, que nous avons eu raison des vieux errements et que nous pouvons avoir aujourd'hui le légitime orgueil de voir le résultat de nos persévérants efforts. Nous constatons, en effet, une émulation nouvelle.

» Ce qui faisait peur autrefois attire aujourd'hui et si nous n'avions eu contre nous des traités de commerce défavorables, nos relations avec l'Etranger se seraient considérablement accrues et répondraient à la nécessité pour notre industrie de trouver les débouchés indispensables à l'écoulement de nos produits, dont le chiffre annuel en tissus seulement dépasse 300 millions de francs.

» L'an dernier, nous avons ouvert un concours de comptes-rendus de nos conférences entre les personnes des deux sexes de 15 à 25 ans.

» Le concours portait sur six conférences au choix des intéressés, prises parmi celles données pendant la saison.

» Le concours a été institué principalement pour favoriser l'étude de la géographie au point de vue commercial et les jeunes gens ont été invités à donner le plus de développement possible au côté économique.

» A titre d'encouragement, nous avons promis des récompenses aux lauréats, savoir :

100 fr. au premier
50 fr. au second
30 fr. au troisième

puis des médailles et des volumes à ceux dont le travail serait jugé satisfaisant ; nous avons eu 13 concurrents et nous espérons mieux à l'avenir.

» Tel est, Messieurs, le rapport des travaux de la Société de Géographie de Roubaix. »

(Déposé par M. J. CLETY, secrétaire suppléant, M. BOULENGER empêché d'assister au Congrès).

RAPPORT
SUR LA SOCIÉTÉ NORMANDE DE GÉOGRAPHIE

(M. F. ROBILLARD, Président de la Société, Délégué).

« Messieurs,

» La Société Normande de Géographie que j'ai l'honneur de représenter ici, continue sa marche ascendante : depuis longtemps à la tête des Sociétés Savantes de la Ville de Rouen, elle voit chaque jour s'augmenter le nombre de ses membres. Nous sommes heureux de constater à chaque Congrès les progrès de notre Société dans la vieille capitale de la Normandie, patrie de tant de hardis marins, qui furent les premiers explorateurs et les pionniers de la civilisation.

» Nos conférences mensuelles qui constituent la principale manifestation de notre vie extérieure, sont de plus en plus suivies ; au début, elles se faisaient dans une salle de l'Hôtel-de-Ville mise gracieusement à notre disposition par la Municipalité, puis nous avons dû louer un local plus vaste, qui aujourd'hui se trouve à son tour devenu insuffisant. Je ne m'attarderai pas à vous énumérer les noms des conférenciers qui ont bien voulu cette année répondre à notre appel, vous retrouverez la sténographie de leurs conférences dans notre *Bulletin*, à l'exception toutefois d'une charmante causerie de M. René Bazin, de l'Académie Française, qui a obtenu le plus légitime succès.

» Le Bulletin auquel je viens de faire allusion et que dirige notre secrétaire-général, M. Georges Monflier, bien connu de tous ceux qui ont assisté au Congrès de 1903, publie en outre des travaux inédits dûs à la plume des membres les plus autorisés de la Société, et un résumé des nouvelles géographiques du monde entier, rédigé avec le plus grand soin par notre dévoué secrétaire-général adjoint, M. Kergomard.

» Notre bibliothèque ne cesse de s'enrichir de documents nouveaux : ouverte tous les jours aux membres de la Société, elle offre un vaste champ d'études à tous ceux qui s'intéressent à la géographie.

» Enfin, Messieurs, au lycée de garçons comme au lycée de jeunes filles, dans les écoles normales comme dans les écoles professionnelles de la Ville de Rouen, nous offrons des médailles aux lauréats des cours de géographie. Notre désir est de faire mieux encore à l'avenir et d'ouvrir chaque année, entre les élèves des écoles primaires, un concours sur un sujet par nous choisi pour l'obtention d'un prix à décerner par notre Société.

» Nous cherchons ainsi à encourager et à développer dans notre région, par tous les moyens en notre pouvoir, l'étude des questions géographiques et coloniales ; nous nous efforçons en même temps de montrer à nos commerçants, à nos industriels, les débouchés nouveaux ouverts à leur activité dans les diverses parties du monde, heureux si par nos efforts nous pouvons contribuer à la prospérité de la France et en particulier de notre beau pays de Normandie. »

RAPPORT SUR LA SOCIÉTÉ DE GÉOGRAPHIE DE SAINT-NAZAIRE

(M. LE TROCQUER, Secrétaire-Général de la Société.
M. Etienne PORT, Chef de Cabinet de M. le Ministre de l'Instruction Publique, Président et Délégué de la Société).

« L'activité de la Société de Géographie de Saint-Nazaire n'a pas été moins intense durant l'année qui vient de s'écouler qu'au cours des années précédentes.

» Ses conférences publiques attirent toujours une très grande affluence d'auditeurs et sont suivies avec assiduité par les familles ; c'est un heureux moyen de vulgariser la géographie et de répandre peu à peu le goût des explorations et des voyages lointains pour lesquels tant de Français éprouvent une si fâcheuse répugnance.

» La Société de Géographie de Saint-Nazaire dont les membres sont aujourd'hui plus de 300, a d'ailleurs pensé que son rôle ne devait pas simplement consister à donner à ses membres des conférences, si intéressantes soient-elles, où des explorateurs connus racontent leurs voyages ; elle a pensé que son objet devait être aussi vaste que celui de la science dont elle porte le nom ; aussi a-t-elle tenu à témoigner son vif intérêt pour la question économique.

» L'année précédente, un Groupe de la Ligue Maritime Française s'était fondé sous ses auspices ; en 1905, elle s'est affilié le Comité Nazairien de la Loire Navigable, et par l'organe de son président, M. Etienne Port, a pris une part importante au Congrès de la Loire Navigable tenu en 1905 ; depuis lors, le Groupe Commercial et Industriel de

Saint-Nazaire a demandé le patronage de la Société de Géographie, qui a vu encore se fonder autour d'elle un Groupe d'archéologie et un Groupe local de photographie.

» En un mot, la Société de Géographie de Saint-Nazaire s'est efforcée de grouper autour d'elle toutes les Sociétés et toutes les initiatives qui poursuivent le développement économique et commercial de la région ; en le faisant, elle croit d'ailleurs avoir fait œuvre non seulement de patriotisme local mais aussi de patriotisme national, le pays tout entier ayant un intérêt vital au développement des ports qui, par leurs facilités naturelles d'accès, sont appelés à devenir de grands centres d'échanges commerciaux. Ce résultat, la Société le doit à l'activité incessante de son Président, qui a su coordonner autour d'elle toutes les énergies locales. »

RAPPORT SUR LA SOCIÉTÉ DE GÉOGRAPHIE COMMERCIALE DE SAINT-ÉTIENNE

(M. H. VALLADAUD, Secrétaire, Délégué).

« Messieurs,

» La Société de Géographie Commerciale de Saint-Etienne va entrer dans sa neuvième année d'existence et elle compte actuellement 300 membres. Depuis sa fondation, ses progrès ont été croissants. Née comme la Société-mère de Paris, du besoin de tirer des applications utiles et pratiques des découvertes faites par les explorateurs et de les mettre à la portée des commerçants et des industriels de notre région, elle y a pleinement réussi.

» Ses premiers adhérents viennent pour la plupart de la Chambre de Commerce et de l'Union des Chambres Syndicales. Elle a l'honneur de compter parmi ses membres fondateurs, à côté de l'élite commerciale et industrielle, les personnalités dont les noms suivent : Waldeck-Rousseau, Francisque Raymond, sénateur ; Louis Lépine, ancien gouverneur-général de l'Algérie ; Charles et Daniel Dorian, de Montgolfier, Ménard, Dorian, Jules Garnier. Et le doyen des explorateurs et des commerçants coloniaux, notre Jean Dupuis.

» S'inspirant des choses pratiques, elle ne se borne pas à tenir des séances d'apparat, à donner des conférences, elle veut être utilitaire et éducatrice ; elle collabora à l'œuvre du monument Francis Garnier, du monument Dorian, elle créa des prix de géographie au Lycée, à l'Ecole pratique de Commerce et d'Industrie, à l'Ecole Supérieure et dans les Ecoles publiques. La toute première elle a préconisé la création d'une Ecole pratique du Commerce extérieur. Elle a institué un office de renseignements, et déjà, par son entremise, de nombreux jeunes gens ont trouvé des situations hors de France. Elle va donner des bourses de voyages. Elle a institué une Association Commerciale entre la Métropole et les nombreux Foréziens établis à l'Etranger et aux Colonies.

» S'inspirant des traditions de la Société dont elle est la filiale et admirablement dirigée par un homme de caractère et de haute valeur — maintenu toujours à sa tête par le vote unanime de ses collègues, — la Section Stéphanoise de Géographie poursuit le but qui vous est bien connu et que vous avez pu apprécier, car hier vous étiez ses invités :

créer un Cercle d'études sérieuses où savants et négociants viendront apporter et chercher de sûres informations, un foyer où les hommes de notre région qui auront besoin de la géographie commerciale ou qui voudront contribuer à son développement, pourront se rencontrer, se reconnaître et se donner réciproquement aide et appui.

» La sympathie qu'elle rencontre auprès des pouvoirs publics, le dévouement constant de tous ses membres, lui permettent de collaborer utilement, avec l'aide de la Société de Géographie Commerciale de Paris, au succès du commerce français dans nos Colonies et à l'Etranger. »

RAPPORT SUR LA SOCIÉTÉ DE GÉOGRAPHIE DE SAINT-OMER

(M. Gaston DUQUENOY, Avocat, Président de la Société, Délégué).

« La Société de Géographie de Saint-Omer date de 1880. D'abord affiliée à la Société de Géographie de Douai, elle reprit sa liberté en 1898 et vola de ses propres ailes à partir de ce moment.

» Comptant 120 membres actifs, cette Société s'efforce de développer autour d'elle les connaissances géographiques par des conférences données pendant la saison d'hiver — d'octobre à avril — et d'encourager chez ses membres le goût de l'étude de la géographie à l'aide d'excursions organisées par les soins des membres de son Bureau pendant les vacances de Pentecôte.

» Chaque année, depuis 1889, la Société de Géographie de Saint-Omer a conduit ses membres, durant cinq jours, en Belgique, en Hollande, en Allemagne et en Suisse.

» Le nombre des excursionnistes qui ont pris part à ces différents voyages a varié entre quarante et soixante-quinze et chaque voyage a fait l'objet d'une conférence illustrée à l'aide des clichés instantanés pris par les excursionnistes eux-mêmes.

» La Société ne publie pas de *Bulletin*, mais elle s'efforce d'ouvrir le grand livre de la nature pour en montrer à ses membres les plus intéressants feuillets. »

RAPPORT SUR LA SECTION TUNISIENNE DE LA SOCIÉTÉ DE GÉOGRAPHIE COMMERCIALE DE PARIS

(M. Paul BONNARD, Avocat, Président de la Société, Délégué).

« La Section a réuni ses membres en assemblée générale dans les premiers jours de chaque mois. A ces réunions assistait également un nombreux public suivant avec intérêt les questions présentées, étudiées par des conférenciers, membres de la Société.

» Pour encourager les études relatives au développement économique de la Tunisie, la Section a mis au concours le meilleur travail qui sera fait pour mieux faire connaître le Sud de la Régence au point de vue colonisation, commerce, industrie et agriculture. Ce concours sera clos le 1er février

1907 et une médaille en or d'une valeur de 100 francs sera distribuée.

» Dans le même ordre d'idée, une récompense par une médaille d'or de 100 francs et une d'argent de 50 francs sera accordée à la meilleure monographie qui sera faite sur le Djerid Tunisien, dont le but principal sera de renseigner le colon désireux de s'installer dans la région.

» Dans un travail présenté par un des membres, M. S. Cohen Tanugi, il a été fait le compte-rendu très détaillé et fort intéressant des progrès réalisés par l'emploi des machines agricoles par les agriculteurs indigènes.

» La question fort intéressante sur la culture de l'alfa en Tunisie fait l'objet d'une communication qui intéresse un public nombreux.

» Le commerce d'exportation des fruits et primeurs de l'Algérie et de la Tunisie a été l'objet d'une étude très approfondie. Cette communication est empreinte du plus haut intérêt pour l'agriculture et le commerce dans le nord de l'Afrique.

» Un industriel de la région de Mahdia, M. Lumbroso, a fait connaître en détail la fabrication de l'huile d'olive, qui doit contribuer dans l'avenir à grossir la fortune publique.

» L'organisation du service sanitaire indigène à Tunis a fait l'objet d'un compte-rendu plein de documents intéressants, dont M. le docteur Gross, professeur à la Faculté de Nancy, est l'auteur.

» A l'assemblée qui était la dernière avant la séparation imposée par la période électorale, M. Allemand Martin, docteur ès-sciences, a fait une conférence sur « Les Iles

Kerkennah ». L'orateur signale l'intérêt qu'il y aurait d'y cultiver des primeurs et d'y favoriser la pêche des éponges.

» Un auditoire nombreux écoute la description d'un voyage en Orient. Le conférencier, M. Epitalon, de Saint-Etienne, fait part, en particulier, de l'excellente impression que lui a causée la tenue des Ecoles primaires et des Etablissements hospitaliers. La diffusion de notre langue enseignée à cette jeunesse orientale, maintient hautement le prestige de notre pays, qui jouit d'une sympathie profondément enracinée au cœur de tous ceux sur qui est répandue l'influence bienfaisante de la France.

» M. Lucien Martin, officier de marine en retraite, membre de la Société, nous a entretenus de l'Amérique du Nord. Cette séance est rendue attrayante par des projections de vues se rattachant aux grands centres : le sujet qui est traité de l'organisation des immenses parcs à bestiaux jusqu'à la mise en conserve de la viande des animaux, attire l'attention du public qui assiste nombreux à cette réunion.

» Une étude sur la Tunisie économique a fait ressortir que la situation matérielle du pays est très satisfaisante à l'heure actuelle. Il est permis de croire qu'elle sera plus prospère encore, dans un avenir prochain, lorsqu'elle bénéficiera complètement des progrès de son outillage.

» La Section, préoccupée de la défense militaire de la Tunisie, a envisagé la question du transport des troupes et du matériel par voies rapides, aussi s'est-elle préoccupée de la construction de la ligne Béja-Mateur, qui doit assurer les communications de Bizerte avec l'hinterland et l'Algérie. Elle a également demandé, sous forme de vœu présenté au

Congrès de Géographie de Marseille, la mise en relations par la télégraphie sans fil de Bilma, Djonet et Tozeur.

» Son délégué au Congrès de Dunkerque a déposé le vœu que les pouvoirs publics fassent étudier sans retard le Grand Central Africain, Bizerte et Bougrara-Bilma, le Tchad avec prolongement éventuel sur le Congo. Les raisons impérieuses qui ont donné naissance à cette importante question, sont déjà connues pour qu'il soit utile d'y revenir. »

SÉANCE SOLENNELLE D'OUVERTURE

Cette séance a eu lieu à 11 heures à la salle Sainte-Cécile. Elle fut présidée par M. Guillain, député, avec le concours de MM. Thomas Deman, avocat, président de la Société de Géographie ; le docteur Ernest Hamy, de l'Institut, délégué du ministre de l'Instruction Publique ; Georges Majoux, secrétaire-général de la Société de Géographie ; Trystram, sénateur, président de la Chambre de Commerce ; Brisac, sous-préfet ; Letourneur, délégué du ministre de l'Agriculture ; Reclus, représentant le ministre de l'Instruction Publique ; le général Bœll, gouverneur de Dunkerque, délégué de M. Etienne ; Dybowski, inspecteur général de l'Agriculture Coloniale.

L'Harmonie Municipale a exécuté la *Marseillaise* à l'entrée des autorités ; puis M. Guillain a donné la parole à M. Deman, pour le discours d'ouverture, que nous donnons ci-dessous :

Discours de M. Thomas DEMAN

« Je commencerais volontiers comme le Paysan de la fable :

> Sénat, et vous Romains, assis pour m'écouter,
> Je supplie avant tout les dieux de m'assister.

» C'est que la tâche est lourde et périlleuse qui m'est dévolue d'adresser les premières paroles de bienvenue et de remerciements à tous ceux qui nous font, en ce jour, le grand honneur de nous rendre visite.

» Je crains de ne savoir exprimer comme il le faudrait les sentiments de fierté que fait naître en nous votre présence ; je crains que ma parole ne soit impuissante à vous dire, en termes dignes de vous, notre profonde gratitude.

» Vous tous, Messieurs, qui êtes ici, vous vous intéressez à notre œuvre et vous nous donnez une marque grande de votre sympathie.

» Je remercie notre Président d'honneur et le salue respectueusement.

» Je salue les délégués du Gouvernement et Messieurs les Ministres de la République. Je remercie M. le docteur Hamy, membre de l'Institut et de l'Académie de Médecine, d'avoir bien voulu représenter parmi nous M. le ministre de l'Instruction Publique et d'être venu apporter au Congrès, par sa présence, un peu de la célébrité et de l'éclat qui auréolent son nom respecté.

» A M. Dybowski, représentant du ministre des Colonies, je rappellerai qu'il y a quelques années, il vint dire à la Société de Géographie de Dunkerque, les résultats de ses merveilleuses explorations ; j'eus alors l'honneur de le recevoir et je n'ai pas oublié les acclamations dont furent à la fois l'objet et sa parole et son courage.

» A vous tous, Messieurs, parmi lesquels je compte plusieurs amis bien chers, je demande de vouloir bien porter à Messieurs les ministres que vous représentez le déférent hommage de notre respect et de notre reconnaissance.

» Je n'étonnerai personne en disant que ce Congrès est surtout l'œuvre de la ville de Dunkerque et de la Chambre de Commerce.

» En la personne de M. le sénateur Trystram et de

M. Alfred Dumont, toutes deux, admirablement unies dans une grande idée de patriotisme, dans le souci constant et éclairé de faire mieux connaître les immenses efforts dont notre port est le grandiose résultat, toutes deux ont étendu sur nous leur aile protectrice. Leur appui moral et matériel a fait plus peut-être, et ce n'est pas peu dire, que le dévouement absolu, le zèle inlassable de mes chers et excellents collaborateurs, les membres du Comité d'organisation du Congrès.

» M. le ministre de l'Instruction Publique nous a adressé, et nous lui en sommes bien reconnaissants, un très généreux subside.

» D'autres concours sont venus à nous, le Conseil Général du Nord, le Syndicat des Courtiers Maritimes, la Compagnie du Chemin de Fer du Nord, le Syndicat des Transitaires, la Chambre de Conciliation, le Comité Maritime et Colonial, et je les remercie bien affectueusement.

» J'adresse aussi mon remerciement à M. le Sous-Préfet, à l'exquise courtoisie duquel je suis heureux de rendre hommage.

» Mais, direz-vous, cette allocution n'est qu'un long remerciement.

» Oui, Messieurs, et s'il en est ainsi, c'est que nous avons en haine la laide chose qu'est l'ingratitude ; c'est que nous gardons précieusement le souvenir des bienfaits que nous avons reçus et l'amitié de nos bienfaiteurs.

» Vous en aurez dans un instant une preuve nouvelle en entendant notre vice-président, M. Georges Morael, vous parler du 25e anniversaire de notre fondation, anniversaire que nous fêtons par ce Congrès.

» Messieurs les délégués, vous que souvent déjà j'ai nommé mes chers collègues, je vous souhaite de nouveau ici une cordiale bienvenue. Ce n'est pas à des hommes comme vous que je dois signaler l'importance du port que vous venez visiter. J'aime mieux vous laisser seuls juges de vos impressions, certain qu'elles seront la consécration de la vérité.

» Et enfin, je salue de tout mon respect les dames que j'aperçois ici nombreuses, qui viennent, au milieu de la note grave de nos travaux, apporter ce charme et cette poésie dont elles sont idéalement parées, et qui souvent récompensent d'un amical sourire le travail d'un fils, d'un frère, d'un père, d'un mari, pendant que les auditeurs applaudissent...

» Je termine, Messieurs, sur cette pensée et je prie respectueusement notre Président d'honneur de déclarer ouvert le 27e Congrès National des Sociétés de Géographie. »

Allocution de M. GUILLAIN, Député

M. Guillain, ancien ministre des Colonies, Président d'honneur du Congrès, prit ensuite la parole en ces termes :

« Mesdames,
» Messieurs,

» Avant de déclarer ce Congrès ouvert, je suis certain d'être votre interprète en exprimant à M. le Président, d'abord, et à ses dévoués collaborateurs, la reconnaissance de la population dunkerquoise pour le soin, le zèle, l'intelligence qu'ils ont apportés dans l'organisation de ce Congrès qui fait tant d'honneur à Dunkerque.

» Je joins mes remerciements à ceux que M. Deman

vient d'adresser aux délégués de Messieurs les ministres, ici présents, et je les prie de reporter au Gouvernement tous nos remerciements pour le témoignage d'intérêt et de sympathie qu'ils ont bien voulu donner au Congrès de Géographie.

» Vous, Messieurs les délégués, qui représentez si brillamment ici les Sociétés de Géographie françaises et étrangères, je vous prie de vouloir bien recevoir les remerciements de notre population pour avoir, dans votre précédent Congrès, désigné la ville de Dunkerque comme siège de ce Congrès national. Nous sommes particulièrement fiers de ce choix, et nous sommes certains que vous remporterez de votre visite dans notre ville et dans cette région du Nord, si riche et si intéressante, le meilleur souvenir.

» Les établissements maritimes que vous allez y visiter ne le cèdent en rien, — et nous espérons que vous en emporterez la conviction profonde — aux établissements rivaux, soit de la France, soit de l'Etranger, sinon pour l'ampleur de leurs installations, tout au moins pour les commodités si complètes qu'ils offrent au commerce. Nous vous demandons de vouloir bien répandre chez vous l'impression que vous aurez ressentie, et nous vous remercions à l'avance de déclarer que cette impression est favorable.

» Nous espérons aussi que vous remporterez de cette visite la conviction que les agrandissements projetés répondent à des besoins réels, et feront de Dunkerque un port absolument digne du vaste interland appelé à desservir toutes les régions du Nord industrielles et commerçantes.

» Je déclare le Congrès ouvert et je laisse à M. le Président le soin d'en diriger les travaux. »

Discours de M. Alfred DUMONT, Maire

Le discours suivant de M. Alfred Dumont, Maire de Dunkerque, fut très goûté et vivement applaudi :

« Mesdames,
» Messieurs,

» C'est au Maire de Dunkerque que revient l'honneur très enviable de saluer officiellement, dès le début de ce Congrès, les représentants du Gouvernement de la République, M. le docteur Hamy, dont la présence parmi nous témoigne hautement de l'intérêt que M. le ministre de l'Instruction Publique porte à nos travaux, et les nombreux congressistes qui ont répondu avec tant de courtoisie et d'empressement à l'invitation de notre vaillante Société de Géographie.

» Au moment d'user de ce privilège, et de vous assurer de toute la sympathie de notre population, je ne dois pas vous dissimuler mon embarras.

» Il provient de ce que je me trouve partagé entre la crainte de paraître indifférent, si je me borne à rééditer la formule d'un compliment banal, et la certitude d'étaler au grand jour mon insuffisance, si je me hasarde à effleurer quelqu'une des questions familières aux savants qui m'entourent.

» Le mot « insuffisance » n'est que trop justifié. J'appartiens en effet à une génération entrée il y a quarante ans dans la vie active, avec une ignorance presque complète de la Géographie, et une sorte d'aversion pour cette science, envisagée pendant tout notre cycle scolaire, sous des aspects fort peu engageants.

» Je ne regretterai jamais assez le temps perdu à apprendre

péniblement et à réciter plus péniblement encore d'arides et interminables nomenclatures, sans agrément pour l'oreille, comme sans profit pour l'intelligence, — ou bien les heures employées à décalquer des cartes (muettes ou non) avec la préoccupation de représenter par des hachures laborieusement enchevêtrées, les massifs du Caucase, des Cordillières et de l'Himalaya.

» Si je passe sous silence les Pyrénées, les Alpes, les Cévennes et les Vosges, c'est que l'une des bizarreries du programme d'alors consistait à retarder l'étude de notre propre pays jusqu'au moment où nos rangs s'étaient successivement éclaircis par la crainte de la préparation au baccalauréat.

» Je ne récrimine pas, Mesdames et Messieurs, je constate, et je le fais sans la moindre amertume à l'adresse des maîtres excellents qui étaient eux-mêmes les premières victimes de méthodes étroites et surannées.

» Que de progrès depuis lors !

» Le matériel des études géographiques en usage dans nos écoles de tout ordre n'a cessé de s'améliorer, — et je ne parle pas seulement des atlas destinés à seconder le travail individuel, mais aussi des cartes murales si précieuses pour l'enseignement collectif. On y a même ajouté une intéressante collection de Tableaux de Géographie par l'image, oui, de véritables tableaux, car des artistes comme Hugo d'Alesi n'ont pas dédaigné d'y mettre les ressources et les finesses de leur talent au service des écoliers des classes primaires.

» Les livres ne pouvaient être laissés à l'écart de cette évolution bienfaisante.

» Ceux d'autrefois étaient d'aspect maussade et renfermé :

ceux d'aujourd'hui, tout au contraire, ont un extérieur bon enfant qui semble dire : « Ne craignez rien, ouvrez-nous donc », et lorsqu'on a cédé à cette invite, quel profit on y trouve et aussi quel plaisir !

» A côté de vues d'ensemble exposées avec une précision qui s'impose aux mémoires les plus rebelles, se placent d'ingénieux développements pour chaque pays, même pour la France. Nous sommes initiés ainsi à ses origines géologiques, à ses divisions administratives.

» Puis, nous faisons connaissance avec ses habitants, ses villes principales, ses ports, ses moyens de communication et ses forces productives, sans oublier les monuments ni les sites pittoresques.

» Vous le voyez, Mesdames et Messieurs, ici plus d'abstraction, plus de monotonie, plus rien qui ressemble à un pensum. On connaissait la géographie physique, politique, militaire, commerciale, et bien d'autres. La liste déjà longue s'est enrichie d'une spécialité nouvelle, puisque nous possédons désormais la géographie... aimable. C'est à me faire regretter de ne plus avoir quinze ans.

» Dans un autre ordre d'idées, l'histoire des grands explorateurs est venue passionner l'opinion publique pour leurs périlleuses entreprises qui tiennent du roman d'aventures, et souvent le dépassent, pour leur intrépidité sans limites, pour leurs privations et leurs souffrances stoïquement supportées.

» Quels prodiges d'énergie morale, d'endurance et de patriotisme que ceux qui ont illustré nos missions françaises, et surtout celle de Crampel, qui avait conçu le projet follement grandiose de réunir nos colonies du Sénégal au Congo par le Soudan et du Congo à l'Algérie par l'Oubanghi et le Tchad. Vous savez comment notre malheureux compatriote fut lâchement assassiné par les indigènes avec la plupart de ses compagnons. Du moins, ce massacre ne demeura pas sans châtiment, et je suis fier de saluer dans cette assemblée le vengeur de Crampel, M. Jean Dybowski!

» J'en reviens au mouvement géographique dont l'intensité promet de ne plus se ralentir.

» A qui en sommes-nous redevables ? Sans aucun doute, c'est, en première ligne, à notre pléïade de maîtres éminents, Reclus, Foncin, Vidal-Lablache, — pour n'en citer que quelques-uns, — et à leur digne émule, Marcel Dubois, que nous aurons le régal d'applaudir dès demain.

» Mais il est de toute justice d'ajouter qu'une grande part de notre reconnaissance est méritée par les professeurs, les écrivains, les conférenciers, restés les plus fermes soutiens de nos Sociétés de Géographie.

» Grâce à leur dévouement inlassable, grâce à leur propagande de tous les instants, l'enseignement de la géographie est entré dans nos mœurs au point de nous libérer de cette ignorance coupable qui trop longtemps a excité les moqueries de l'étranger.

» Ils ont fait en cela une œuvre excellente et bien française. Aussi est-ce avec une profonde satisfaction que je les en félicite dans cette séance solennelle.

» Mesdames, Messieurs,

» La Ville de Dunkerque est fière d'avoir été choisie comme siège de votre vingt-septième Congrès National.

» J'espère fermement qu'après l'avoir parcourue, après avoir visité ses installations maritimes et pris contact avec sa laborieuse population, vous ne vous repentirez pas de la faveur insigne que vous lui avez accordée.

» En son nom, je vous souhaite une cordiale bienvenue. »

M. Georges Morael, vice-président, passa rapidement en revue les vingt-cinq années d'existence de la Société de Géographie de Dunkerque, rappelant la bienveillance de ses protecteurs et adhérents du début et démontra de la façon la plus heureuse la nécessité du développement des études géographiques et coloniales.

Avant de se séparer, vers midi, les Congressistes se donnèrent rendez-vous pour l'inauguration du monument aux morts pour la Patrie et pour la réception du soir.

Inauguration du Monument
**élevé par la Ville de Dunkerque
à la mémoire de ses enfants, soldats et marins
morts pour la Patrie.**

La Ville de Dunkerque avait eu la délicate attention de convier le 27ᵉ Congrès National des Sociétés de Géographie à assister, en quelque sorte comme invité privilégié, à l'inauguration d'un monument élevé par elle en l'honneur de ses enfants morts pour la Patrie.

Les Sociétés de Géographie avaient là leur place, car elles s'intéressent à la fois aux explorateurs pacifiques que guident les intérêts commerciaux et aussi, pourquoi ne pas dire surtout, à ceux dont le courage a tracé les premières voies et dont le sang a fécondé la terre sur laquelle aujourd'hui nous recueillons la moisson.

Tous les membres du Congrès étaient donc présents ; ils applaudirent de toutes leurs forces les patriotiques discours de M. Alfred Dumont, maire, et de M. Brisac, sous-préfet de Dunkerque, qui, tous deux, en de superbes envolées, surent rendre : .... « à la France immortelle..... à ceux qui sont morts pour elle »........ un éloquent et magnifique hommage.

Cette touchante cérémonie fut terminée par le défilé des troupes de la garnison, de la Défense mobile et des Sociétés d'anciens militaires.

Kermesse Flamande au Parc de la Marine

Puis les Congressistes se rendirent au Parc de la Marine où, par les soins de la Municipalité de Dunkerque, avait été organisée une Kermesse Flamande. Cette fête, agrémentée d'un concert donné par la musique des Canonniers Sédentaires de Lille, eut un vif succès auprès de nos hôtes, qui admirèrent beaucoup les charmants costumes et le minois éveillé de très nombreux enfants. On remarquait au milieu de grenadiers Empire, clowns, saltimbanques, mariés bretons, gentilles boulonnaises et séduisantes marquises, un guerrier Romain qui, sans souci de l'anachronisme, se pavanait à bicyclette.....

Réception à l'Hôtel-de-Ville

La réception des Congressistes à l'Hôtel-de-Ville a commencé à 9 heures. Les salons étaient magnifiquement éclairés à la lumière électrique qui faisait ressortir les beautés du superbe édifice.

M. A. Dumont, maire, et MM. Cavrois et Benjamin Morel, adjoints, recevaient les Congressistes et leur faisaient les honneurs, tandis que les commissaires de la Société de Géographie s'empressaient auprès des dames. Le décor était merveilleux et le coup d'œil féerique.

La Musique Communale, placée dans le salon des mariages, dissimulée derrière un décor de verdure, a exécuté les meilleurs morceaux de son répertoire.

Le Bureau de la Société de Géographie et du Congrès, ayant à sa tête MM. Félix Coquelle et Georges Majoux, s'était mis à la disposition des hôtes étrangers à la Ville.

Lundi 30 Juillet

PREMIÈRE SÉANCE

Cette séance a été tenue à 8 heures 1/2 du matin, dans la salle du Tribunal de Commerce, sous la présidence de M. Nicolle, assisté de MM. de Claparède, représentant la Société de Géographie de Genève ; Honnorat, sous-directeur de la Marine marchande, et Alfred Dumont, maire de Dunkerque.

M. Cloarec, lieutenant de vaisseau de réserve, directeur de la « Ligue Maritime Française », a lu un rapport sur la situation de notre Marine marchande.

Il a terminé en constatant que l'Etat avait, depuis 1881, donné près de 16.000.000 de francs de primes, ce qui correspondait à peu près exactement au prix de construction des navires pendant cette période ; autrement dit, c'est comme si l'Etat avait donné les navires pour rien aux armateurs.

La prime reste malgré tout une nécessité dans notre pays ; il faut donc étudier la manière dont nous devons l'établir. Certains négociants ont proposé de revenir à la prime à la marchandise transportée, sous une forme détournée. Cela mérite d'être étudié, mais il faut surtout s'appliquer à modifier les conditions dans lesquelles agit notre Marine marchande, de manière à diminuer peu à peu les primes, et si possible les supprimer. Avec la loi de 1906, nous avons maintenant devant nous dix années pendant lesquelles nous devrons étudier le nouveau régime qui sera le plus conforme aux conditions modernes de la marine.

A côté de nous, il y a des pays qui donnent à cet égard des résultats extraordinaires, notamment l'Allemagne, qui, récemment encore, avait une marine inférieure à la nôtre, et qui lui a donné, depuis, un tel développement qu'elle est aujourd'hui le double de celle de la France. Le port de Hambourg, à lui seul, renferme plus de vapeurs que tous les ports de France réunis.

Ce résultat a été obtenu par suite des efforts et de la pression de l'Empereur sur le pays, et aussi par la Ligue Maritime Allemande, qui comprend aujourd'hui un million de membres. En France, qui est un pays libre, nous avons encore plus besoin qu'en Allemagne d'une Ligue Maritime, puisque c'est par l'opinion que toutes les questions peuvent être, chez nous, résolues. Il faut donc que l'opinion s'intéresse à toutes les questions maritimes et c'est ce que la Ligue Maritime Française s'efforce de faire. (Applaudissements.)

M. LE PRÉSIDENT. — Plusieurs orateurs sont encore inscrits à l'ordre du jour. Je crois que le meilleur procédé de discussion est de réserver les observations que vous pouvez avoir à présenter sur le rapport de M. P. Cloarec après l'exposé des autres orateurs.

Si personne ne proteste, je vais donc donner la parole à M. le Maire de Dunkerque et aux autres orateurs inscrits.

(M. Dumont cédant son tour à M. Rossignol, ce dernier donne lecture de sa communication.)

M. ROSSIGNOL, receveur principal des Douanes à Dunkerque, donne lecture d'une notice sur le port d'Anvers.

(Cette notice a été intégralement publiée dans le Bulletin de la Ligue Maritime Française. Son insertion ici ferait donc double emploi.)

. . . .

M. LE PRÉSIDENT. — Je regrette vivement d'être obligé

d'écourter la communication si intéressante que nous fait M. Rossignol sur le port d'Anvers. Cette Monographie peut être un guide des plus utiles pour l'étude des mesures qu'il y aura lieu de prendre à l'égard de nos ports français.

Mais nous sommes invités à nous rendre tout à l'heure à la Chambre de Commerce, dont les membres veulent bien nous recevoir. Ce serait une grande impolitesse que de les faire attendre, aussi vous demanderai-je de ne point trop étendre la discussion, et de me permettre de lever la séance au moment voulu pour nous rendre à la Chambre de Commerce.

La discussion sera d'ailleurs reprise cet après-midi, à 2 heures et demie, et, pour la faciliter, je crois qu'il serait désirable que M. Cloarec veuille bien résumer les conclusions de son rapport en formules précises, qui permettraient à la discussion de se spécialiser davantage.

M. CLOAREC. — Ces formules se résument en ce que j'ai dit tout à l'heure. Je crois qu'une des meilleures mesures à prendre pour relever la marine marchande consisterait à donner une certaine autonomie aux ports, suivant les différents régimes administratifs ; ensuite à centraliser en une Direction de la Marine Marchande les différents services aujourd'hui épars dans les divers ministères à Paris ; à créer des ports francs et des zones franches ; enfin à étudier les facilités à apporter dans la circulation intérieure, c'est-à-dire à l'amélioration de notre régime de chemins de fer et de canaux, avec adoption d'un tarif commun pour faciliter l'embarquement sur les navires français dans nos ports.

En règle générale, je répète que le régime des primes peut être considéré comme regrettable, mais il est actuellement nécessaire, et nos efforts doivent tendre à améliorer l'état de choses qui existe en France de telle manière qu'on puisse enfin supprimer toute prime.

M. le Président répète les quatre *desiderata* de M. Cloarec, puis donne la parole à M. Morael.

M. MORAEL. — Je m'étais fait inscrire simplement pour répondre à M. Cloarec, dans le cas où il aurait émis certaines opinions que je n'aurais pas partagées. M. Cloarec a, en effet, appartenu à la marine militaire ; c'est un corps que nous respectons énormément, mais ce n'en est pas moins une administration officielle, et nous autres, armateurs, nous conservons toujours, quand ces administrations s'occupent de ce qui touche à nos intérêts, une certaine défiance.

J'ai eu tout à fait tort d'éprouver cette défiance en ce qui concerne M. Cloarec ; je m'attendais à combattre ses conclusions, et je vois au contraire, avec plaisir, que je suis presque tout à fait d'accord avec lui.

Il a cependant dit que les armateurs n'étaient pas toujours à la hauteur de leur tâche. Je ne partage pas entièrement cette opinion, et je vous demanderai à présenter ici tout d'abord quelques observations générales sur ce point.

L'armateur, en effet, ça n'existe pas, en somme. Aujourd'hui, les navires sont devenus de dimensions telles que l'achat de l'un d'eux excède toujours la capacité des fortunes individuelles. Il y a peu de navires de 3000 tonnes, beaucoup sont de 6 à 8.000 tonnes ; or, ceux-là coûtent environ 2.300.000 francs, et comme l'armateur ne peut se contenter d'un seul navire, puisqu'en cas d'avarie il serait ruiné, il n'y a pour ainsi dire plus aujourd'hui d'armateurs, mais des Sociétés d'armement, et les armateurs sont des actionnaires.

Or, il y a, entre le public des actionnaires français et

celui des actionnaires anglais, une différence absolue. En Angleterre, les propriétés foncières se trouvent concentrées dans quelques mains ; quelques lords ont d'immenses domaines, mais on n'y voit pas, comme en France, la presque totalité de la population aspirer à posséder une partie du sol. On ne fait pas, ou presque pas, de placements hypothécaires, alors que ces placements fonciers retiennent la majeure partie de l'épargne en France. Il en résulte qu'en Angleterre la masse de la nation se porte surtout vers les placements maritimes, se contentant de revenus infiniment moindres que ceux que nous recherchons.

Il y a donc là pour l'armateur français une source d'infériorité, qui ne provient point de lui-même, mais des conditions dans lesquelles il se trouve. Et ceci posé, j'arrive à ma discussion proprement dite.

M. Cloarec a désigné deux causes d'infériorité de notre marine marchande : c'est d'abord qu'en France il n'y a pas de fret dans nos ports ; ce sont, en second lieu, les charges considérables qui pèsent sur la marine, et auxquelles les primes sont destinées à suppléer.

En ce qui concerne l'absence de fret, nous sommes absolument du même avis. Je me bornerai à ajouter un mot. M. Cloarec a parlé des moyens de mettre en communication nos ports avec l'interland, et il a dit avec justesse que nous avions infiniment trop de ports, que l'Etat avait voulu, par suite de certaines préoccupations, satisfaire trop de villes du littoral, obliger ainsi les marchandises à se diviser entre ces différents ports et réglementer le commerce comme on réglemente une fonction quelconque. C'était inadmissible, et cela n'a donné que de mauvais résultats.

Mais il y a autre chose : Nos ports se trouvent en relations avec l'interland par deux modes de communication : les canaux et les chemins de fer. Or, en France, la construction des canaux n'a pas suivi celle des chemins de fer ; on a fait un projet général de travaux publics, puis on s'est aperçu que l'on n'avait pas les ressources nécessaires pour l'exécuter jusqu'au bout. Les Compagnies de chemins de fer ont fait avec l'Etat des conventions spéciales, et quand on a voulu discuter les questions qui concernaient les chemins de fer, on s'est trouvé en présence d'un contrat synallagmatique : il a été impossible d'y toucher. On a donc exécuté tout ce qui avait été prévu pour les chemins de fer, mais il a été impossible de terminer les travaux de canalisation.

Or, en France, plus que dans d'autres pays, il y aurait grand intérêt à ce que les travaux de canalisation soient exécutés, car ils font concurrence aux chemins de fer. Dans les pays où les chemins de fer appartiennent à l'Etat, les tarifs sont unifiés, mais en France nos Compagnies doivent se préoccuper d'abord de réaliser des bénéfices, et, lorsqu'il n'y a pas de canal pour concurrencer une ligne, les tarifs de ce chemin de fer sont excessifs.

Je tiens à insister sur ce fait, et compte même déposer un vœu à ce sujet. Mais regardez Dunkerque : il a une situation spéciale, c'est peut-être le seul port où l'on pourrait avoir du fret de sortie. Or, il n'y en a presque pas, puisque sur 3.000.000 de tonnes de marchandises il n'y a pas un cinquième qui soit exporté. Et cependant il existe du fret de sortie dans l'est de la France. Les départements de la Lorraine, les environs de Longwy, pourraient nous donner du minerai et des machines ; eh bien ! les profits de la totalité de ce fret, et qui sont très importants, vont exclusivement à l'Allemagne, par Hambourg, ou encore à Anvers; pas une seule tonne ne passe par Dunkerque.

N'y a-t-il pas un moyen de conduire tout ce fret à Dunkerque ? Si, c'est de construire le canal qui relierait notre port à cette région. Or, il est déclaré d'utilité publique depuis plus de vingt ans, mais il n'a pas encore été fait, par raison budgétaire, malgré des accords qui avaient été proposés, mais qui n'ont pu aboutir au dernier moment. Des mauvaises langues prétendent que les compagnies houillères qui étaient entrées en pourparlers avec les Chambres de Commerce pour fournir les fonds nécessaires, se sont retirées au dernier moment, parce que les Chemins de fer leur auraient consenti des avantages tout à fait exceptionnels, au point de vue du transport de leurs produits.

Je demanderai donc que l'on ajoute au vœu présenté par M. Cloarec, sur les modifications à apporter aux moyens de transport, la construction aussi rapide que possible du canal du Nord-Est.

J'arrive maintenant au second point de la discussion, celui qui nous intéresse le plus, puisqu'il concerne les primes. M. Cloarec a dit que les primes existaient en France depuis fort longtemps ; il aurait pu ajouter qu'elles existaient partout, sauf en Angleterre. Dans toute l'Europe il y a des primes à la marine marchande, mais par suite du régime spécial de l'inscription maritime, l'armateur français a une surcharge considérable à supporter, et telle qu'elle a rendu absolument impossibles certains trafics.

Vous savez, par exemple, que les lois françaises interdisent à un armateur de débarquer un officier ou un matelot en cours de route, quelle que soit la longueur du temps que doit passer le navire dans le port où il est allé. L'équipage doit donc rester à bord, manger à bord, et comme il n'y a rien à y faire, il en résulte le plus souvent des atteintes assez graves à la discipline.

Au moment de la guerre anglo-boer, les navires français durent renoncer à aller dans les mers sud-africaines, parce que l'obligation dont je parle, pendant trois ou quatre mois leur imposait une telle surcharge que, malgré le très haut prix du fret, les compagnies se trouvaient dans l'impossibilité de faire le transport.

Comme la concurrence est impossible, quand les charges ne sont pas les mêmes, on est bien obligé d'arriver au système des primes. Mais il y a ici quelque chose de très curieux : c'est que le législateur français s'est efforcé, jusqu'à ces dernières années, d'unir l'industrie de la navigation et celle de la construction, et on a créé un ménage de l'armateur et du constructeur, mauvais ménage s'il en fût, car toujours l'armateur y a été rossé par le constructeur.

M. Cloarec. — Ce système a été supprimé.

M. Morael. — J'y arrive. Mais longtemps les deux parties se sont disputées. Les lois sur la marine marchande n'ont jamais été votées que par surprise et à l'aide de négociations préliminaires qui aboutissaient à un simple mouvement de bascule.

La première de ces lois date de 1881. Elle avait admis le principe de la demi-prime. Une prime simple était donnée à tout navire construit en France, et une demi-prime à ceux qui n'y étaient pas construits. Enfin, le navire devait bénéficier de cet avantage pendant dix années, mais comme la loi fixait à dix années à partir de sa promulgation, quelque fût la date de construction du navire, l'allocation des primes, si un armateur faisaisait construire la huitième année, par exemple, il ne touchait plus la prime que pendant deux ans. Il en résultait que pendant les dernières années on ne construisait plus. Mais alors les constructeurs crièrent très fort que pendant la durée d'application de la loi on avait fait construire en Angleterre. Puis vint la loi de 1893, qui déclara que « seuls les navires construits en France auraient droit à une prime quelconque. »

Il est impossible que l'armateur lutte à armes égales avec l'étranger sans une compensation quelconque, et la loi se résumait en somme dans l'obligation d'acheter des navires en France. Les prix de construction ont alors monté dans des proportions extraordinaires, et il devint presque impossible d'acheter des navires en France.

Il y a peut-être un moyen de diminuer les effets désastreux de cette contradiction perpétuelle, et qui nous a donné jusqu'ici le résultat suivant : c'est que chaque fois qu'un navire avait atteint la limite de la jouissance de la prime, il était vendu à un étranger. L'Etat français a fait ainsi des dépenses considérables pour arriver à procurer à des étrangers d'excellents navires au quart de leur valeur.

Il y aurait un moyen simple de l'éviter. La nouvelle loi de 1906 prévoit ce qu'on appelle « des compensations d'armement » ; c'est une prime extrêmement réduite qui représente exactement la surcharge imposée à l'armement français du fait du régime de l'inscription maritime.

M. le Président lève la séance pour permettre aux Congressistes d'assister à la réception de la Chambre de Commerce.

Réception à la Chambre de Commerce

La réception a eu lieu dans la salle des fêtes du Bâtiment Central, dans cette grande salle du premier étage, qui a reçu déjà de si flatteuses visites. Un triptyque de marbre dans le haut du magnifique vestibule rappelle au visiteur que Félix Faure, Emile Loubet, Nicolas II et la Czarine, sans compter un nombre respectable de ministres, y reçurent la plus délicate hospitalité.

Cette salle, d'aspect un peu sévère, n'a comme décoration, en dehors de ses très beaux caissons, que les immenses toiles d'Hugo d'Alesi, représentant le port de Dunkerque sous Louis XIV et le même en 1900. Il y a une légère différence. On a travaillé d'une époque à l'autre, et l'agrandissement du port, le perfectionnement de son outillage, sont dus aux efforts de la Chambre de Commerce et de ses présidents, dont on peut lire également la liste sur le marbre du vestibule. C'est sous l'un d'eux que les affaires du port ont surtout marché à pas de géant. On l'a reconnu unanimement et le vénéré M. Jean-Baptiste Trystram a été le véritable héros de la journée.

Le président actuel, M. Jean Trystram, se tient à l'entrée du salon et fait accueil à ses hôtes. Puis il se rend sur l'estrade. MM. Collet, vice-président de la Chambre ; Hutter, secrétaire-membre ; Duchateau, Woussen, François Bernard, membres de la Chambre de Commerce ; Brisac, sous-préfet ; Guillain, député ; A. Dumont, maire ; général Boell, gouverneur ; Lécuyer, directeur des Douanes ; Thomas Deman, Félix Coquelle, Dreyfus, ingénieur en chef du port ; Philippe et Brossard, ingénieurs ; Georges Morael, Fayol, les délégués des Ministères, entourent M. Jean Trystram.

Discours de M. Jean TRYSTRAM

Le Président de la Chambre prend la parole au milieu du silence général et prononce le discours suivant :

« Mesdames, Messieurs,

» Au nom de la Chambre de Commerce de Dunkerque, je souhaite la bienvenue la plus cordiale aux membres du 27ᵉ Congrès National des Sociétés Françaises de Géographie, ainsi qu'à Messieurs les délégués des différents Ministères qui veulent bien nous faire l'honneur d'assister à cette réception. J'adresse en particulier à M. le docteur Hamy, membre de l'Institut, dont les savants travaux anthropologiques et ethnologiques sont connus du monde entier, l'expression de notre respectueuse sympathie.

» Messieurs, si, à première vue, le rôle des Sociétés de Géographie ne semble avoir aucune analogie avec celui des Chambres de Commerce, un examen plus attentif ne tarde pas à montrer qu'en fait, il existe entre ces Compagnies des rapports très importants.

» La Géographie enseigne les productions, les richesses, les arts, les industries des divers pays et ces connaissances sont indispensables au commerçant de notre époque. Les Sociétés de Géographie, en organisant les grandes explorations, jouent un rôle prépondérant dans notre politique coloniale, si intimement liée aujourd'hui au développement économique et commercial de la nation. Elles étudient toutes les questions où se trouvent engagés les intérêts français, elles créent en France un mouvement en faveur du commerce extérieur, elles font mieux connaître les parties du monde où nous appellent les besoins du commerce, et, sur les terres nouvelles, à l'explorateur qu'elles subventionnent et qu'elles encouragent, succèdent le plus souvent le commerçant et l'industriel que nous représentons. En un mot, nous leur sommes redevables de nombreuses conquêtes économiques, et bien des entreprises commerciales doivent leur prospérité aux débouchés qu'elles leur ont procurés.

» Aussi, personne mieux que nous, ne comprend l'importance des idées dont vous êtes, Messieurs, les propagateurs infatigables, et c'est une heureuse fortune pour notre ville et pour notre port d'avoir été choisis pour donner l'hospitalité à ce Congrès annuel, qui rassemble tant de compétences et de talents venus de toutes les parties de la France.

» Messieurs, vous allez dans quelques instants visiter notre port; vous pourrez ainsi vous rendre compte de l'étendue de nos quais, de la superficie de nos bassins et de l'outillage perfectionné que nous mettons à la disposition du commerce. Cependant, vous ne trouverez pas superflu que je vous donne auparavant, et avec toute la brièveté possible, quelques détails sur nos installations maritimes et sur notre trafic.

Le Port actuel

» Le port de Dunkerque se divise en deux parties bien distinctes : le Vieux Port, comprenant les bassins du Commerce, de la Marine et de l'Arrière-Port ; le Nouveau Port, comprenant les Bassins de Freycinet.

» Le Vieux Port, dont les bassins ont une profondeur de quatre à cinq mètres, est bordé par un peu plus de deux kilomètres de quais, mais les terre-pleins dont il dispose sont peu étendus et limités par des constructions qui empêchent d'en augmenter la superficie. Il ne se prête donc pas à un mouvement intensif de marchandises.

» Le Nouveau Port a été créé par la loi de 1879, qui a affecté une somme de 50 millions à la construction de nos magnifiques bassins de Freycinet, de nos formes de radoub et de l'écluse Trystram. Cet ensemble d'ouvrages, terminé il y a quelques années seulement, nous a donné près de cinq kilomètres de quais fondés en eau profonde.

» Je ne m'étendrai pas plus longuement sur ces travaux, à l'exécution desquels notre Chambre et la ville de Dunkerque ont contribué par de larges subsides. Je laisse à nos distingués ingénieurs le soin de vous renseigner à cet égard au cours de la visite que vous allez faire sous leur compétente direction.

Le port futur

» L'accroissement de notre trafic, dont je vous parlerai tout à l'heure, a dépassé les prévisions les plus optimistes et depuis bien des années déjà il a fallu envisager l'exécution de nouveaux agrandissements : Après de très longues instances, la Chambre de Commerce, puissamment aidée par M. Guillain, notre député, dont le concours ne nous a jamais fait défaut, a obtenu, en Décembre 1903, le vote d'une loi qui reporte très loin vers l'Ouest les fortifications et les canaux, qui autorise l'achat de tous les terrains nécessaires aux agrandissements futurs et le prolongement des darses 3 et 4 des Bassins de Freycinet. Malgré les 1,500 mètres de quais supplémentaires que ces travaux, dont la dépense totale est évaluée à 26 millions, vont nous donner, il est, dès à présent, reconnu que cette extension sera insuffisante. Aussi notre Chambre se préoccupe-t-elle déjà d'obtenir la construction d'une cinquième darse, premier pas dans l'exécution d'un programme grandiose comprenant l'établissement de six nouvelles darses correspondant à douze kilomètres de nouveaux quais, et dont la réalisation sera l'œuvre de la première moitié du vingtième siècle.

» Creuser des bassins profonds, construire des darses et établir de vastes terre-pleins, tout cela n'est pas suffisant pour attirer et retenir le commerce maritime. De nos jours où les navires représentent des capitaux si considérables et où ils accumulent dans leurs flancs d'énormes quantités de marchandises, il faut mettre à leur disposition des engins puissants qui leur permettent d'effectuer rapidement leurs opérations de chargement et de déchargement. Ce fut l'œuvre de notre Chambre de doter le port de Dunkerque d'un outillage moderne, perfectionné, répondant à tous les besoins et pouvant soutenir avantageusement la comparaison avec les installations similaires des premiers ports du monde.

» Je ne tenterai pas de vous donner une description de cet outillage si remarquable. Je vous dirai simplement que toutes ces installations, que nous augmentons encore chaque jour, ont coûté déjà près de dix millions.

Le trafic du port

» Mais tant d'efforts et tant de millions dépensés ont porté leurs fruits, comme on peut le constater par la progression ininterrompue du tonnage qui s'accuse par les chiffres suivants:

» Le mouvement du port était de 197.000 tonneaux de jauge en 1848 ; de 743.000 tonneaux en 1865 ; de 1.303.000 tonneaux en 1875 ; 2.134.000 tonneaux en 1885 ; 2.761.000 tonneaux en 1895 ; 3.225.000 tonneaux en 1900 ; 4.136.000 tonneaux en 1905 et les 6 premiers mois de l'année 1906 marquent sur la période correspondante de 1905, une augmentation de plus de 200.000 tonneaux.

» Le mouvement des marchandises a suivi sensiblement la même progression et, en 1905, près de 3 millions de tonnes ont passé sur nos quais, dont 1.843.000 tonnes à l'importation, 639.000 tonnes à l'exportation et 503.000 tonnes représentant le mouvement du cabotage.

» Les marchandises qui nous fournissent les plus importants tonnages à l'importation sont :

» Les laines, les céréales, le riz, les arachides, les graines oléagineuses, les bois, le coton, le lin, le chanvre, le jute, les tourteaux, les vins, les phosphates, les pyrites, la houille, les minerais de fer, de plomb, de zinc, le manganèse, le nitrate, etc.

» Quant à nos exportations, elles se composent principalement:

» De farines, de sons, de malt, de fourrages, de bois, de vins, d'alcools, de sucres, d'ardoises, de phosphates, de ciment, de houille, de fers, d'aciers, de machines, de métaux travaillés, de bouteilles et de verrerie, de fils, de tissus, etc.

» Notre trafic est particulièrement actif avec nos colonies. Il s'est élevé à 359.000 tonnes, en 1905, dont 171.000 à l'importation et 188.000 à l'exportation. Nous avons échangé 145.000 tonnes de marchandises avec l'Indo-Chine, 96.000 avec l'Algérie, 71.000 avec la Tunisie et 47.000 avec les diverses colonies.

La Pêche

» Le port de Dunkerque possède une industrie séculaire que je dois au moins vous signaler :

» C'est celle de la pêche à la morue. Quoique bien souvent éprouvée par des sinistres, cette pêche a conservé une réelle importance. Chaque année, au début du printemps, nos pêcheurs, au nombre de plus d'un millier, partent pour les mers brumeuses d'Islande, d'où ils ne reviennent qu'en Septembre rapportant de 2 à 3 mille tonnes de morues salées. La pêche côtière au poisson frais et principalement celle du hareng et du maquereau sont également très actives.

» Messieurs, les chiffres que j'ai cités tout à l'heure montrent que le port de Dunkerque est surtout un port d'importation. Nous importons en moyenne trois fois plus de marchandises que nous n'en exportons. Cependant, nos exportations progressent rapidement, malgré la convention de Bruxelles qui, en supprimant les primes allouées aux sucres expédiés à l'étranger, a considérablement réduit cette partie de notre trafic.

Les Services réguliers

» Toutefois, en développant d'autres branches de notre exportation, nous sommes parvenus aujourd'hui à combler, et au-delà, ce gros déficit et ce résultat a pu être obtenu grâce au développement de nos services réguliers qui nous mettent en relations avec la Russie, les pays de la Baltique et la Mer du Nord, avec l'Angleterre, l'Espagne, l'Algérie, la Tunisie et l'Italie, avec la Colonie Occidentale d'Afrique, le Brésil, la République Argentine et l'Uruguay, l'Indo-Chine, la Chine et le Japon.

» A ces lignes déjà si nombreuses viendront sûrement s'en ajouter de nouvelles, dès que la construction de nouveaux quais aura permis d'accueillir les demandes qui nous sont présentées pour la désignation des places fixes à leur affecter.

» Si le port de Dunkerque doit une large part de sa prospérité à ses bassins profonds et à son outillage moderne, d'autres causes concourent encore à son développement commercial.

Les causes de la prospérité du Port

» La première, la cause la plus essentielle, c'est que, par sa situation géographique, Dunkerque est le port naturel de ces régions si riches et si industrielles du Nord et de l'Est, où se concentre la plus grande partie de la vie économique de la France.

» La seconde cause de la prospérité de notre port est dûe à l'existence des nombreuses voies de communication qui y aboutissent. C'est en 1848 que Dunkerque fut rattaché au réseau des voies ferrées qui commençaient alors à sillonner la France. Aujourd'hui, notre gare de marchandises, dont les quais du port desservis par plus de 40 kilomètres de voies ferrées forment en quelque sorte le prolongement, est l'une des plus importantes du réseau du Nord.

» Mais les chemins de fer ne suffisent pas à un port. Pour écouler les marchandises qu'il reçoit, il est indispensable qu'à la voie de fer s'ajoute la voie d'eau. C'est une erreur de croire que chemins de fer et voies navigables doivent se concurrencer ; ils se complètent. Partout où ils co-existent, la statistique démontre que le trafic s'accroît plus rapidement qu'ailleurs et en raison même de la variété des moyens de transport.

Canal du Nord et Canal du Nord-Est

» Le port de Dunkerque est particulièrement favorisé sous ce rapport ; il dispose, en effet, d'un réseau de canaux qui le met en communication avec les principaux centres industriels et commerciaux. Mais, pour augmenter encore sa prospérité, ce réseau doit être complété par l'exécution, prochaine maintenant, du canal du Nord, qui facilitera nos rapports avec le grand centre commercial de Paris, et surtout par l'exécution du canal du Nord-Est, qui diminuerait de 141 kilomètres le parcours par eau de Dunkerque à Mézières. Il rendrait plus facile la lutte que nous devons soutenir contre la redoutable concurrence du port d'Anvers, qui, à l'aide de tarifs de chemins de fer très réduits et de voies navigables plus directes, vient, jusque dans notre région, nous disputer les éléments de notre trafic.

» Messieurs, je ne veux pas abuser plus longtemps de votre bienveillante attention, je vous ai montré comment notre port a grandi, comment il est devenu l'un des plus beaux, l'un des mieux outillés, et le troisième de France par l'importance de son tonnage; je vous ai fait voir comment les agrandissements en cours seront insuffisants en présence de l'accroissement continu de son trafic; je vous ai signalé enfin ce qu'il faudrait réaliser pour augmenter encore sa prospérité. Puisque vous avez choisi notre ville pour tenir ce Congrès annuel, qui sera, j'en suis convaincu, aussi fécond que les précédents en excellents résultats, nous vous demandons d'unir vos efforts aux nôtres pour la réalisation de l'œuvre que nous poursuivons et qui intéresse si profondément non seulement Dunkerque et notre région, mais aussi la France entière ».

Après que se sont tues les acclamations qui ont salué la fin de son discours, M. Trystram montre aux Congressistes le plan des agrandissements du port.

— J'aurais voulu, dit-il, pouvoir vous en remettre à

chacun un exemplaire. Mais notre imprimeur est en retard. N'importe. Puisque vous vous rendez demain à l'exposition de Tourcoing, je vous engage à y visiter notre Exposition. Vous y verrez mieux encore qu'ici ce que nous avons fait et ce que nous voulons faire.

Réponse de M. Thomas Deman

Le Président du Congrès de Géographie répond à M. Trystram par un discours dans lequel il n'est pas possible de faire une coupure, tant ce qui y est dit au point de vue de l'unité de vue et d'action des Dunkerquois de toute opinion lorsqu'il s'agit du port et de la haute justice à rendre aux efforts de M. Jean-Baptiste Trystram, répondait au sentiment intime de tous les auditeurs.

En interprétant ces sentiments unanimes, M. Thomas Deman a obtenu un magnifique succès.

Discours de M. Deman

« Messieurs,

» Les quelques réminiscences que j'ai gardées de mes études, hélas, déjà anciennes, me disent que le cœur est un organe double. Notre ville obéit à la loi commune, et en visitant hier l'Hôtel-de-Ville, en visitant aujourd'hui la Chambre de Commerce, vous avez été en contact avec tout le cœur de Dunkerque.

» Il est double et cependant il est un, et ses battements sont assez puissants pour que l'une et l'autre partie de ce cœur agissent bien unies dans un rhythme égal et fécond pour l'épanouissement de cette œuvre grandiose que vous avez sous les yeux, et où capital et travail doivent trouver, dans la fraternelle concorde et l'active union, une source merveilleuse de richesse et de prospérité.

» En entrant ici, vous avez vu des diagrammes indiquant le mouvement commercial et maritime de Dunkerque depuis plus de 50 ans, et vous avez été frappés de la marche triomphale de cette ligne, qu'on ne peut vraiment appeler une courbe, car elle s'élance tout droit, plus haut, toujours plus haut...

» Et vous avez vu aussi le tableau d'honneur qui porte les noms des Présideuts qui se sont succédé à la tête de cette Chambre.

» Tous ont largement mérité que leur nom fût inscrit en lettres d'or sur cette stèle.

» Mais il en est un que je veux plus spécialement citer, parce qu'il fut, il y a 25 ans, le Président fondateur de notre Société de Géographie et parce que je tiens à prouver que même un quart de siècle n'a éteint ni même obscurci notre reconnaissance.

» Je veux dire M. Jean-Baptiste Trystram. Avec une activité sans limites, avec une inlassable ténacité, avec une connaissance approfondie des affaires qui lui fit deviner et prévoir dans la situation géographique de Dunkerque la raison nécessaire de sa future grandeur, M. J.-B. Trystram arracha successivement au Gouvernement les millions indispensables à la lutte des hommes contre la nature.

» Son dévouement à notre petite Patrie n'eut jamais une défaillance : sa foi dans l'avenir ne fut jamais affaiblie.

» Et c'est pour cela, Messieurs, que devant vous tous, dont la présence nous rend si heureux, j'ai voulu rendre à M. J.-B. Trystram un éclatant et public hommage.

» L'écho de mes paroles ira jusqu'à lui et le fera tressaillir dans la calme retraite où il se repose, au milieu de l'affection des siens, d'une vie toute laborieuse ; et il en éprouvera une joie d'autant plus profonde, une fierté d'autant plus légitime, que ces paroles lui seront répétées par son fils, le continuateur de son œuvre, celui qui préside aujourd'hui aux travaux d'agrandissement, si bien que l'on peut, rappelant le poète latin, dire de notre Port que sous l'égide de M. Trystram, il acquiert des forces nouvelles, — *Vires acquirit eundo.*

» Le Gouvernement de la République, dont l'idéal est la justice, qui se doit à lui-même de récompenser tous les mérites, n'a point failli à ce devoir.

» A cette écluse, la plus grande du monde, qui forme comme le fronton de notre édifice maritime et commercial, il a, en légitime témoignage de reconnaissance, donné le nom de Trystram.

» Mais ces millions, Messieurs, obtenus par M. Trystram, il a fallu les mettre en œuvre, les transformer en travaux utiles et productifs. C'est la part de l'ingénieur. Ce fut l'œuvre à laquelle M. Guillain s'attacha avec une ardeur passionnée. Ce fut lui qui conçut et fit exécuter les plans de ces môles, de ces bassins, de ces darses, dont le panorama se déroule d'ici sous vos yeux.

» Continuant à donner à sa patrie d'adoption l'aide précieuse de son dévouement, M. Guillain, entrant au Parlement, s'unit à M. Jean Trystram pour faire agrandir l'œuvre commencée, et quand, suprême honneur, il fut appelé à faire partie du Gouvernement du pays, sa sollicitude pour Dunkerque ne se démentit pas.

» Il nous en a donné une nouvelle preuve en acceptant la présidence d'honneur de notre Congrès. Du fond du cœur, je le remercie.

» Mais n'est-il pas bien audacieux de ma part, peut-il appartenir à une aussi infime personnalité que je suis d'exprimer ainsi des appréciations élogieuses ?

» Pourquoi pas ? Si vous donnez, Messieurs, à mes paroles la consécration de vos applaudissements.

» Monsieur le Président,
» Messieurs les Membres de la Chambre de Commerce,

» Au nom du XXVIIe Congrès National des Sociétés de Géographie, je vous remercie du cordial accueil que vous nous faites. Je remercie Messieurs les ingénieurs des Ponts et Chaussées du concours précieux qu'ils nous donnent pour la visite du port et de ses installations maritimes, et je suis convaincu d'être le fidèle interprète des sentiments de tous les Congressistes en vous affirmant qu'il leur restera de la visite d'aujourd'hui et de votre réception le meilleur et le plus durable souvenir. »

Remerciements de M. Jean Trystram

M. Jean Trystram a repris la parole pour remercier M. Thomas Deman. « Messieurs, a-t-il dit, vous me voyez tout ému par les paroles que vient de prononcer M. Deman. Vous n'ignorez pas les inquiétudes que me cause la santé de mon père, dont le Président du Congrès de Géographie vient de faire un si magnifique éloge. Je l'en remercie du fond du cœur, et en même temps, je me fais un devoir et un plaisir de constater ici que chaque fois qu'il s'est agi des intérêts du Port de Dunkerque, les dissentiments politiques ont fait trêve, et que tous, Municipalité, députés, sénateurs, Chambre de Commerce, nous avons uni nos efforts pour triompher des difficultés.

» Messieurs, je bois au succès du XXVIIe Congrès de Géographie ».

La Visite du Port

En quittant le Bâtiment Central, nous entendons le cri de ralliement de l'ami Merchier :

— En avant pour la visite du port ! Nous allons nous diviser en deux groupes. Les gens sérieux, les vaillants, vont faire le tour des darses à pied sous la conduite des ingénieurs. Les autres vont accompagner les dames sur le *Dunkerquois*.

Les « vaillants » se sont numérotés. Il faisait déjà 22 degrés à l'ombre. Les autres ont accompagné les dames sur le *Dunkerquois* et sont allés rôder dans les darses 1, 2, 3 et 4 autour des *cargo-boats* et des fins voiliers.

Aucun incident n'a marqué cette excursion dans les bassins. Et pourtant si, un congressiste s'est empêtré dans le canon porte-amarre. Il est tombé à califourchon dessus. Le fût a basculé et a rejeté le malheureux géographe en pagaille de l'autre côté. On s'est empressé autour de lui.

— Qu'y a-t-il ? demanda-t-on.

— Rien, a répondu une dame. C'est un monsieur qui s'est évanoui à la vue d'un canon !

Tous les navires du port avaient mis leurs pavois. Certains d'entre eux saluaient du pavillon. Les ouvriers du port acclamaient aussi de temps en temps les Congressistes.

Un Dunkerquois disait aux étrangers la destination des navires, l'affectation des quais, montrait les péniches flamandes collées aux flancs des voiliers et des steamers, expliquait la manutention des marchandises.

Dans les darses 3 à 4, toutes courtes, il a expliqué qu'il fallait abattre la muraille d'enceinte pour permettre l'allongement du bassin et a dit que c'est par ce travail que l'on commence le nouvel agrandissement du port.

On a beaucoup admiré le *Clan Murray* et ses matelots indiens, et le *Louqsor*, la plus belle unité des Messageries Maritimes.

Quelqu'un résumait son impression comme l'on disait adieu au capitaine Wadoux :

— Mais il n'y a que de grands navires dans le port de Dunkerque.

Sur l'« Insulaire »

Nombre de Congressistes ont voulu aller reconnaître à bord de l'*Insulaire* leur futur logement d'excursion.

En descendant du *Dunkerquois*, les Congressistes ont poussé jusqu'au paquebot-yacht, dont les honneurs ont été faits par M. Majoux, directeur de l'excursion, le capitaine M. Le Manchec, le commissaire M. Laporte, et l'économe M. Bellini.

Rapidement quelques indications sur l'*Insulaire*.

Le paquebot a 70 mètres de long, 3^m80 de tirant d'eau ; il a une vitesse moyenne de quinze milles. Il est aménagé pour recevoir 150 passagers environ.

On visite les cabines, les deux salles à manger du bord, enfin le château ou dunette, sur laquelle M. Bellini avait fait préparer des rafraîchissements. Les dames ont fort goûté la permission qui leur a été donnée de dévaliser sa collection de cartes postales illustrées.

Un autre groupe de Congressistes a visité les installations maritimes du port, l'entrepôt des sucres et l'entrepôt des laines, les vastes hangars de la Chambre de Commerce, l'outillage perfectionné qui sert au déchargement des navires, la grue de 40 tonnes, tous ces engins qui font du port de Dunkerque l'un des mieux pourvus et outillés pour les opérations commerciales et qui lui valent sa légitime renommée.

M. l'Ingénieur en chef Silvain Dreyfus, MM. les ingénieurs et conducteurs des Ponts et·Chaussées rivalisaient de science et de courtoisie pour le grand plaisir des distingués visiteurs.

Séance de l'après-midi

La séance est ouverte à 2 heures.

Prennent place au Bureau : M. Paul Doumer, ancien président de la Chambre des Députés ; M. Marcel Dubois, professeur à la Sorbonne ; M. Nicolle, président de la Section, et M. Dumont, maire de Dunkerque.

M. le Président donne la parole à M. Morael.

M. MORAEL. — Je vous ai parlé ce matin, Messieurs, de deux questions. J'ai examiné la question traitée par M. Rossignol, d'abord, puis par M. Cloarec : des causes de l'infériorité de l'armement français, et nous avons vu qu'une des premières de ces causes d'infériorité était le manque de fret dans les ports français.

J'ai insisté particulièrement sur la situation du port de Dunkerque, appelé à desservir l'hinterland d'une des plus riches régions de l'Europe, et qu'il dessert si imparfaitement, que sur un total de trois millions de tonnes que fait aujourd'hui le port de Dunkerque, il y en a à peine un cinquième pour l'exportation.

J'ai fait remarquer en outre que dans l'état actuel des choses, il était tout à fait impossible de faire bénéficier Dunkerque du fret énorme des riches pays de la Lorraine, des produits métallurgiques et miniers de Briey, etc., par suite de l'élévation des tarifs de chemins de fer. Ces marchandises passent en général par Anvers, grâce à des tarifs spéciaux au transit international, croissants et décroissants à la fois, sur les bases suivantes :

Les marchandises qui font un trajet de 75 à 155 kilomètres paient un centime par tonne kilométrique ; cette redevance augmente lorsque la distance excède 155 kilomètres ou n'atteint pas 75 kilomètres. Si on se demande la raison de cette décision assez bizarre, et si l'on examine la carte de la Belgique, on s'aperçoit que tous les points quelconques de la frontière française se trouvent par rapport à Anvers situés entre 75 et 155 kilomètres.

Il suffit donc de payer une taxe de un centime par tonne kilométrique pour faire transporter les marchandises, alors qu'en France, grâce à des tarifs très nombreux et élevés, grâce aussi à ce fait que les différentes lignes de chemins de fer ont établi aux abords de leurs zones respectives des droits de mutation d'une ligne à l'autre, renouvelant à leur profit un véritable octroi intérieur, les tarifs de transport sont naturellement beaucoup plus chers, et par conséquent empêchent l'écoulement des produits industriels de l'Est par la voie de Dunkerque.

J'ai ajouté qu'il n'y avait qu'un seul moyen d'arriver à mettre fin à cette situation désastreuse pour nous : faire le canal du Nord-Est, qui diminuerait de 140 kilomètres le trajet entre Dunkerque et les provinces de l'Est. C'est sur ces données que je compte déposer mon premier vœu et demander à l'assemblée de le voter, je veux dire l'exécution la plus rapide possible du canal du Nord-Est.

Arrivant au deuxième point traité par M. Cloarec, comme cause d'infériorité de la marine française, j'avais parlé des charges spéciales qui pèsent sur elle et j'étais arrivé à dire quelques mots du système des primes. Je ne crois pas être obligé de justifier ces primes ; M. Cloarec l'a fait lui-même ce matin, mais j'avais fait remarquer que toutes les lois quelconques qui ont concédé des primes aux armateurs français avaient été contradictoires, ce qui s'expliquait par l'esprit dans lequel se trouvaient les intéressés au moment où elles avaient été votées.

Nous sommes en présence, en effet, de deux intéressés : 1° l'armateur, qui se trouve dans la nécessité absolue d'avoir des primes, puisqu'il est dans l'impossibilité de faire naviguer son navire si la prime n'existe pas, à raison des charges spéciales qui pèsent sur la marine française et qui n'ont pas été niées. Lorsqu'il s'est agi de voter la loi de 1902, en effet, une Commission spéciale fut réunie, Commission composée de 60 personnes, hauts fonctionnaires, sénateurs, députés et seulement six constructeurs et six armateurs. Cette Commission, qui présentait évidemment les plus grandes qualités d'impartialité, avait fixé ces charges de 10 à 15 francs par tonne et par an, le chiffre le moins élevé s'appliquant aux navires du plus fort tonnage. J'espère que ces chiffres seront admis par M. Cloarec, car une discussion sur ce point pourrait nous entraîner trop loin.

Ceci posé, qu'est-il arrivé? Les armateurs et les constructeurs ont continué à avoir des intérêts absolument contraires; l'armateur avait intérêt à toucher sa prime; le constructeur voulait obliger l'armateur à faire construire ses navires en France.

Ainsi que je l'ai dit, il y a eu plusieurs lois. Celle de 1881 avait admis le système de la demi-prime. La prime totale était de 1 fr. 50 par tonneau de jauge, construit en France, et de la moitié pour les navires achetés à l'étranger. Au-delà d'un certain prix de revient, l'armateur avait tout avantage à acheter son navire à l'étranger.

Cette loi portait en elle le germe morbide qui a fait que durant ses dernières années d'application, elle n'a plus porté aucune espèce de fruit. Il était dit, en effet, qu'elle n'aurait d'effet que pendant dix ans, de telle sorte que l'armateur construisant la troisième année ne jouissait des primes que pendant sept ans, et ainsi de suite, si bien que, dans les dernières années, personne n'a plus fait construire. Je crois qu'avec une légère modification de la loi, disant par exemple que le navire jouirait de la prime quel que fût le moment où il aurait été construit, la marine marchande se serait beaucoup plus développée.

Lorsque la loi de 1881 est arrivée à son terme, les constructeurs qui, depuis longtemps, attendaient cette échéance, n'ayant plus rien à construire, se sont arrangés pour mettre fin au régime de la demi-prime, et ils ont obtenu gain de cause devant le Parlement par le vote de la loi de 1893.

Vous vous rappelez, Messieurs, à quelles discussions a donné lieu la loi de 1902. La Chambre s'était d'abord ralliée au principe du refus de toute subvention aux navires construits à l'étranger. Le second jour, un amendement disant tout le contraire de ce qui avait été décidé la veille, était voté. Je n'en veux retenir qu'une chose, c'est que par suite de cette lutte entre armateurs et constructeurs, nous sommes arrivés à avoir des législations qui se sont constamment contredites; c'est, d'autre part, que lorsque les 10 ou 12 années pendant lesquelles des primes étaient payées ont été écoulées, les armateurs, n'ayant plus ni primes, ni compensations, ont vendu leurs navires à des prix extrêmement bas à des armateurs étrangers.

Et, pour rappeler simplement un souvenir local, je dirai que l'année dernière, on a pu voir ici un navire, qui s'appelait le *Général Mélinet*, rester pendant six mois à l'extrémité de la rue du Quai, où il formait une belle perspective, très intéressante pour les étrangers, puis qui a été finalement vendu pour 160.000 francs à un armateur norwégien. Or ce navire avait coûté de 5 à 600.000 francs; il portait 3.000 tonnes, et avait reçu de l'Etat, comme primes de construction, environ 170.000 francs; il avait touché en outre comme primes à la navigation, la première année près de 100.000 fr., plus de 90.000 fr. la seconde, et ainsi de suite pendant dix ans, soit un total de 900 à 950.000 fr. Eh bien, quand ce navire a eu dix ans, c'est-à-dire alors qu'il était encore très jeune et apte à rendre beaucoup de services, on a été obligé de le vendre pour 160.000 francs à un Norwégien.

C'est le seul point auquel je m'attacherai aujourd'hui et je déposerai un vœu, étant donné que nous ne pouvons évidemment pas espérer voter aujourd'hui des lois sur la marine marchande.

M. Paul Doumer. — La nouvelle loi est faite.

M. Morael. — Le seul moyen qui puisse nous permettre d'espérer enlever les charges spéciales qui pèsent sur les armateurs français, est d'abolir le régime de l'inscription maritime. Je suis convaincu que nos marins ne s'en porteraient que mieux, et l'on enlèverait ainsi tout prétexte aux armateurs de demander l'aide de l'Etat, tout en les mettant à même de mieux faire face à leurs adversaires.

Comme, avec les tendances actuelles, cet idéal est impossible à atteindre, je déposerai donc simplement le vœu que l'Etat accorde un minimum de compensation d'armement à tout navire qui aura terminé la période prévue pour le paiement des primes. Cette compensation d'armement ne serait que la représentation exacte des charges spéciales incombant aux armateurs français du fait de leur nationalité. Puisque l'Etat fait pendant dix ans des frais considérables pour un navire, pourquoi l'abandonner alors qu'un très léger sacrifice suffirait pour le sauver.

Reprenons, si vous le voulez, l'exemple du *Général Mélinet*. La compensation d'armement aurait donné pour lui, à raison de trois centimes par tonne, la somme de 22.500 francs après les dix ans de primes.

Lorsque la loi de 1906 a été votée, ce vœu a été formulé pour toute une catégorie de navires se trouvant dans une période critique par suite de la date assez rapprochée où les primes les concernant allaient expirer. Cette loi prévoit la construction de nouveaux voiliers. Que l'Etat se rassure sur ce point : la compensation accordée est tellement faible qu'il ne viendra à l'esprit de personne de faire construire de nouveaux voiliers.

Or, on lui avait offert de conserver à notre flotte commerciale un nombre plus considérable d'unités en excellent état, tout en réalisant une économie importante. On lui avait demandé de ne pas allouer aux nouveaux voiliers les primes prévues pour un total de 58.569.800 francs, et de dire qu'à la place une petite compensation d'armement serait donnée, pendant cinq ans, aux voiliers déjà construits, ce qui, d'après les calculs établis, aurait donné 17 millions 750 et quelques mille francs, ou pour l'Etat un bénéfice de près de 41.000.000. Ce cadeau, l'Etat l'a refusé.

Nous avons alors demandé que l'on nous donnât au moins une petite compensation quelconque ; on s'est borné à l'accorder seulement aux voiliers français francisés avant le 31 décembre 1900. Il n'y a pas de raison pour qu'une mesure reconnue juste pour quelques-uns ne le soit pas pour tous.

Je viens donc déposer le vœu que : les vapeurs et les voiliers arrivés au terme de leurs dix ans de prime touchent une compensation d'armement durant le temps pendant lequel ils seront jugés bons à rendre encore des services. (Applaudissements).

M. le Président. — Voudriez-vous avoir l'obligeance de nous donner une formule positive, et de bien définir votre vœu pour le déposer, puisqu'il y aura lieu nécessairement à un vote ?

M. Morael. — Aujourd'hui même ?

M. le Président. — Oui, autant que possible.

La parole est à M. Dumont, maire de Dunkerque.

M. Dumont. — Messieurs, permettez-moi, tout d'abord, de me féliciter de voir un Bureau composé comme celui que nous avons en ce moment, dans cette séance d'affaires, un Bureau où notre dévoué président, M. Nicolle, a comme assesseurs M. Paul Doumer et M. Marcel Dubois ! Le fait est trop éloquent par lui-même pour que je veuille l'amoindrir par des développements; je me contenterai de remercier M. Paul Doumer et M. Marcel Dubois de l'insigne honneur qu'ils nous font en ce moment-ci et des encouragements qu'ils donnent à notre œuvre.

Ce matin, j'ai entendu, comme vous tous, avec infiniment de plaisir et de profit, M. Cloarec ; je ne prends point la parole pour discuter ce qu'il a dit, mais pour l'appuyer au contraire, s'il n'est point trop ambitieux de ma part de dire que j'adhère à une autorité pareille.

Il a parlé des ports francs. Eh bien, puisque nous sommes ici dans l'intimité, veuillez me permettre de vous dire combien j'ai été navré de l'ignorance profonde d'un trop grand nombre de commerçants et d'armateurs sur cette question des ports francs. Cette question, qui est une des plus importantes, est peut-être une des moins connues. Je me suis livré à une petite enquête, j'ai interrogé beaucoup de Dunkerquois et ils m'ont répondu : « Les ports francs ? Mais c'est l'idéal ! Avec ça, il n'y a plus de douanes ». J'en demande pardon à M. Rossignol, que nous n'avons pas l'intention de supprimer.

Plus de douanes, c'est un peu absolu ; cependant ils en sont persuadés. D'autres, préoccupés du côté historique de la question, ont dit : « Des ports francs ? mais c'est revenir pour Dunkerque à ce qu'il était sous Louis XIV ». Je n'ai pas essayé de leur faire comprendre que la situation économique n'était plus la même ; j'ai simplement exposé la question commerciale, car les ports francs intéressent surtout les industriels, puisqu'au lieu de réexporter simplement des marchandises de telle ou telle catégorie, on ne les réexporte qu'après leur avoir fait subir une transformation.

J'en veux venir à ceci : c'est que, puisque la question n'est pas connue, il est essentiel de la vulgariser. Vous me direz : on la trouvera exposée dans les comptes-rendus du Congrès et dans les Revues. Certes, mais je songe à la plaisanterie, très sérieuse, de Pailleron : « On reconnaît une revue savante à ce qu'elle n'est pas coupée ».

Je vous demanderai donc d'initier, sous une forme assimilable, le grand public à cette question si intéressante, dans des journaux à fort tirage ; je voudrais que l'on fasse, non pas un article, mais des séries d'articles dans un style approprié au grand public, car il est navrant de constater qu'en Allemagne, où le mouvement maritime est si récent, il y a tout un public initié à ces questions-là, et que dans un pays comme la France, qui par sa situation et sa configuration géographique doit être avant tout un pays maritime, de telles questions sont ignorées.

C'est contre cette ignorance, Messieurs, que je vous prie de nous prêter le secours de votre expérience et de votre talent.

J'ai aussi à appeler votre attention sur un autre point, qui n'est pas suffisamment connu et qui est celui-ci : C'est l'ensemble des conditions financières dans lesquelles s'opèrent les améliorations d'un port comme Dunkerque.

L'Etat, avec une générosité à laquelle il ne nous habitue pas toujours, dit de la meilleure foi du monde : « Je vous donne quinze millions, trente millions pour l'amélioration du port de Dunkerque », mais immédiatement, en sourdine, il glisse ceci : « Seulement je n'en ai pas le premier sou ! »

Il nous engage à faire l'avance ; mais nous n'avons pas le premier sou, nous, non plus. Alors, que faire ? Traiter avec des établissements financiers et récupérer nos avances au moyen de taxes locales, mais ces taxes devront faire face non seulement aux frais des travaux, mais encore aux intérêts composés de l'amortissement. Toutes ces conséquences font que les taxes locales s'augmentent d'une façon lamentable, et que l'on peut dire qu'il arrivera un jour où nous aurons de si beaux bassins que plus un navire ne voudra y pénétrer, parce que l'entrée serait beaucoup trop onéreuse.

La conséquence que j'en tire, sous forme de vœu, et dont je vous prie d'excuser la forme, car je ne suis pas un professionnel, c'est que : l'Etat doit considérer les ports comme un outillage national, dont les perfectionnements et les facilités données à l'expansion de la marine devraient s'opérer sans que les taxes locales s'en trouvent augmentées.

J'arrive à un troisième point, et j'abrège, parce que je reconnais qu'il serait impertinent de retenir trop longtemps votre attention et de retarder le moment où vous aurez la satisfaction très grande d'entendre M. Paul Doumer.

Ce matin, M. Cloarec, aussi bien que M. Rossignol, nous ont entretenus de la concurrence que nous font les ports belges. Eh bien, il est regrettable (ceci toujours entre nous) d'entendre à Dunkerque cette formule, quelque peu fanfaronne : « Dunkerque rival d'Anvers ». Il faut n'avoir pas vu Anvers pour espérer la réalisation complète d'un pareil désir. Et ce n'est point seulement d'Anvers que nous avons à nous préoccuper.

Vous n'ignorez pas quel développement a pris la question maritime en Belgique, non pas seulement pour Anvers, Ostende ou Gand, mais encore, et pour une ville bien plus près de nous, pour Bruges. Lorsque, dans les programmes d'excursions, la Société de Géographie a compris une croisière, avec entrée dans le port de Bruges, ce n'était point seulement par fantaisie de touriste, mais pour bien pénétrer le public de cette idée que plus près qu'Anvers, Gand et Ostende, il y a un canal maritime qui met Bruges en communication directe avec la mer. Or, cette transformation maritime de Bruges présente pour nous, Dunkerquois, le plus sérieux péril.

On me dira : il y a la douane. C'est exact, mais c'est insuffisant, car il y a quelque chose que les tarifs ou les préposés de la douane ne pourront pas faire disparaître : c'est la différence des salaires belges et français. Oh, je ne me plains pas que l'ouvrier de Dunkerque gagne trop d'argent !

Je veux dire, en me plaçant sur le terrain des faits, en ne m'arrêtant qu'à des considérations pratiques, que je suis effrayé de voir que, pour des marchandises qui ne peuvent pas supporter de grands frais, nous allons avoir une concurrence des plus actives s'exerçant dans un port où l'ouvrier, au même moment, gagne moitié moins que l'ouvrier dunkerquois.

Je sais bien qu'il n'appartient à aucun de nous ni d'empêcher cette concurrence de salaires, ni de faire obstacle à l'exploitation de Bruges, port de mer ; mais si j'insiste sur ce point, c'est pour que vous soyez bien pénétrés à votre tour de cette idée qu'il est urgent d'apporter à la situation fâcheuse de certains ports français le remède qui était préconisé ce matin par M. Cloarec. Autrement on s'endormira dans une fausse sécurité ; on verra à Dunkerque s'allonger la darse 3, la darse 4, etc., mais on ne verra pas s'allonger la liste des navires qui fréquentent nos installations maritimes ; si bien que cet effort énorme, effort d'intelligence, effort de dévouement et effort d'argent, sera resté, je ne dirai pas stérile, mais bien au-dessous de ce que nous pouvons et de ce que nous devons espérer, comme Dunkerquois et comme Français !

M. Paul Doumer. — Le discours très intéressant que vient de faire M. Morael m'a amené à demander à M. le Président la parole pour y ajouter quelques mots de rectification et en même temps pour manifester l'intérêt que je porte à vos travaux, et vous rappeler que j'étais venu au milieu de vous comme membre de ce Congrès.

Il y avait, dans les appréciations de M. Morael, quelque chose qui m'a frappé, d'abord parce que je me suis occupé d'une manière très active de la marine marchande, qui avait été comme une nouvelle religion qui vient de voir le jour, et que j'ai entendu les plaintes qui se renouvellent à chaque loi nouvelle sur la marine marchande. Je sais bien qu'elle a plus que raison de se plaindre parce qu'elle souffre, mais comme elle a bien le tempérament français, c'est toujours vers l'Etat qu'elle se retourne, et c'est en grande partie à l'Etat qu'elle reproche le mal dont elle souffre.

Quel est donc ce mal? Que la marine marchande souffre, c'est indiscutable, et il n'y a qu'à consulter les chiffres pour savoir que la marine marchande fait plus que de souffrir, et qu'elle se meurt pour ainsi dire en France.

Quand on voit le rang auquel la France est tombée, ce rang qui est le cinquième depuis trente ans, on est effrayé et l'on se demande si bientôt la marine marchande ne va pas complètement disparaître de ce pays. D'autre part, on a généralisé un peu la question, en se disant que l'élévation qui fait l'âme du navigateur sur mer, l'initiative personnelle que cela exige, la hardiesse de risquer des capitaux dans de telles entreprises, devaient être des raisons d'espérer encore dans l'avenir de notre pays. On a craint aussi qu'il n'y ait une sorte d'affaiblissement de l'énergie et de l'initiative nationales, devenant une des causes réelles et profondes de cette diminution de la marine marchande, et l'on a cherché dans l'intérêt de la France et de son commerce à empêcher la marine marchande de mourir, à la faire revivre et prospérer.

On a cherché, mais jusqu'ici on n'a pas trouvé autre chose que les primes, et quand M. Morael disait tout à l'heure qu'il serait peut-être nécessaire de débarrasser la marine de toutes les charges qu'elle supporte, c'est peut-être demander beaucoup, c'est demander dès maintenant de changer du tout au tout le tempérament et le régime économique.

Il est impossible de dire que la marine marchande, alors même qu'on lui retirerait toutes les charges qui la grèvent, comme les inscrits maritimes, triompherait de cette crise. Vous ne pouvez pas empêcher qu'un marin embarqué n'ait une famille à terre et que cette famille se nourrisse et consomme dans les conditions du milieu où elle se trouve. Vous n'empêcherez pas que le pain de cette famille ne coûte peut-être 40 %, peut-être 100 % plus cher ici que dans des pays voisins, et que, rien que par suite du régime protectionniste, il y ait par exemple une grande différence entre le prix du blé en Belgique et en France. Vous avez, du fait de votre régime protectionniste, des nécessités inéluctables; cela provient du fait même de ce régime économique, qui pourrait être autre chose, mais nous ne sommes pas bien sûrs que le résultat serait meilleur, nous qui avons vu l'expérience de 1884 et de 1892, qui savons celles de nos industries qui disparaissaient, qui périclitaient de telle manière que l'on voyait leur fin très prochaine, la métallurgie, notamment, la culture du blé aussi.

L'agriculture française produisait autrefois plus de 120 millions d'hectolitres de blé, qui permettaient de nourrir tous ses habitants. Aujourd'hui il n'en est plus de même qu'il y a quinze ans; elle diminue tous les jours. Quelles en sont les causes, quels remèdes y apporter? Ce sont des mesures d'ordre général, qui ne peuvent pas être prises à propos de la marine marchande seulement. Nous ne pouvons pas supporter pour un certain nombre de nos industries la libre concurrence; nous sommes obligés de multiplier autour de nous ces fortifications que les armées trop faibles mettent autour d'elles quand elles doivent se battre contre des armées trop fortes.

Nous le faisons avec la barrière des douanes. Il est certain que la marine marchande, du fait du régime économique de la France, a des charges particulières pour l'armement et pour la construction. La tôle d'acier ne coûte pas le même prix à Dunkerque qu'à Glasgow ou à Newcastle, ni même qu'à Anvers, et l'ensemble des charges pesant sur la construction et l'armement s'en ressent.

M. Morael disait tout à l'heure qu'une Commission extra-parlementaire avait fait un travail sur cette question, il y a quelque quinze ans. Mais nous l'avons refait tout récemment ; une Commission a été nommée, sur l'initiative d'ailleurs de la Ligue Maritime. J'ai eu l'honneur d'en être le président, avant d'avoir eu le plus grand honneur de passer la présidence à l'amiral Gervais, qui lui a donné un essor dont je me réjouis.

Nous avons donc réuni une Commission extra-parlementaire, où il n'y avait ni armateurs, ni constructeurs ; elle était formée de hauts fonctionnaires, d'ingénieurs, d'inspecteurs des finances, et j'avais l'honneur de présider le Comité qui a fait la nouvelle convention.

Nous avons divisé de manière complète l'armement et la construction. Nous avons dit : voilà deux industries différentes l'une de l'autre, que l'on a confondues longtemps, et l'on a eu tort. Que les navires soient construits en France ou à l'étranger, l'armement se comportera de la même manière, il aura les mêmes charges, aura droit à la même protection et aux mêmes encouragements.

De même la construction des navires est une industrie française qui a droit à la même protection que les autres industries. Il y a beaucoup de machines à vapeur à Lille ; on produit des rails en Lorraine ; tout cela peut vous apporter du frêt.

Vous avez trop diminué votre hinterland, car je me souviens que lorsque j'étais gouverneur de l'Indo-Chine et que je commandais 200.000 tonnes de fer ou de rails, elles me venaient tantôt d'Isbergues, tantôt de Fives-Lille, tantôt de Daguili, et tout cela s'embarquait à Dunkerque, ce qui a d'ailleurs donné naissance à quelques lignes de transport, que quelques-uns d'entre vous connaissent.

L'industrie de la construction maritime est donc une industrie comme les autres, qui a besoin d'être protégée comme les autres, puisqu'elle a les mêmes infériorités que les autres, et elle a, en plus, l'infériorité résultant de la protection qui permet aux autres de vendre plus cher qu'elle à l'étranger. Il y avait donc là une nécessité de donner une protection, mais cette protection ne pouvait être la même pour la marine que pour les industries qui s'exercent sur notre sol. Il n'y a pas de frontières pour la marine, on ne peut pas songer à fermer les ports aux navires étrangers, et pour que les constructeurs de navires français soient protégés, il faut que la protection, au lieu d'être donnée au navire lui-même et s'exercer sur le prix du navire, se traduise au contraire par une prime donnée aux navires construits chez nous.

Nous avons cherché quels étaient les éléments permettant de calculer la différence entre le prix de revient d'un navire selon qu'il est construit en France ou en Angleterre, et d'autre part quelle était la différence entre les dépenses d'armement en France et en Angleterre, de façon à établir la prime qui devrait être la compensation exacte des charges qui pesaient sur le navire français, soit à la construction, soit à l'armement. Nous avons examiné les charges qui résultent d'un capital artificiellement grossi, et celles qui comprennent l'amortissement du navire, non pas seulement sur le prix du navire, mais sur ce prix majoré de la prime, entraînant aussi comme nécessité une prime d'assurance plus élevée.

Nous avons donc ainsi calculé la compensation nécessaire, c'est-à-dire la différence entre le prix de construction en France et en Angleterre, et les frais d'armement dans les deux pays. Et voilà ce qu'est la loi nouvelle. Nous avons voulu que la moyenne s'établisse graduellement, de manière à faire disparaître la différence normale entre les deux pays.

Pour l'armement, nous avons procédé de même. Des Compagnies de navigation nous ont donné la facilité de voir leurs livres et de faire tous les calculs nécessaires, et j'espère que la loi établie sur cette base ne donnera pas lieu aux mêmes critiques que les anciennes.

Je veux cependant vous faire un aveu : c'est que cette loi a négligé un peu les voiliers. Mais il m'apparaît que si l'on venait à protéger un service de diligences, à lui donner en quelque sorte une prime, cela paraîtrait bien un peu vieux jeu.

J'ai eu l'honneur de servir d'arbitre entre les armateurs, et dans cet arbitrage j'étais arrivé à mettre d'accord l'ensemble des éléments de la marine marchande, en trouvant une transaction nécessaire, mais nous ne sommes pas arrivés à faire entrer cet arrangement dans la loi. Vous savez ce qu'avait fait la loi de 1893 pour les voiliers : c'était inacceptable, car nous arrivions à avoir un développement de la marine à voiles tel que nous étions la risée des autres nations maritimes (plus de 110.000 tonnes par année de constructions). Or nous sommes arrivés au régime de la vapeur. La navigation moderne, coûteuse, c'est vrai, mais celle qu'il est nécessaire d'encourager, celle qui se développe chez toutes les autres nations, c'est la navigation à vapeur. Et pourtant nous avons consenti à donner une prime aux voiliers.

Vous dites ici qu'elle est si faible qu'on ne construira plus de voiliers. Si vous le croyez, eh bien, tout à l'heure, votre raisonnement péchait un peu. Vous disiez en effet : Nous avons offert au Parlement de renoncer à cette prime, ce qui est un cadeau de 41.000.000, et il a refusé. Si l'on ne construit plus de voiliers, votre renonciation à la prime ne me semble pas une économie bien réelle ; si l'on ne construit pas, l'Etat ne donnera pas de primes, et par conséquent vous n'abandonnez rien..

Je crois que c'est peut-être aller un peu loin ; je crois que l'on construira encore des voiliers ; mais il ne convenait pas qu'une nation comme la France fût la seule à développer sa marine à voiles, alors que sa marine à vapeur allait en périclitant.

Toutefois, comme je le disais, nous avions voulu sauver les voiliers, remédier à la situation de fait résultant des lois de 1881 et 1893, et nous avions donné une petite prime d'encouragement, qui avait été acceptée par les intéressés. Le Sénat a repoussé cette prime ; la question s'est posée dans les derniers jours de la législature, et jusqu'à la dernière heure, de savoir si nous devrions faire échec à la loi pour obtenir la prime, ou laisser passer la loi sans la prime aux voiliers existants. Une conférence eut lieu dans mon cabinet pour chercher un terrain d'entente, et finalement la loi fut votée telle quelle.

En dépit de cette petite condamnation des voiliers, je crois que la loi nouvelle permet à l'armement et à la construction de vivre en France, mais à une condition : c'est que l'esprit d'initiative et l'énergie plus que jamais animent la marine marchande, qu'elle réagisse contre le découragement qui semble être le mal général de ce pays.

Vous êtes plus aptes à le comprendre ici qu'ailleurs. Quand, avec M. Deman, nous nous promenions tout à l'heure dans les rues de Dunkerque, je lui disais que c'était un des ports qui m'intéressaient le plus particulièrement, avec celui de Nantes, parce qu'ils étaient les deux seuls où l'on sentait quelque vie, de l'initiative et une certaine santé économique que l'on ne trouve pas dans beaucoup d'autres.

La marine marchande a une nouvelle loi, et, telle qu'elle est, cette loi peut parfaitement la mettre à même de lutter à armes égales avec les marines étrangères ; mais le tout est de savoir quels seront les efforts que nous ferons sur notre sol pour faciliter l'accès du frêt aux ports d'embarquement, comme à Dunkerque.

C'est avec raison que tout à l'heure M. Morael faisait valoir qu'il était tout à fait désolant, et inique pour ainsi dire, que deux régions de la France, qui sont dans une situation de prospérité économique merveilleuse, les régions de la Lorraine et de l'Est, n'aient pas normalement leur débouché au port de Dunkerque, comme la géographie l'indiquerait.

Obtenir ce résultat, faire en sorte que l'initiative individuelle se réveille, que la marine marchande et le pays lui-même ne s'affaiblissent pas, par manque d'énergie et de courage, voilà ce que je souhaite à la ville de Dunkerque, comme à la France toute entière.

M. LE PRÉSIDENT. — Permettez-moi, Messieurs, de me féliciter hautement d'avoir aujourd'hui à notre Congrès de Géographie le concours de compétences telles que celles qui viennent de se signaler et qui s'expriment avec une éloquence aussi claire et aussi pénétrante. Je crois traduire ainsi, sinon parfaitement, du moins du mieux possible, votre sentiment, et je vais continuer la séance.

Cependant, avant de donner la parole à M. Morael, je vous demanderai la permission de lire un vœu soumis au Congrès par M. Cloarec, dans le but de spécialiser un peu mieux la discussion.

Voici le vœu, ou plutôt les vœux, de M. Cloarec :

1° Que les différents régimes administratifs de nos ports soient étudiés de façon à augmenter leur autonomie, etc.;

2° Que les différents services maritimes, aujourd'hui répandus dans sept ministères différents, soient centralisés par la création d'une Commission permanente interministérielle et réunion des différents services en une Direction générale de la marine marchande ;

3° Que le projet de loi sur les ports francs, déposé par le Gouvernement en 1903, rapporté par M. Chaumié, redéposé à nouveau le 16 juin 1906, soit promptement soumis aux délibérations du Parlement ;

4° Que le Gouvernement s'efforce de développer les voies intérieures de circulation, notamment les canaux, en combinant les moyens de transport avec les lignes de navigation, de manière à faciliter la circulation des marchandises vers les ports ;

5° Que les charges qui pèsent sur la marine marchande soient étudiées pendant l'application de la loi de 1906, de manière à arriver à un régime qui permette de supprimer les primes, qui sont aujourd'hui absolument nécessaires, etc.

M. Morael demande la parole.

M. MORAEL. — Je désirerais répondre quelques mots à l'argumentation de M. Doumer. Il est bien osé de prendre la parole après des autorités en matière maritime comme celle que nous venons d'entendre, mais je voudrais simplement faire observer ceci : c'est que la question comme je la pose n'est pas touchée par l'argumentation donnée tout à l'heure.

M. Doumer a fait le procès des voiliers ; c'est un point que je ne relèverai pas, mais il est cependant quelques détails que je désire signaler. Je pourrais peut-être dire qu'actuellement et jusqu'à l'exécution du canal de Panama, les voiliers ont leur raison d'être ; il serait impossible d'utiliser des navires à vapeur pour transporter certaines marchandises, car le frêt serait tellement élevé qu'il coûterait plus que la marchandise elle-même. Si notre agriculture a des nitrates à sa disposition, si nos navires transportent en grande abondance des orges américaines, c'est uniquement parce qu'il y a des voiliers ; et je crois qu'il y en aura encore lorsque le canal de Panama sera percé, car il y a des colonies où la navigation à voiles est des plus intenses.

A la Nouvelle-Calédonie, par exemple, il est prodigieux de voir combien de voiliers du monde entier se rendent à Nouméa. Madagascar remplit un rôle à peu près analogue, et cette année même, malgré la voie du canal de Suez, de nombreux voiliers français vont en Indo-Chine chercher du riz.

Le voilier n'est d'ailleurs pas tout à fait une diligence, c'est un instrument très moderne, qui possède une machine à vapeur, et à bord duquel tout se fait à la vapeur, excepté la propulsion.

Ceci dit, je ferai remarquer simplement que je n'avais pas placé la question sur le terrain de l'opposition entre la vapeur et la voile. J'avais simplement demandé ceci : c'est que tous les navires, quels qu'ils soient, vapeurs ou voiliers, ayant été construits sous le régime de la loi de 1893 ou de 1902, lorsqu'ils arriveront à l'expiration de la période pendant laquelle ils pouvaient toucher les primes déterminées par les différentes lois, touchent alors une compensation d'armement strictement suffisante pour représenter les charges spéciales qui leur sont imposées par suite de la législation française.

J'ai demandé simplement que ces navires touchent exactement ce qu'ils coûtent à l'armateur du fait de leur qualité de Français. Je m'appuie à cet égard sur deux considérations : la première, c'est qu'il y a quelque chose d'absolument choquant à voir un navire, comme le *Général Mellinet*, par exemple, qui a coûté à l'Etat près de 950.000 francs, être vendu 160.000 francs à un armateur norwégien. Or, ce qui est arrivé pour ce navire va se reproduire pour nombre d'autres, au fur et à mesure qu'ils auront dix ans de services : ils seront également vendus. Cependant la charge serait peu importante pour l'Etat français. Rarement elle dépasserait 35 ou 40.000 francs, et, au bout de dix ans, un grand nombre de navires ont disparu, peut-être la moitié. La dépense serait peu élevée.

Il y aurait donc un intérêt considérable de ne plus dépenser des sommes énormes pour le seul bénéfice d'armateurs étrangers, et il y aurait autant d'avantages pour la marine marchande que pour l'Etat à faire cesser cet état de choses.

Je ne crois pas que ma proposition soit contraire au point de vue de M. Doumer ; elle ne s'applique pas seulement aux voiliers, mais à l'ensemble de notre marine marchande. J'ajoute que je ne me suis pas permis de critiquer la loi de 1906. Je me suis borné à dire: on ne construira plus de voiliers. C'est une appréciation, et il faut d'autant moins m'en vouloir que c'est celle de l'Union générale des armateurs. Elle aboutit d'ailleurs à cette conséquence : c'est que lorsqu'il n'y aura plus de voiliers, on fera des navires à vapeur. Nous adopterons donc ainsi votre manière de voir.

M. Charles Droulers. — Je désirerais présenter quelques observations sur le vœu présenté par M. Cloarec en ce qui concerne l'établissement de ports francs, que M. Dumont a bien voulu expliquer avec son beau talent et sa haute autorité.

Ce serait faire de la centralisation, alors que tout aujourd'hui est à la décentralisation ; ce serait congestionner les extrémités du pays, accaparer les débouchés extérieurs. Ce serait en somme une expropriation pour cause d'utilité privée au profit de cinq ou six ports français seulement.

Ferez-vous cette expropriation avec indemnité ou sans indemnité ? Voilà une question à laquelle M. Jaurès lui-même serait peut-être gêné pour répondre, et cependant je serais heureux d'obtenir sur elle des explications étendues.

M. Cloarec. — La question ne se pose pas du tout comme vous la posez. Il faudrait d'abord définir ce qu'est un port franc, et les critiques que vous venez de formuler ne s'appliquent pas aux ports francs tels que nous les concevons.

C'est une extension du régime qui existe actuellement, celui de l'entrepôt, ce serait une facilité plus grande, une extension de ce régime.

Un membre. — Il serait peut-être bon, pour empêcher le vœu d'être interprété d'une façon trop libérale par les partisans des ports francs, d'ajouter quelques mots, par exemple que l'Etat « instituerait les ports francs avec toutes les garanties nécessaires pour rassurer les industries nationales à l'intérieur ».

Un membre. — Messieurs, vous avez vu, par le tonnage des vapeurs qui transitent dans nos colonies, le peu de navires de cette catégorie qui naviguent sous pavillon français. M. Paul Doumer doit être renseigné à ce sujet pour ce qui concerne l'Indo-Chine.

Tout bateau stationnaire dans nos colonies, et qui veut naviguer sous pavillon français, doit se faire inscrire dans un port français. Pour simplifier les formalités, il se fait inscrire sous pavillon allemand ou italien, et deux jours après sa demande, il a sa patente.

Il serait très facile, je crois, de supprimer cet état de choses en donnant aux gouverneurs des colonies ou aux consuls les instructions nécessaires.

M. P. Doumer. — C'est ce que va faire la loi de 1906. Les décisions qui obligaient les navires naviguant dans nos eolonies de remplir les mêmes obligations que ceux restant en France ont été supprimées. Aujourd'hui les gouverneurs et consuls peuvent donner la patente française, comme cela se faisait d'ailleurs avant la loi de 1902.

La nouvelle loi de 1906 supprime toutes les décisions restrictives de 1902. Votre vœu reçoit donc satisfaction.

M. Paul Hazard. — Je suis de ceux qui depuis 4 ou 5 ans ont toujours demandé que l'on discutât à fond les questions d'intérêt général dans les séances des Congrès, de façon à les solutionner. Nous allons aujourd'hui, je ne dis pas solutionner la question de la marine marchande, comme demain, je l'espère, celle du reboisement, mais il ne faudrait peut-être pas laisser dans l'ombre certains points fort intéressants.

Il est peut-être téméraire de ma part, car je représente essentiellement le cœur de la France, d'intervenir dans des questions maritimes ; mais j'ai été très frappé de ce qu'a dit M. le Maire de Dunkerque, qui a émis tout à l'heure certaines opinions qui m'ont paru être des réalités tangibles pour tous les contribuables français, en même temps que pour ceux qu'intéressent spécialement les ports de mer.

M. le Maire a dit, en effet, que lorsqu'il s'agissait de développer des ports d'une importance considérable, tel que celui de Dunkerque, l'Etat comprenait très bien la nécessité de faire certains travaux, mais qu'après avoir accordé dans ce but 25.000.000, il déclarait ne pouvoir donner un sou, et vous priait d'en faire l'avance.

Est-ce qu'il n'est pas tangible que pendant 20 ou 30 ans les efforts des contribuables ont été dispersés sur trop de points, et par suite de préoccupations dont je ne veux pas parler ici, puisque le domaine de la politique nous échappe, mais auxquelles je ne suis cependant pas fâché de faire allusion avec toutes les préoccupations oratoires habituelles et courantes chez un avocat, surtout en présence d'une personnalité comme M. Paul Doumer, qui est un des espoirs de l'avenir... Eh bien, est-ce qu'on ne sait pas que les efforts des contribuables ont été dispersés sur des séries de points qui n'avaient pas tous une importance considérable, et dont beaucoup étaient absolument indifférents pour la masse de la nation ? Ce qu'il était indispensable de faire, c'était de porter les efforts sur quatre ou cinq ports que je pourrais nommer ; et il n'est pas mauvais, au moment où nous parlons des remèdes à apporter à la marine marchande, de tâcher, par un vœu pour la rédaction duquel je m'en rapporterai à la compétence de M. Cloarec, d'indiquer que désormais l'effort demandé aux contribuables devra se porter sur quelques ports, au premier rang desquels doit figurer Dunkerque, qui a gagné constamment des rangs dans le trafic national et international.

Je désirerais donc qu'il fût possible d'ajouter au vœu de M. Cloarec une petite rallonge, indiquant précisément que l'effort à demander aux contribuables n'appartenant pas aux populations maritimes, ceux du centre de la France, comme moi, portera précisément sur ces ports qui peuvent contribuer à la restauration économique de notre pays.

S'il y avait une sage gestion économique des finances, lorsqu'un port comme Dunkerque aurait besoin de 15.000.000, on ne lui dirait pas : ces quinze millions, ils ont été répartis entre vingt ports modernes ; on les appliquerait immédiatement à ceux qui sont d'un intérêt vital pour le pays, afin de combattre la concurrence étrangère, ce qui doit être votre principale préoccupation.

M. Cloarec. — C'est un des motifs qui nous a en effet conduits à demander et à préconiser l'organisation et l'extension de l'autonomie des ports. Et un des meilleurs moyens d'obtenir ce que M. Hazard désire, serait de décider que, seuls, les grands ports ayant les ressources suffisantes pour effectuer les travaux voulus seraient autorisés à engager les dépenses indispensables à l'amélioration de ces ports.

M. LE PRÉSIDENT. — Je donne lecture du vœu de M. Morael : « Que les dispositions de l'article 8 de la loi de 1906 aujourd'hui appliquées aux seuls voiliers francisés avant le 1ᵉʳ Janvier 1901, le soient à tous les navires, vapeurs ou voiliers, pendant le temps où ils conserveront leurs qualités nautiques. »

Enfin reste le vœu de M. Fayol :

« Lorsque le gouvernement accorde des concessions aux colonies..... »

Mais nous allons voter d'abord sur le vœu de M. Cloarec qui n'a reçu aucune modification.

Dois-je en donner lecture à nouveau ?

PLUSIEURS CONGRESSISTES. — Oui ! et voter par paragraphes.

M. DEMAN. — Je comprends admirablement, parce que c'est là une œuvre économique, que le gouvernement s'intéresse aux grands ports, et qu'à ces grands ports il donne l'argent suffisant ; mais je comprendrais moins — et personne, je pense, ne comprendrait — que l'on négligeât l'initiative individuelle, l'initiative privée, l'effort de tous les Français, qui ont droit, qu'ils appartiennent à de grands ou à de petits ports, à la sollicitude du gouvernement, dans des mesures différentes peut-être au point de vue économique, de même que ceux qui y contribuent par un travail effectif ont droit aux remerciements de ceux qui s'intéressent à la prospérité du pays.

M. LE PRÉSIDENT. — Je mets aux voix le premier paragraphe du vœu de M. Cloarec.

(Ce paragraphe est adopté).

2ᵉ paragraphe : « Que les différents services, répartis entre des ministères différents..... », etc.

(Mis aux voix, il est également adopté.)

3ᵉ « Que le projet de loi sur les ports francs..... », etc.

(Mis aux voix et adopté.)

4ᵉ « Que le gouvernement s'efforce de développer les voies intérieures de circulation..... », etc.

(Adopté.)

5ᵉ « Que les charges qui pèsent sur la Marine marchande..... », etc.

M. Doumer. — Mon cher collègue, n'insistez pas ; il vaudrait mieux que l'on n'adoptât pas ce vœu à Dunkerque.

M. le Président. — Je relis le paragraphe :

« Que les charges qui pèsent sur la Marine marchande
» soient étudiées pendant la durée de la loi sur les primes
» de 1906, de manière à arriver à un régime qui permette
» de supprimer les primes qui sont aujourd'hui absolument
» nécessaires, ou tout au moins de les organiser d'une
» manière qui donne des résultats plus efficaces que ceux
» obtenus jusqu'ici par les diverses lois des primes fran-
» çaises. »

M. Doumer. — Vous ne savez pas ce que donnera la loi nouvelle ; l'espoir de ses auteurs est qu'elle vaut mieux que les autres, mais elle a besoin des initiatives individuelles. Si vous n'insistez pas, mon cher collègue, je crois qu'il vaudrait mieux ne pas voter ce paragraphe actuellement.

(Le paragraphe est retiré.)

M. le Président. — Reste le vœu de M. Morael.

Une voix. — Quelle en est la conclusion ?

M. Doumer. — La conclusion du vœu consisterait à primer tous les bateaux, quel que soit leur âge, du moment où ils navigueraient. Je vous avoue qu'il me paraît peu sage de l'adopter, parce qu'il engage le budget de l'Etat.

Les navires qui ont touché jusqu'ici des primes ont eu leur capital presque complètement amorti, et le *Général Mellinet*, dont on nous parlait tout à l'heure, était précisément un de ces navires qui avaient été primés d'une manière tellement considérable que leur armateur avait reçu de l'Etat, non seulement une prime à la navigation, mais encore l'amortissement complet du navire.

J'entends que lorsque l'Etat a donné au constructeur d'un navire neuf une prime portant, comme dans la loi nouvelle, sur 15, 18 ou 20 années, il a amorti complètement le bateau.

M. Morael. — Je crois que la discussion générale est close ; mais je tiens à faire remarquer que je n'ai pas demandé de prime ; j'ai demandé une compensation d'armement, strictement égale aux charges qui pèsent sur l'armement par suite de la nationalité française : rien de plus.

Il s'agit de savoir si l'Etat est intéressé ou non à ce qu'un navire qui a coûté près d'un million, soit vendu au bout de 10 ans 160.000 francs, alors qu'il est encore en pleine condition de navigabilité.

M. le Président. — Quelqu'un demande-t-il encore la parole ?

Je mets aux voix le vœu de M. Morael.

(Ce vœu est adopté.)

Nous passons au vœu de M. Fayol : « Lorsque le gouvernement accorde des concessions aux colonies... », etc.

M. M. Dubois. — Je voudrais bien que ce vœu soit un peu développé par M. Fayol lui-même.

M. Fayol. — Mon vœu s'inspire de ce que nous disions tout à l'heure, à savoir que nos ports français ne sont pas suffisamment protégés et ont un trafic insuffisant. Ils font en général de l'importation ; nous manquons de frêt de sortie et en dehors des commandes de l'Etat, nos navires ne sont pas suffisamment chargés des marchandises auxquelles ils auraient droit d'après la situation du port.

Il est donc regrettable que les sociétés coloniales ne soient pas obligées de donner à l'Etat français une part des bénéfices qu'elles trouvent dans leurs concessions.

M. Doumer. — Il y a des concessions de tout genre. La formule est peut-être un peu générale et serait inapplicable. Il faudrait la limiter aux compagnies concessionnaires.

M. Deman. — M. Fayol ne parlait que d'une obligation morale.

M. Dugnavor (?) — Il me semble que les étrangers plus que les autres doivent être astreints à prendre nos produits nationaux, puisqu'on leur accorde déjà le bénéfice d'une concession.

Si certaines obligations sont imposées à nos nationaux, à plus forte raison doivent-elles l'être aux étrangers, sans quoi nos colonies tomberaient entre leurs mains.

M. Marcel Dubois. — Je suis de votre avis, sur un point seulement. Vous venez de dire que « nos colonies tomberaient aux mains des étrangers. Je voudrais bien qu'on pût employer le conditionnel ; malheureusement, c'est le présent qu'il faut employer.

M. Guénot. — Ne pourrait-on pas dire « que toutes les

concessions ne seront accordées qu'à la condition de prendre des produits nationaux » ?

R. — Non, c'est impossible.

M. Doumer. — Quand un étranger vient apporter des capitaux dans une colonie, on est très heureux de l'accueillir parfois.

Il est difficile de traiter une question aussi compliquée sans l'avoir étudiée à fond.

M. Fayol. — Dans ces conditions je retire mon vœu, puisque vous considérez qu'il serait inapplicable.

M. Doumer. — Vous pourriez le retirer provisoirement, sauf à lui donner une autre rédaction et à le reprendre dans une séance ultérieure.

M. le Président. — M. Fayol a une autre communication à faire, qui rentre un peu dans l'esprit de nos relations commerciales avec nos colonies. Il pourrait, suivant les indications qu'a bien voulu lui donner M. Doumer, arranger son vœu et le rattacher à cette seconde communication.

Il ne me reste plus qu'à remercier les distingués orateurs qui ont bien voulu prendre part à notre discussion et à lever la séance, pour aller visiter les Chantiers de France, en attendant la conférence de ce soir.

Aux Chantiers de France

La visite des Chantiers et Ateliers de France, pour être un peu rapide, n'en fut pas moins intéressante et instructive. Les congressistes, surtout ceux de l'intérieur de la France, s'avouèrent surpris devant les formidables outils qui servent à construire nos navires, et ils admirèrent, sans réserves, aussi bien les grandes salles de traçage, les plans et croquis, les ateliers métallurgiques, les machines perfectionnées, que les chantiers proprement dits où s'élevaient sur leurs « bers » plusieurs importants navires bientôt prêts à prendre possession de leur élément.

M. Thomas Deman remercia vivement M. Boyd, ingénieur, qui avait dirigé cette visite et se fit un devoir de ne pas oublier MM. Léon Herbart, Président des Ateliers et Chantiers de France et M. Bernheim, son directeur et ingénieur en chef, aux efforts persévérants desquels Dunkerque doit l'établissement de cette très importante et prospère industrie.

Les Ateliers et Chantiers de France occupent plus de 1.500 ouvriers. Ils ont déjà fourni à la marine marchande plusieurs navires de fort tonnage et ont notamment construit pour la Société Asiatique plusieurs magnifiques cargo-boats.

Conférence de M. Marcel Dubois

Le soir, à la salle Sainte-Cécile, sous la présidence de M. Doumer, M. Marcel Dubois, professeur à la Sorbonne, faisait une conférence sur le patrimoine maritime de la France.

En présentant au public l'administrateur éminent et le brillant conférencier qui venaient apporter aux congressistes et aux membres dunkerquois de la Ligue Maritime le charme de leur parole et le profit de leur érudition, M. Morael rappela que M. Marcel Dubois est, lui aussi, un enfant de la vieille cité des dunes, et que la notoriété qui s'attache à son nom rejaillit sur la ville tout entière.

M. Marcel Dubois s'étend sur l'importance de notre patrimoine maritime, lequel comprend non seulement nos côtes, mais aussi toutes nos colonies, tous les territoires dont nous avons la propriété et dont il est à souhaiter que nous ayons l'usufruit un jour ou l'autre. C'est là un domaine maritime de tout premier ordre, promettant à la marine française une prospérité sans égale si celle-ci ne l'abandonnait aux armateurs des autres nations. Le mal provient, d'après M. Marcel Dubois, de ce qu'aucune protection ne favorise nos navires dans nos propres ports, ne leur assure une jouissance privilégiée de nos avantages géographiques, et il termine en déclarant que c'est là une duperie qui a trop duré.

M. Paul Doumer remercie l'éloquent conférencier. Il fait un rapide historique de la Ligue Maritime Française dont il fut le président à son retour d'Indo-Chine et se réjouit des progrès qu'elle a réalisés à Dunkerque. Il termine cette allocution, très applaudie, par un vibrant appel au patriotisme, déclarant qu'un peuple qui a marqué son empreinte sur le monde entier ne peut pas être un petit peuple, qu'il faut qu'il soit grand ou qu'il meure, et qu'il préfèrerait, quant à lui, le voir mourir franchement demain, sur le champ de bataille, que le voir traîner une lente, douloureuse et infâmante agonie.

31 JUILLET

La troisième journée du Congrès a été consacrée à une visite de l'exposition de Tourcoing, où les congressistes se sont rendus en un train spécial composé de voitures de 3e classe toutes neuves à intercommunication et à toilette. C'est à M. Leroy, ingénieur des ponts et chaussées, qu'ils furent redevables de cette surprise, comme de l'organisation de la caravane.

A la gare de Tourcoing, les congressistes ont été reçus par M. François Masurel, président d'honneur de la Société de Géographie de Tourcoing ; M. Georges Lefebvre, président ; M. Georges Duvillier, vice-président, et M. Petit Leduc, secrétaire.

Deux tramways avec remorques, ornés de drapeaux et d'oriflammes, les menèrent à l'Hôtel-Dieu, qu'ils visitèrent sous la conduite de M. Lefebvre, et où le docteur Demont leur montra en détail les salles de la « Sauvegarde des Nourrissons », service analogue à la « Goutte de Lait » de Saint-Pol-sur-Mer, et ayant amené, comme celui-ci, un extraordinaire abaissement de la mortalité infantile. Puis prenant congé du Dr Demont et de l'économe, M. Lahousse, les congressistes remontèrent dans leurs tramways et furent conduits à la fabrique de tapis et de tissus d'ameublement de MM. Lorthiois-Leurent et fils, en qui ils trouvèrent deux cicerones aimables qui les intéressèrent vivement en leur expliquant le mécanisme ingénieux du métier Jacquard.

A 11 heures 1/2, la caravane était reçue à l'Hôtel-de-Ville par le maire, M. Dron, entouré de ses adjoints d'une partie de son Conseil Municipal. Salué par M. Thomas Deman, au nom des congressistes, M. Dron leur a, termes aimables, souhaité la bienvenue et s'est étendu sur les œuvres sociales dont la réalisation incombe aux municipalités et sur l'intérêt qu'offre pour les centres de production l'étude de la géographie.

Au restaurant du Kursaal, les excursionnistes furent très aimablement reçus par la Société de Géographie de Tourcoing. Au dessert, MM. Georges Lefebvre, Thomas Deman, Merchier, Eugène Jourdain, président de la Chambre de Commerce de Tourcoing ; Woussen, Laguerre, Georges Duvillier, Nicolle, Hazard et Letourneur prirent successivement la parole. Tous ces toasts furent suivis de bans et du vieux vivat flamand qui excite l'étonnement de ceux qui ne sont pas de la région. M. Merchier, secrétaire général de la société de Lille, donnait le branle, semant l'entrain.

Après le banquet, les congressistes se sont répandus dans l'exposition, qu'ils ont visitée en détail. A 5 heures, ils quittaient Tourcoing pour regagner, par train spécial, Dunkerque, où ils sont arrivés à 6 heures 1/2.

Le soir, la municipalité de Malo-les-Bains les conviait à une soirée de gala dans les salons du Casino. Le programme, très chargé et parfaitement composé fut exécuté par Madame Marie de Lisle, de l'Opéra-Comique ; MM. Delpouget et Dubois, de l'Opéra, et MM. Daniel Deconinck et Van Neste, de Dunkerque.

Séances du Mercredi 1ᵉʳ Août 1906

Séance du matin

La séance est ouverte à 8 heures et demie, sous la présidence de M. Paul Labbé, assisté de MM. Letourneur et A. Dumont.

La parole est donnée à M. Guénot, secrétaire général de la Société de Géographie de Toulouse, pour sa communication sur l'historique sommaire du reboisement.

M. Guénot s'attache tout d'abord à démontrer l'importance de la question du reboisement. Il dit que dans les Pyrénées, là où il y aurait le plus besoin d'arbres, on les a fait disparaître. Les sapins de nos montagnes, déclare-t-il, ont servi à faire la flotte de Jean Bart.

Depuis des siècles, les plus grands hommes d'Etat français se sont occupés de la question du reboisement. Henri IV, Sully, Olivier de Serres, Richelieu, Colbert, tour à tour, ont cherché à empêcher la destruction des arbres en France.

Il termine cette première partie de l'exposé historique par la relation rapide de ce qui s'est fait de nos jours.

M. Guénot aborde ensuite la seconde partie de sa communication : les bienfaits de la forêt dans les hautes montagnes. « La forêt, dit-il, est la gardienne des sources, et
» des expériences très sérieuses ont permis de démontrer
» que les sources disparaissent en même temps que les
» grands bois.

» D'autre part, l'action bienfaisante des forêts sur le
» ruissellement est considérable. De très importants tra-

» vaux de M. Bousquet, de M. Mathieu et de l'Ecole
» forestière de Nancy, ont démontré qu'il ne se produit
» pas de ruissellement sur un sol bien boisé. Conséquence:
» il n'y a pas inondation et destruction de tout ce qui
» se trouve dans la plaine.

» Il suffit, pour s'en rendre compte, d'assister à un orage
» sur nos versants pyrénéens. Si la pluie tombe sur une
» partie boisée, il n'y a pas de ruissellement ; tombe-t-elle
» au contraire sur un sol déboisé, elle n'a pas plutôt touché
» le sol, qu'elle est en masse au fond du ravin.

» A l'occasion de l'inondation de 1897 j'ai fait moi-même
» des observations sur l'écoulement des eaux dans deux
» vallées parallèles, soumises au même régime, celle de
» l'Aude et du...... J'ai constaté que dans la vallée de
» l'Aude, non boisée, l'eau n'avait pas plutôt touché le
» sol qu'elle était au fond du ravin (en moins de six heures
» par exemple) ; dans l'autre vallée, par contre, l'eau n'avait
» atteint le fond, grâce aux bois, qu'au bout de 36 heures.

» Je n'insiste pas sur ce fait, car il nécessiterait une
» communication d'une heure. Je me résume en disant
» que « l'établissement des forêts sur les hautes montagnes
» ralentit la chute des eaux au fond du thalveg, prolonge
» la durée de l'écoulement et diminue l'élévation des
» crues. »

» Nous avons vu, en 1875, à Toulouse, les eaux s'élever
» à sept mètres au-dessus de l'étiage, et la conséquence
» fut la destruction totale d'une agglomération de 25.000
» habitants, le faubourg Saint-Cyprien, entraînant la mort
» de 200 à 300 personnes, et des dégâts pour plus de cent
» et quelques millions. Admettez un moment que par l'effet
» du reboisement l'eau ne se fût élevée qu'à 5 mètres au lieu

» de sept, nous faisions l'économie de nombreuses vies hu-
» maines, le faubourg Saint-Cyprien n'avait pas besoin
» d'être reconstruit, et certes la dépense du reboisement
» n'eût pas atteint cent millions.

» Une autre conséquence du déboisement est l'immense
» afflux de matériaux que l'eau apporte dans les cours d'eau,
» relevant ainsi sans cesse le fond. Ce phénomène d'érosion
» dans les hautes montagnes produit non seulement l'af-
» fouillement mais encore un transport de terres dont on
» ne peut se faire une idée.

» Quelques chiffres vous fixeront cependant. Au-dessus
» de Verdun il s'est produit en 1899 un orage qui a duré
» 10 heures, et le transport de matériaux qui en est résulté
» a été évalué par les ingénieurs à 600.000 mètres cubes.
» Dans certaines régions des Pyrénées, que je connais bien,
» d'une saison à l'autre nous ne reconnaissons plus l'aspect
» du sol, et ceci démontre bien que la question du déboi-
» sement est essentiellement « géographique », puisque
» aucune autre n'a pareille influence sur le relief terrestre.

» J'ai parlé des dégâts occasionnés aux choses ; mais
» ceux faits aux travaux publics, par exemple, sont encore
» très importants à envisager. Les rivières détruisent les
» chemins de fer, quand elles débordent, et l'on a pu dire
» avec raison que si l'on avait employé au reboisement
» toutes les sommes qui ont servi, depuis 25 ans, à réparer
» les dégâts causés aux travaux publics par les inondations,
» toutes les montagnes de France seraient aujourd'hui re-
» boisées. » (Très bien, très bien !)

M. LE PRÉSIDENT. — Vous nous donnez depuis si longtemps dans les congrès, M. Guénot, tant d'exemples de
travail et d'assiduité, que vous nous donnerez certainement

aujourd'hui celui de la brièveté, car, vous le savez, nous avons malheureusement fort peu de temps.

M. GUÉNOT. — Il y a encore un autre point de vue : celui de la houille blanche. Toutes nos industries méridionales attendent leur rénovation de la houille blanche ; or, il est inutile de compter sur la houille blanche si l'on n'a pas un débit régulier, et la régularité du courant dépend de la régularité des cours d'eau fournisseurs de l'énergie ; d'où nécessité encore d'avoir des forêts sur les montagnes.

Autre chose encore. Les usines qui marchent par la force hydraulique voient leurs jours de chômage croître d'année en année, en raison de ce fait que la disparition des arbres et les modifications du lit des cours d'eau font osciller constamment les rivières entre la pléthore et l'anémie.

Je voudrais indiquer encore deux choses, dans des conditions de brièveté aussi grandes que celles que je viens d'employer. Tout d'abord, que l'on cherche à discréditer notre œuvre, en nous attribuant des idées que nous n'avons pas. On prétend que nous voulons boiser les montagnes de la base au sommet et détruire l'industrie pastorale.

Il y aurait bien des choses intéressantes à dire sur la mentalité des pasteurs, que l'on ne peut soupçonner. Je ne m'y arrêterai pas, puisque le temps nous manque.

Je voudrais, d'autre part, que des efforts très considérables soient faits en France pour que des fêtes de l'arbre soient restaurées le plus possible. Un grand mouvement est né à cette occasion ; les sociétés des amis des arbres se sont singulièrement développées en France, et le moment semble opportun de les développer encore.

J'appartiens à une région ou s'agitent également toutes

les questions qui vous préoccupent ici : le canal du Midi, le reboisement de nos montagnes, le transpyrénéen. Malheureusement, depuis 25 ou 30 ans, tous nos efforts se sont heurtés à un petit membre de phrase très court : « Manque de disponibilités budgétaires. » Dans ces conditions, nous ne pouvons pas nous montrer bien exigeants. Je vous demanderai simplement de voter, si vous le voulez bien, trois vœux.

Enfin vous me permettrez de regretter d'être le seul à soutenir cette question du reboisement, qui demande certainement la même amplitude que celle que vous avez accordée à la Marine marchande, bien que je ne me fasse aucune espèce d'illusion au point de vue des résultats. (Applaudissements).

M. LE PRÉSIDENT. — Je tiens à remercier M. Guénot de sa communication, et à lui dire qu'il a peut-être tort de croire que les résultats en seront nuls, car voilà plusieurs années déjà qu'il m'a convaincu par son ardente foi d'apôtre et je suis certain que beaucoup de personnes, qui ne l'étaient pas encore, l'ont été aujourd'hui à la suite de son rapport.

Mais l'heure du départ pour la visite du Sanatorium de Zuydcoote est proche. M. Labbé remet à l'après-midi la suite de la discussion et lève la séance, afin de permettre aux congressistes de se rendre à la gare, où un train spécial les attend et les mène, à 9 heures 1/2, à la halte du Sanatorium.

Visite du Sanatorium

Les congressistes suivent la route qui mène au pavillon central où seront installés les services généraux. En l'absence de M. Georges Vancauwenberghe, que des raisons de santé retiennent à Vichy, ils sont reçus par M. Isidore Monteuuis, administrateur, entouré de MM. Vancauwenberghe père et Allemès. Des rafraîchissements sont servis, et M. Monteuuis, souhaitant la bienvenue à ses hôtes, émet l'espoir que chacun d'eux conservera un souvenir durable de l'œuvre colossale qu'un grand cœur a su réaliser avec l'aide de ses compatriotes, et lève son verre à la santé des membres du Congrès.

M. Thomas Deman remercie M. Monteuuis et dit tout le plaisir qu'il éprouve à amener les membres du Congrès au Sanatorium, résultat de l'énorme effort de M. Georges Vancauwenberghe. Ne pouvant adresser à celui-ci ses félicitations, il serre la main de son père et le prie de reporter au président du Sanatorium les félicitations et les vœux de ses visiteurs d'aujourd'hui.

M. Vancauwenberghe-Bellanger remercie en quelques phrases émues, et la caravane, se divisant en plusieurs groupes, visite en détail l'immense établissement et fait l'ascension de la tour de la brasserie du haut de laquelle on jouit d'un panorama superbe : ce sont les dunes, arides et tourmentées, qui bordent la côte de Dunkerque à Ostende, et, au delà, toute la Flandre Maritime, les tours de Furnes et de Bergues, la ville et le port de Dunkerque, le groupe des collines de Cassel bornant au loin l'horizon qui se présentent à eux sous l'éclat d'une journée ensoleillée.

A onze heures, les congressistes reprenaient leur train, non sans avoir déposé entre les mains de Mlles Jeanne et Elisabeth Deman, qu'accompagnaient MM. Walle et Edmond Govare, une obole destinée à offrir quelques douceurs aux petits malades du Sanatorium de Saint-Pol. Quelques minutes après, ils descendaient au passage à niveau de Leffrinckouke, où les attendaient quatre voitures de tramway, ornées de drapeaux, qui les conduisirent devant le Casino de Malo-Terminus.

Sur la terrasse de l'établissement, d'où la vue s'étend au loin sur la mer, un apéritif d'honneur est offert aux congressistes, tandis qu'un orchestre de tziganes exécute la *Marseillaise*. Puis l'on remonte dans les tramways, qui ramènent les excursionnistes à Dunkerque et Malo.

Séance de l'après-midi

La séance est ouverte sous la présidence de M.Merchier.

Un tour de faveur ayant été accordé à M. le Dr Hamy, délégué de M. le Ministre de l'Instruction publique, l'éminent académicien prend la parole pour donner lecture de son travail sur : *Les voyages de Richard Grandsire, de Calais, dans l'Amérique du Sud (1817-1827)* :

« La paix était rétablie et les mers lontaines, fermées depuis de longues années à nos entreprises par les croisières anglaises, étaient redevenues accessibles à nos vaisseaux. De tous les côtés des préparatifs se faisaient dans les ports et l'on s'apprêtait notamment à entamer des relations d'affaires avec ces vastes contrées de l'Amérique latine que leur émancipation ouvrait désormais à notre négoce.

» L'un des premiers Français qui se décida à organiser ainsi, tout au début de la Restauration, une expédition lointaine pour le Sud Américain, est un Calaisien du nom de Richard Grandsire, et le navire qu'il a conduit à Montevideo et à Buenos-Ayres est la petite goëlette *La Céleste*, de 83 tonneaux de jauge, montée par douze hommes d'équipage commandés par le lieutenant de vaisseau Villeneuve, du port de Dunkerque.

» Jean-Baptiste-Richard Grandsire était un homme de 41 ans. Il était né à Calais de François Grandsire et de Marie-Magdeleine-Victoire Morre. Son père, fils d'un autre François, tailleur d'habits à Fréthun et de Marie Delplace, s'était marié à Calais le 27 juin 1770, à l'âge de vingt ans et il avait eu de cette union Pierre-François-Jean-Baptiste (11 novembre 1772), le fondateur de la maison de commerce de la rue du Port, et Jean-Baptiste-Richard (24 juillet 1776), notre voyageur.

» François Grandsire avait exercé d'abord la profession de mercier (1772) ; il devint plus tard aubergiste (1789) et l'établissement prospère qu'il a longtemps dirigé [1] s'est transformé entre les mains des Quilliacq en un hôtel qui a connu de beaux jours.

» Un autre Grandsire, parent du précédent, Louis-Guillaume, fut longtemps « maître des postes du Roy » dans la même ville.

» Tout ce que j'ai pu savoir de la jeunesse de Richard Grandsire, c'est qu'à l'âge de vingt-deux ans il s'est trouvé témoin du mariage de son aîné avec Jeanne-Sophie Tücker (21 fructidor an VI, 7 septembre 1798). Il vivait alors à l'hôtellerie paternelle.

» Quelle fut son éducation ? Comment s'est développé chez lui ce goût pour les voyages qui se manifesta brusquement en 1817 ? Où s'est-il formé à l'étude des sciences politiques, économiques et naturelles auxquelles il s'adonna avec succès au cours de ses entreprises américaines ? L'enquête prolongée que j'ai conduite dans sa ville natale et ailleurs ne m'a rien appris de tout ce long passé du voyageur calaisien.

» Je suis seulement en mesure de constater, dès le début du travail, que celui qui en a fourni le sujet fut loin d'être un homme ordinaire. Et vous jugerez sans aucun doute qu'il méritait d'être tiré d'un injuste oubli, ce modeste négociant d'une petite ville de province, transformé spontanément, dans un but politique, en agent volontaire,

---

[1] Il paraît y avoir succédé à Joseph Ducrocq qui tenait en 1785, au même endroit, l'auberge du *Lion d'Argent*. (Cf. Calais par le mag. Lemel, 3e fasc. p.58 pl.252).

commercial, politique, scientifique et qui, sans aucun mandat du gouvernement de son pays, dirige résolument une enquête délicate et prolongée, rapporte à lui seul plus de renseignements utiles et sûrs que l'on en avait jamais eu en France à aucune époque sur les nouvelles Républiques latino-américaines.

I

» *La Céleste* est en cours d'armement au commencement de 1817 et Grandsire, qui va s'embarquer sur ce petit navire avec 10 passagers et les 13 hommes qui forment l'équipage, craint une mauvaise rencontre avec les corsaires qui n'ont pas tout à fait disparu de l'Atlantique du Sud[1]. Il demanda à se munir de quelques bouches à feu avec leurs munitions et le service maritime, n'ayant le droit d'autoriser à sortir que les fusils et pistolets d'un certain modèle, en réfère à l'Administration Centrale.

» Or, on imagine à Paris que les passagers de *La Céleste* pourraient bien être des conspirateurs bonapartistes, se proposant d'enlever Napoléon à Sainte-Hélène et c'est seulement le 25 mai que la goëlette suspecte peut enfin sortir du port de Calais, faisant voile pour le Brésil[2]. A cent cinquante lieues de la côte américaine, *La Céleste* rencontre un bâtiment venant de Rio-Janeiro et les renseignements défavorables que Grandsire recueille au passage le décide à mettre le cap sur Montevideo, où il arrive le 7 avril.

» Les forces portugaises occupent cette ville depuis le 19

---

(1) Ils n'en rencontrèrent pas moins de 20 en août suivant dans le seul port de Buenos-Ayres.

(2) Tous les détails relatifs à ce premier voyage sont tirés de la *Relation d'un voyage fait à Buenos-Ayres par M. Grandsire, armateur et propriétaire de la goëlette française « La Céleste »*, dont un exemplaire manuscrit est conservé aux *Archives des Affaires Étrangères*.

janvier, sous le commandement du général Charles-Frédéric Le Cor, baron de la Laguna. Cet officier supérieur, âgé de plus de 60 ans, avait fait la guerre de la Péninsule sous Wellington ; c'était, nous dit Grandsire, un homme de haute taille (5 pieds 10 pouces), d'un port grave et d'un tempérament sec, assez aimé de ses soldats et des habitants. Le Cor avait sous ses ordres les forces de terre et de mer dont le Portugal avait pu disposer, c'est-à-dire environ 5.000 hommes de troupes européennes dont 12 à 1.500 cavaliers[1] et une escadre légère formée de deux corvettes de 24 et 28 canons, de trois bricks de 16 à 22, d'une goëlette de 8 et d'une embarcation de moindre tonnage. Ces troupes de terre et de mer, mal armées, mal habillées, mal payées (la solde était en retard de 7 mois et demi) constituaient une force médiocre pour lutter contre les partisans aguerris dont les excès avaient provoqué l'intervention portugaise[2] et qui, contraints par la complicité des habitants qu'ils rançonnaient à abandonner Montevideo, cernaient maintenant la ville au nombre de quelques centaines et parvenaient à l'affamer.

» A la tête de ces *gauchos*, comme on les appelait déjà, était un créole nommé José Gervasio Artigas, âgé de 59 ans[3] apparenté aux meilleures familles de Montevideo. A quinze ans ce précoce malfaiteur avait fui l'école pour prendre la campagne et s'était joint à une bande de contrebandiers qui infestaient la frontière. Il avait belle figure et regard assuré et ne tarda pas à en imposer aux êtres

---

(1) Les chiffres donnés par les *Apuntes para la Historia de la República Oriental del Uruguay*, publiées à Paris en 1864 (in-8°. T.1. p. 49) sont manifestement exagérées.

(2) Cf. *Apuntes*. (T.1 p. 60).

(3) Grandsire le croyait plus jeune, il lui donnait 42 à 45 ans. Je prends mon chiffre dans les *Apuntes* qui font naître Artigas vers 1758. (T. 1 p.1.)

grossiers au milieu desquels il était venu vivre. Son intelligence, sa bravoure, sa férocité en firent promptement un chef redoutable, autour duquel accoururent se rallier tous les rôdeurs de la pampa, et les autorités espagnoles ne purent venir à bout de ce ramassis de bandits qu'en en formant un corps de *carabineros de costas y fronteras* dont Artigas devint le capitaine en même temps qu'il recevait une décoration militaire. Mais l'Etat-major espagnol ne pouvait pas se résigner à subir la confraternité d'armes que lui imposait, disait-on, l'intérêt de la colonie et l'on fit si bien sentir à Artigas le mépris qu'inspirait son passé qu'il regagna la campagne, humilié et furieux, avec ses *boleros*. C'était l'instant précis où la capitale de la vice-royauté se prononçait contre la mère-patrie (10 mai 1810) et Artigas nommé lieutenant-colonel dans les forces révolutionnaires se signala par ses cruautés contre les Espagnols et sa vaillance dans le premier assaut de Montevideo. Après avoir quelque temps servi sous José Rondeau, il veut être son maître à son tour et c'est dans sa ville natale, peuplée alors de plus de 25.000 habitants qu'il établit le siège de son autorité. C'est de cette place qu'il envoyait de tous côtés des postes ravager les provinces jusqu'au Chaco et jusqu'au Paraguay et fomenter l'insurrection, aussi bien chez les Brésiliens que chez les Argentins. Et c'est ce qui explique pourquoi l'entrée, sans coup férir, de Le Cor à Montevideo le 19 janvier 1817 fut saluée avec tant de joie dans toute la péninsule ibérique.

» On a voulu faire de nos jours de José Gervasio Artigas un des héros de l'indépendance Sud-Américaine. Il y a même un *departamento* de l'Uruguay qui porte son nom abhorré et à trois reprises la République Orientale a reproduit son effigie sur ses timbres-postes. On voit que ce n'est pas sous cet aspect de patriote et de libérateur qu'il était apparu aux yeux de notre informateur de 1817, et je puis ajouter que Rengger et Longchamps, Brunel qui est l'écho de Bonpland, les Robertson partagèrent, au sujet d'Artigas, tous les sentiments de Richard Grandsire. [1]

II

» Cependant la situation des Portugais dans le chef-lieu de la *Banda Oriental* devenait de plus en plus précaire : au moment où Grandsire visitait Montevideo, huit cents *artiguènos* tenaient presque bloquées les troupes portugaises; les vivres devenaient rares et la viande coûtait dix fois sa valeur courante. Grandsire fut témoin le 13 août, à 2 heures de l'après-midi, d'un incident qui montre comment il peut suffire de quelques hommes résolus pour affamer une forteresse. « Une barque chargée de provisions expédiées de la ville, écrit-il dans un de ses rapports, se rendait au fort de Montevideo en traversant la baie ; elle était montée par 25 hommes armés, 12 à 15 *gauchos* se présentèrent, le fort tira pour protéger le débarquement et, malgré son feu soutenu, les *gauchos* descendirent des hauteurs au galop et s'emparèrent de la barque et des vivres, les hommes du bateau ayant pris la fuite. » Les habitants et les militaires, témoins de ce qui se passait, dirent à Grandsire que c'était la troisième fois que cela arrivait dans la semaine !

» Aussi le général portugais, honteux et découragé, venait-il d'écrire à sa Cour pour être rappelé, avec ses forces euro-

---

[1] L'auteur plus récent des *Apuntes* abonde dans le même sens : « En una palabra el resultado de los nueve años de su dominio fué la completa ruina del Estado Oriental que en aquella sazon era uno delos nos florescientes, siendo asimismo la causa de la anarqnia y demoralizacive de obras provincias y ciudades. » (*Apuntes*, T.I. p.60.) — Et c'est à l'auteur de tous ces maux qu'on consacra un *départamento* !

péennes, d'un pays où l'on fait la guerre sans gloire et sans honneur. Il ajoutait que le seul moyen d'en finir avec Artigas « serait de remplacer les troupes européennes par des troupes brésiliennes qui étaient beaucoup plus aptes à ce genre de guerre. » Et Grandsire qui rapporte la chose au Ministère des Affaires Étrangères se demande jusqu'à quel point les troupes du pays sont dignes de la confiance du gouvernement portugais. Il semble qu'il ait pressenti la révolution prochaine qui va amener la fondation de l'Empire de Dom Pedro Ier.

» Grandsire eut deux nouvelles audiences du général en chef Le Cor et il en a rendu compte en détail aussi bien que de la première dans ses rapports conservés au Quai d'Orsay. On y trouve d'abord des renseignements précis sur les troupes d'Artigas, leur manière aujourd'hui bien connue de combattre avec le « fatal lacet », leurs qualités de sobriété et d'endurance, de courage et d'obéissance aux chefs. Un autre paragraphe se rapporte à la *Colonia del Sacramento* qui n'est séparé de Montevideo que par 25 ou 30 lieues et qui est pour l'instant le quartier général des Artiguënos. Un troisième beaucoup plus développé est consacré au rôle de l'Anglais dans les démêlés de l'Espagne avec le Sud américain et aux vues commerciales qui le font exécrer des malheureux créoles, traités par lui comme les Indiens de ses colonies orientales. En vrai Calaisien, à peine sorti de vingt et des années de luttes acharnées contre l'ennemi d'Outre-Manche, Grandsire maltraite fort cet adversaire toujours prêt à humilier par ses discours et ses écrits les autres nations de l'Europe et la *malheureuse France* en particulier, qu'il sent bien n'avoir pas terrassée malgré tous ses efforts.

» C'est à discréditer notre pays que les agents anglais

s'attachent principalement auprès des Américains du Sud. « Ils professent, dit Grandsire, que le Roi est sous la dépendance de Wellington et que si l'on ne se comporte pas comme ils l'ordonnent, ils ont en leur pouvoir de partager notre beau pays. » ...« J'eus toutes les peines du monde, ajoute-t-il, à dissuader M. le général Le Cor, en assurant à S. E. qu'il y avait des Ministres qui avaient toute la confiance du Roi et qu'ils se sacrifieraient pour l'honneur et le bonheur de la France. »

» Et l'officier Portugais se demanda alors pourquoi une nation qui veut se faire respecter envoie pour agent « un aussi mince sujet » que celui qui est à Rio-Janeiro pour la représenter, et il évoque le souvenir des dernières intrigues anglaises à Pernambuco et ailleurs. Et les protestations du vieux guerrier se poursuivent contre cette puissance « qui pendant vingt-cinq années a mis en feu les quatre coins de l'Europe et aujourd'hui organise la révolte dans les vastes régions d'un autre hémisphère. » J'ai déjà dit que Le Cor avait servi plusieurs années sous Wellington et connaissait bien les Anglais.

III

S'il y avait du moins un agent, *si mince qu'il fût*, accrédité auprès du gouvernement portugais de Rio, il ne se trouvait encore en 1817 dans toute l'Amérique espagnole aucun représentant des intérêts français, commerciaux ou politiques. C'est que, pour éviter de froisser les susceptibilités des Bourbons d'Espagne, le roi Louis XVIII s'était refusé jusqu'alors à reconnaître le nouvel ordre de choses à Buenos-Ayres et ailleurs. Et lorsque Grandsire, ayant pris congé du général Le Cor qu'il laissait dans les meilleures dispositions en faveur de nos nationaux, arriva le 17 août à Buenos-

Ayres, il n'y trouva même pas un simple agent français, tandis que les Anglais et les Américains y entretenaient déjà des consuls généraux « pour la protection de leur négoce » et au besoin « pour traiter de la politique. »

Désireux de poursuivre à ce double point de vue l'enquête si bien commencée à Montevideo, Grandsire obtint le 19 une audience du Directeur suprême de Buenos-Ayres, qui se trouve être un ancien émigré d'origine française. M. de Puyerredon lui fait le meilleur accueil, et le secrétaire général du gouvernement, qui réunit entre ses mains les ministères de la guerre et de la marine et le secrétariat d'Etat, est invité à bien traiter le voyageur français et à l'instruire de son mieux dans l'intérêt de ses compatriotes qui voudraient s'établir et trafiquer dans ce pays neuf.

C'est ainsi que Grandsire put être renseigné par une note officielle dont il envoya bientôt une copie au Quai d'Orsay, sur les causes de la guerre, ses progrès et ses chances, les ressources infinies qu'offrent Buenos-Ayres, le Chili, le Pérou et surtout le Paraguay, les moyens enfin pour la France d'avoir en peu de temps dans ces parages un commerce très florissant qui nous assurerait une prépondérance que les Anglais chercheraient en vain à lui disputer. « Je m'étendis surtout, dit Grandsire, avec le Secrétaire comme avec le Directeur suprême, sur les avantages que je croyais que la France pouvait retirer de la pêche des phoques et de la baleine dans ces parages encore inexploités. »

Grandsire insiste une fois de plus sur la nécessité d'organiser une agence française à Buenos-Ayres comme à Montevideo. D'après les dispositions qu'il reconnaît dans les chefs avec lesquels il confère, il lui semble qu'ils recherchent un appui en Europe pour lutter contre le despotisme britannique, maintenu par la présence d'une frégate et d'une corvette stationnées dans le Rio de la Plata sous les ordres du commodore Bowles[1]. Et Grandsire ne doute pas que la création d'un consulat ou du moins d'une agence à Buenos-Ayres ne produise le meilleur effet et ne centuple les ressources de notre commerce.

« Comme il ne m'appartient pas, poursuit-il adroitement, de préjuger des intentions du Gouvernement, ni de connaître s'il serait de sa politique d'établir un consul accrédité dans les formes, je ne fais qu'indiquer la nécessité d'un agent, quel qu'il soit, dans un pays qui devient de plus en plus intéressant par le rôle qu'il est appelé à jouer par sa position géographique. »

Buenos-Ayres commande en effet la route du Chili par terre, dont l'ouverture neutraliserait pour une certaine part l'action de la marine anglaise. Son port pourrait, en outre, devenir le point de départ d'une autre route commerciale, vers le cap de Bonne-Espérance « où l'on enverrait des viandes sèches et salées, des mulets et beaucoup d'autres produits en échange des denrées de la Chine et de l'Inde qui y abondent et y sont à très bon compte. »

Enfin « les fleuves Uruguay, Paraguay et le Parana qui se jette dans la Plata où il a huit lieues d'embouchure » offrent les plus grandes ressources pour créer des relations avec l'intérieur du Continent et notamment avec le Paraguay, dont notre voyageur fait un tableau véritablement enchanteur. « Je fus fortement invité à aller visiter Francia, son directeur suprême, écrit Grandsire, même porté par

---

(1) Bonpland avait assisté le 3 février au départ de cette escadre comprenant, outre les deux vaisseaux dont parle Grandsire, une autre frégate et un brick, et prend soin de remarquer, dans une note manuscrite que j'ai sous les yeux, le déplacement de cette force, qui était auparavant à Rio et son augmentation. (Ms Bonpland.)

toutes les raisons les plus plausibles et les plus convaincantes à me rendre auprès de ce personnage et c'est M. de Puyerredon qui s'étendit le plus sur la nécessité que je fisse ce voyage. Les deux gouvernements s'entendent très bien sur le but général de l'indépendance qu'ils ont conquise, mais un intermédiaire intelligent et revêtu de leur confiance les mettrait promptement d'accord sur les points de détails, ces deux Etats ne pouvant se passer l'un de l'autre. Les produits du Paraguay sont variés et d'une richesse immense, et au point de vue français, Grandsire esquisse une première fois, au profit de notre colonie de Cayenne, un projet grandiose et quelque peu chimérique de communications fluviales avec ces territoires immenses, demeurés inconnus aux Portugais, qui n'ont pu réussir à soumettre des tribus errantes et dispersées sur un espace de 4 à 500 lieues.

On pourrait atteindre aussi « les territoires de Don Francia » et Grandsire croit pouvoir assurer que le *suprême* serait enchanté que cette voie fût ouverte avec son pays et surtout par l'entreprise de la France. « De sa part, aucun effort ne serait épargné, affirme-t-il, pour lever les obstacles et les difficultés ».

Comment Grandsire démêlait-il les intentions réelles, mais secrètes du mystérieux personnage ? Comment avait-il appris que celui-ci souhaitait l'ouverture de ces relations commerciales dont il parlait encore huit ans plus tard à Rengger [1].

Il ne me semble pas douteux que notre voyageur ait trouvé sur sa route, dès 1817, un agent secret du dictateur qui lui a suggéré, à son insu peut-être, les formules qu'il

---

(1) Voyez à ce sujet les propos de Francia rapportés par Rengger (pp. 165-166 de l'*Essai historique* cité plus haut.)

transmit ainsi au quai d'Orsay. Francia ne déclarait-il pas à son prisonnier suisse, en 1825, qu'il avait *entendu parler de Grandsire lors de son premier voyage à Buenos-Ayres*, ajoutant qu'il savait fort bien *qu'il s'y occupait de politique beaucoup plus que d'histoire naturelle*..... [1]

Grandsire s'est décidé à vendre sa goëlette en mai 1818 « pour faire le commerce depuis le Cap Horn jusqu'à Rio-Janeiro, en exploitant toute la rivière de la Plata ». Hervaut, un capitaine au long-cours du port de Marennes, commande ce petit navire pour Isaci depuis le 1er septembre et va se faire prendre à l'Assomption en 1821 par le dictateur qui le tiendra en captivité quatre longues années (1825).

...Grandsire poursuit cependant avec persévérance à Buenos-Ayres ses enquêtes théoriques et pratiques. C'est alors qu'il a connu Bonpland et Reguin, Angelis et Mora, les Robertson, etc. Il s'est pris notamment d'une particulière sympathie pour Aimé Bonpland, l'ancien compagnon de Alexandre de Humboldt, dont il partagea les goûts pour les voyages et l'histoire naturelle, et nous verrons plus loin la part fort importante qu'il va prendre aux tentatives faites pour délivrer le célèbre naturaliste, devenu en décembre 1821 prisonnier de ce même Francia sur lequel tant d'Européens, et lui-même tout le premier, s'étaient aveuglés à Buenos-Ayres et ailleurs depuis son entrée aux affaires.

IV

José-Gaspar-Tomas-Rodriguez Francia, — le docteur Francia, comme on l'appelait communément, parce qu'il

---

[1] *Ibid*. p. 121.

— Rengger et Longchamp. *Essai historique sur la Révolution du Paraguay et le gouvernement dictatorial du docteur Francia*. Paris, 1827. 1 vol. in-8°, pp. 8 et suiv.— J.P. and W.P. Robertson *Francia's reign of Terror* ibeng the continuation of Latters in Paraguay. London 1839 on 12 *pass*. — Etc.

était docteur en théologie de l'Université de Cordoue — était né en 1736 dans la province brésilienne de Sao Paolo ; il avait donc 65 ans.

Son père, venu de France en Portugal et passé de là au Brésil, s'était uni à une créole et l'enfant issu de ce mariage, destiné d'abord à la cléricature, avait été élevé par les franciscains. Sans aucune vocation pour le service des autels, il s'était fait avocat à l'Asuncion, où son désintéressement, sa probité, son courage professionnel l'avaient fait aimer du populaire. Nommé membre du *caboldo*, puis alcade, il se montra juge aussi incorruptible qu'il avait été avocat intègre [1] et conquit un tel ascendant sur ses compatriotes qu'il devint l'âme du nouveau Gouvernement républicain et que, lorsque le Congrès de 1813, copiant l'une de nos constitutions les plus récentes, s'ingénia à créer un *Consulat*, il n'eut aucune peine à s'emparer du premier siège consulaire, laissant son rustique rival, Fulgentéo Yagros, occuper provisoirement le second, que lui enlevait bientôt le Congrès de 1814 en attendant que Francia le fît fusiller (1820). Francia, demeuré seul, s'imposait successivement comme dictateur triennal (1814), puis comme dictateur à vie (1817) [2] et renouvelait dès lors les anciennes pratiques des Jésuites des Missions, en fermant aux étrangers le pays dont il est désormais le maître incontesté. Comme il se défie des Argentins, dont le Paraguay a dû repousser à deux reprises les invasions, comme d'autre part les bandes d'Artigas, venues de l'Uruguay, ont occasionné la ruine des missions les plus florissantes, Francia barre la route du fleuve et les Européens de toute nation

---

(1) Rengger et Longchamp. Op. cit. p. 10.
(2) Francia porte alors le titre de *Supremo Dictator perpetuo de la Republica del Paraguay* (Rengger et Lonchamp. Op. cit. p. 291.)

— 138 —

sont désormais exclus du Paraguay aussi bien que les Espagnols des Républiques du Sud.

Le dictateur ne se relâchera quelque peu de cette politique d'exclusion, qui assure la paix de son pays, au milieu des guerres civiles qui ensanglantent toute l'Amérique espagnole, que le jour où les Anglais se seront décidés les premiers à donner le signal de la reconnaissance des Républiques latines en signant un traité de commerce avec les Argentins (1825), et ce n'est pas sans exprimer le regret que le gouvernement français n'ait pas pris les devants sur l'Angleterre : « L'analyse du caractère national, disait alors Francia à Rengger, la communauté de religion et la nature des produits industriels de la France, plus appropriée aux besoins de ces contrées, semblaient appeler ces relations qui eussent ouvert des voies nouvelles et inappréciables au Commerce français. » Mais ce gouvernement « au lieu de se signaler par un acte libéral et conforme aux intérêts de la France » a pris sa part des intrigues qui ont eu pour objet de donner à l'ancienne vice-royauté de Buenos-Ayres, le prince de Lucque pour souverain ; d'ailleurs le roi de France soutient en Espagne, « par une expédition ruineuse, un trône chancelant, dont il ne fait par là que reculer la chûte ». Et Francia qui s'attend, dit-il, à voir la flotte française attaquer les Républiques latines au nom de Ferdinand VII, se montre, lui, fils de Français, plus hostile encore aux Français qu'aux autres étrangers.

V

La capture de Bonpland [1] est la plus remarquable des nombreuses manifestations de Francia contre les savants

---

(1) Cf. E.T. Hamy. *Aimé Bonpland, sa vie, son œuvre, sa correspondance*, etc. Paris, Guilmots 1906, in-8°. *Sous presse*.

d'Outre-Mer. S'il a fait arrêter, en effet, à l'entrée de son territoire, les voyageurs, médecins, naturalistes, négociants de toute sorte, Parlett, Rengger, Longchamp, Hervaut, etc., etc., qui ont franchi, malgré ses défenses, les frontières de cette *Chine Transatlantique*, c'est de l'autre côté du Parana, et en dehors de ses frontières qu'il envoie, par une nuit de Décembre 1821, une troupe de 400 hommes armés s'emparer du savant qui lui portait ombrage et ruiner sa colonie. La majeure partie des Indiens des anciennes Missions que Bonpland avait rassemblés à Santa-Maria est égorgée par les envahisseurs qui livrent aux flammes, maisons, instruments, récoltes et plantations, et Bonpland, blessé d'un coup de sabre et chargé de chaînes, est brutalement poussé dans une barque qui lui fait passer le fleuve et interné au voisinage de l'ancienne Mission de Santa-Maria da Fé[1].

La nouvelle de cet attentat est transmise de suite à Buenos-Ayres par le négociant français Dominique Roguier, qui s'approchait à ce moment même de Santa-Aires où il venait voir son ami Bonpland, et ce fut dans toute l'Europe savante, et particulièrement en France, en Angleterre et en Allemagne, un mouvement unanime de réprobation contre le dictateur. Nul ne se montra plus ému de ce douloureux événement, nul ne fut plus empressé à tenter un effort pour rendre le prisonnier de Francia à la liberté et à ses travaux scientifiques, que Richard Grandsire, rentré à Calais depuis quelque temps, de son premier voyage dans l'Amérique du Sud. J'ai déjà dit comment il s'était lié, pendant son séjour à Buenos-Ayres, avec l'ancien compagnon de Humboldt qui était venu s'établir dans cette ville à la fin de Janvier 1819.

---

(1) Voyez le chap. VI. de l'étude sur Bonpland, que j'ai placé en tête du volume que je viens de consacrer à ce célèbre naturaliste.

Richard Grandsire, en rentrant en France, avait trouvé le meilleur accueil aux Affaires Etrangères. On avait tenu le plus grand compte de ses rapports, et dès 1818, des *agents de commerce* avaient été envoyés à Buenos-Ayres, ainsi qu'il l'avait suggéré [1], tandis que Cavaillon avait été nommé à Montevideo avec des fonctions analogues [2].

Enfin, pour le récompenser de ses inestimables services, le Ministre lui avait décerné la Croix de Chevalier de la Légion d'honneur [3].

Un instant, il avait dû prendre la direction des affaires de la maison de commerce, son frère ayant accepté à l'armée d'Espagne un poste financier d'une certaine importance.

Mais Grandsire aîné était revenu du Haut-Else et il semblait que Richard n'eût plus qu'à se laisser vivre, entouré de la considération de tous, dans un repos relatif. Les collections qu'il avait formées dans ses voyages lui offraient d'ailleurs, au milieu du mouvement des affaires, des distractions intéressantes et utiles. La passion des voyages qui, une première fois, l'avait entraîné six ans plus tôt à travers l'Atlantique, n'avait fait que grandir encore chez lui, malgré ses quarante-huit ans déjà. Il ruminait sans cesse ce grand projet d'exploration à travers le continent américain du Sud, afin de relier par un immense terrain la Guyane française à l'Amazone et au Parana, et il n'atten-

---

(1) Le premier agent officiel ne fut toutefois envoyé qu'en 1827 avec le titre de Consul général. Et ce n'est qu'en 1846 que le gouvernement de Louis-Philippe accrédita le premier ministre de France à Buenos-Ayres.

(2) Ce n'est aussi qu'en 1846 qu'a été créé à Montevideo un poste de *consul général et chargé d'affaires*.

(3) Grandsire aîné fut, en effet, pendant cette campagne, payeur principal attaché à la division du Haut-Else (armée des Pyrénées) et a été fait, lui aussi, à cette occasion, Chevalier de la Légion d'honneur *(Note de la grande Chancellerie)*.

dait qu'un prétexte pour se remettre en route vers ces terres lointaines, dont il avait rapporté des souvenirs si enchanteurs.

Il apprend le sort de Bonpland, et le voilà décidé à voler à son aide. Il ira au Paraguay et tout en délivrant le voyageur, son ami, il cherchera à élucider le grand problème des communications hydrographiques entre l'Amazone et le Rio de la Plata.

Ces résolutions bien arrêtées dans son esprit, Grandsire court à Paris, se mettre à la disposition de Humboldt, qui approuve de toutes ses forces le double projet du voyageur calaisien. En ce qui touche Bonpland, en particulier, l'illustre savant est tout heureux de trouver une occasion nouvelle de manifester sa vieille et sincère amitié pour son ancien compagnon d'aventures. Et, sans perdre de temps, il s'adresse à Georges Cuvier, secrétaire perpétuel de l'Académie des Sciences. Il n'ignore pas que le Corps officiel ne saurait s'aboucher directement avec un personnage volontairement ignoré du gouvernement français. Mais il n'est pas interdit à l'Académie d'écrire à Grandsire une lettre où l'on exprimera le vif intérêt que prend l'Institut Royal de France à un de ses correspondants « qui a enrichi l'histoire naturelle d'ouvrages importants et généralement estimés »[1].

Le temps presse, Grandsire doit quitter Paris dans quatre jours, Humboldt rédige d'avance une lettre que Cuvier corrige, signe et fait signer par Jussieu, Thorins et Desfontaine. Mirbel, de son côté, a sollicité une pièce analogue des professeurs du Muséum et Humboldt remet en temps voulu à Grandsire ces documents qu'il communiquera,

---

[1] La minute autographe de cette lettre de Humboldt envoyée par Cuvier est conservée aux Archives du Muséum, ainsi que la lettre d'envoi d'Humboldt.

dès son arrivée au Paraguay, au geôlier du malheureux Bonpland.

Grandsire gagne par la voie anglaise [1] Rio-Janeiro ou il est arrivé en mai 1824. Châteaubriand, ministre des affaires étrangères, l'a recommandé au comte de Gestas, récemment accrédité (1822) comme consul général et chargé d'affaires de France au Brésil. Ce diplomate obtient pour le voyageur français une audience du nouvel empereur Dom Pedro Ier et de son auguste épouse, et le *Diario de Janeiro* du 5 juin vient apprendre aux amis de Bonpland que LL. MM. II. veulent bien s'intéresser à son malheureux sort et n'épargneront aucun effort pour rendre ce savant à sa patrie et à la science. « Toutes les mesures nécessaires ont été prises, écrit Grandsire, pour mettre un terme à cette captivité » et le ministre, chargé de cette commission, en attend les plus heureux et les plus prompts résultats » [2].

En même temps qu'il sollicitait la médiation de Dom Pedro, Grandsire révélait à l'Empereur l'objet des recherches géographiques approuvées par Humboldt, qu'il comptait poursuivre entre le Parana et l'Amazone. C'est sans doute à la suite de cette communication qu'il a reçu cette belle concession de San Tomé, qui mesurait 17 lieues de circonférence et dont il disait à son frère (déc. 1824) qu'elle est dans un pays superbe, d'une fertilité égale à celle de la Normandie ; tous les fruits y viennent et les chevaux sauvages abondent.

A Buenos-Ayres où il se rend ensuite, pour remonter par le fleuve jusqu'à la capitale de Francia, l'accueil est tout

---

[1] Il nous apprend dans une lettre à Rosamel qu'il était à Londres en décembre 1823.
[2] *Journ. des Voy.* T. XXIII, p. 376, 1824.

autre qu'à Rio de Janeiro. Un riche négociant argentin, qui se trouvait à Paris en 1823, a été expulsé sans motif par le préfet de police et l'on s'apprête à user de représailles avec le délégué de l'Institut et du Muséum de Paris. Le gouverneur général interdit à Grandsire l'accès du fleuve et lui intime l'ordre de quitter la ville sous huit jours[1]. Il sait à quoi s'en tenir sur le coup de cette disgrâce et il gagne Montevideo après avoir avisé l'amiral de Rosamel qui commande la station de l'Atlantique Sud.

Nous le retrouvons à Montevideo où le général Le Cor est devenu consul général du Brésil et lui donne les moyens de remonter l'Uruguay jusqu'à Tronquiera. Tout est dévasté dans l'Entre-Rios ; Artigas a passé par là. C'est un véritable désert, où le voyageur ne rencontre que quelques jeunes Indiens errant avec leurs chèvres à travers les bois.

Le dictateur lui refuse l'accès de son territoire avant qu'il ait rempli un questionnaire compliqué et diffus, où il est longuement traité d'un soi-disant Congrès tenu en Italie, pour replacer les Républiques indépendantes sous le joug espagnol ; de l'expédition française en Andalousie, des projets hostiles du duc Decazes contre le Paraguay, d'un plan d'Itapua qu'aurait levé Bonpland depuis le Parana et de bien d'autres choses encore.

En admettant que Grandsire n'ait pas, lui aussi, quelque mission politique à remplir, Francia ne comprend pas que l'Institut de France se permette d'envoyer quelqu'un au Paraguay « du moment qu'il est de notoriété publique que le pays est fermé aux étrangers ». Grandsire a beau répondre que son voyage n'a aucun rapport avec les événements

---

(1) *Arch. du Min. des Aff. Etrang. Mm. et Doc. Amérique.* T. XXXIII, f° 124.

politiques dont on lui parle ; qu'il veut traverser le Paraguay pour chercher par le Rio Idura et le Rio Madeira une communication entre la Plata et le fleuve des Amazones ; que ce voyage intéresse particulièrement l'Empereur du Brésil, etc., etc.

Francia est renseigné depuis 1817 ; Grandsire est un politicien plus qu'un naturaliste et peut-être va-t-il partager le sort du compatriote délaissé qu'il est venu généreusement délivrer. Nous savons en effet par Rengger que sa liberté a été mise en question dans l'esprit du dictateur. Il restera à Itapua sans pouvoir communiquer avec Bonpland dont vingt-cinq lieues seulement le séparent et le 14 Septembre, il devra reprendre la route du Sud, ayant constaté d'ailleurs la paix profonde dont jouit ce pays sous l'administration despotique de Francia. « On voyage au Paraguay sans armes, écrit-il à Humboldt[1] ; les portes des maisons sont à peine closes, car tout vol est puni de mort... On ne voit guère de mendiants, tout le monde travaille... Les indigènes peuvent faire élever leurs enfants aux dépens de l'Etat. L'éducation est militaire ; le tambour remplace la cloche... Presque tous les habitants savent lire et écrire, les alcades sont choisis tous les ans par la population, etc., etc. Le pays n'est d'ailleurs accessible qu'aux seuls Brésiliens et douze à quinze négociants entretiennent les relations du Paraguay avec la province de Matto-Grosso. »

Quant à Bonpland, Grandsire a pu causer avec un de ses voisins du Cervélo. Il va très bien, exerce la médecine et distille de l'eau-de-vie de miel, tout en continuant avec passion à récolter et à découvrir des plantes dont il augmente chaque jour ses herbiers.

---

(1) Hertha. — 1825.

Grandsire est à Curitiba, le 20 Novembre ; il a encore l'espoir de gagner Nueva-Coimbia et rejoindre par là les sources du Maderia. Peut-être alors, revenant vers le Paraguay par le Nord, pourra-t-il gagner l'Asuncion !

« J'ai beaucoup souffert, écrit-il à Humboldt, pendant mon voyage à travers des forêts presque impénétrables, peut-être autant que vous-même dans la forêt de l'Orénoque »

Obligé de renoncer à la route du Nord, il se replie sur San Borja où il se trouve en mesure de rendre à Bonpland un nouveau service. Un négociant anglais arrivait de Buenos-Ayres dans le chef lieu des missions portugaises. « Ne connaissant pas, écrit Grandsire au baron de Damas [1], ne connaissant pas le Gouverneur [2] chez lequel je me trouvais dans le moment et avec qui je suis lié par l'amitié la plus intime, il s'adressa à moi pour le présenter au Gouverneur et lui faire obtenir ses passeports, étant porteur d'une lettre officielle de M. Parsch, consul général d'Angleterre à Buenos-Ayres en faveur de M. Bonpland. Cette espèce de mission qui se rattachait aussi essentiellement au sort de mon malheureux ami, me fit saisir avec empressement cette nouvelle occasion de voir tomber les fers de ce naturaliste distingué et j'obtins de suite les passeports désirés et la pirogue du gouverneur pour passer ce négociant à l'autre rive avec des guides pour l'accompagner jusqu'à Itapua...
...Vers la fin de décembre, le négociant anglais revint, mais quelle fut ma surprise en apprenant de lui que le Dictateur n'avait pas voulu prendre en considération la lettre de M.

---

(1) *Lettre de Grandsire au baron de Damas*. Fort Royal de la Martinique. 2 sept. (Papiers de Damas).

(2) Le comte de Palmeira, gouverneur des missions.

le consul général Parsh et qu'il la lui retournait ainsi que j'en acquis la certitude en voyant la lettre. »

« Le Dictateur, ajoutait Grandsire, avait manifesté sa volonté expresse en disant qu'il n'appartenait pas à un agent anglais de demander la mise en liberté d'un français auquel la France paraît attacher un si vif intérêt »... Une demande qui lui serait adressée *directement* en faveur de M. Bonpland est la seule voie que ce génie extraordinaire puisse employer pour entamer des rapports avec le gouvernement français... »

Grandsire n'ignore point que Grivel a écrit à Francia par l'entremise du général Le Cor « qui devait joindre une lettre de sa main » à la dépêche de l'amiral français.

Mais dans un court séjour qu'il fait à Rio de Janeiro aux mois de juillet et d'août 1626, Grandsire a acquis la certitude que *les circonstances de la guerre* s'opposent à ce que ces lettres parviennent à leur adresse. Il convient donc avec l'amiral qu'il se chargera d'un *duplicatum* de sa lettre et remonte une fois encore le Paraguay.

Il demande des passeports de vive voix à l'Empereur qui les lui accorda de la manière la plus obligeante, mais les ministres mirent des obstacles à son départ[1]. Le consul général de France et l'amiral commandant la station refusèrent d'intervenir, ne se trouvant pas autorisés par leur gouvernement à prendre dans l'espèce aucune nouvelle initiative.

---

(1) Il semble que ces difficultés aient été suscitées à Grandsire par Madame Bonpland, qui, quoique séparée à l'amiable de son mari depuis le départ de celui-ci pour Corrientes, affectait un grand zèle pour sa délivrance. Elle avait accusé Grandsire de s'être servi d'une lettre de Bolivar à Francia qu'elle lui aurait remise pour fomenter une révolte dans une province limitrophe du Paraguay. Si l'accusation qu'elle a formulée à Paris devant M. d'Hauterive avait eu le moindre fondement, Grandsire ne serait pas revenu à Rio Janeiro et n'y aurait pas reçu l'accueil que l'on sait. Quel fondement faire, au surplus d'une accusation aussi invraisemblable que celle qui portait sur un voyageur gratifié par Dom Pedro d'une concession avantageuse comme celle de S. Tomé et qui devait songer bien plutôt à défendre les intérêts de son bienfaiteur qu'à les compromettre.

En attendant que le temps vînt changer ces dispositions, Grandsire s'embarquait à Rio pour se rendre à la Martinique et de là à Cayenne, où il voulait tenter quelque chose du côté de l'Amazone.

Il revenait à son projet grandiose de 1807 : relier Cayenne au grand fleuve par un itinéraire terrestre, remonter jusqu'au Madeira, explorer les affluents à peu près inconnus de ce cours d'eau, enfin revenir par l'intérieur des terres jusqu'à sa concession de San Tomé dans l'Entre Rios. Grandsire espérait trouver alors M. de Gertaz suffisamment autorisé pour lui donner les lettres grâce auxquelles il espérait bien réussir, cette dernière fois, à délivrer Bonpland en même temps qu'il ouvrirait des communications officielles entre le Paraguay et la France.

Après vingt-sept jours de traversée, Grandsire est arrivé de la Martinique à Cayenne. Il a demandé et obtenu de l'ancien gouverneur l'autorisation de se rendre par terre à la rivière des Amazones dans un intérêt scientifique, et M. H. de Freycinet, ratifiant les promesses de son prédécesseur, lui accorde toutes les facilités possibles pour une entreprise qu'aucun voyageur européen n'a encore réussi à mener à bon terme. « Son courage, écrivait plus tard Freycinet au ministre Chabrol, son courage et l'objet de sa mission attirent sur lui l'intérêt général. »

Grandsire partait de Cayenne avec une escorte qui le conduisait en suivant l'Oyapok jusqu'aux limites de la colonie. « Je vais donc traverser l'intérieur de la Guyane, écrivait-il à son frère, et errer parmi les tribus d'Indiens inconnus. J'espère que la France pourra retirer quelques avantages de cette excursion. Je suis seul et il n'y a pas d'apparence qu'aucun amateur veuille partager ma promenade que je ne pense pas devoir se prolonger au delà de trois mois, à moins que quelque brave Cacique n'en décide autrement. »

Plus d'un an s'est écoulé depuis le départ de Grandsire et l'on n'a reçu de lui aucune nouvelle à Cayenne. Freycinet croit de son devoir d'éerire à l'agent consulaite de France au Para et d'expédier à cet effet la goëlette *Le Momus*. Et Crouan répond par l'envoi de documents qui prouvent sans réplique que l'infortuné voyageur a péri sur les bords de la rivière Yari, affluent de gauche de l'Amazone. « Je suppose, écrit notre agent, qu'il sera mort victime de ses fatigues et des fièvres du pays, car rien n'annonce que les Indiens de la Guyane portugaise aient un caractère féroce. » C'était bien s'avancer que de donner ce certificat de douceur à un peuple qui compte au nom de ses tribus des anthropophages avérés, mais cela mettait fin à une enquête qui ne pouvait pas aboutir.

La lettre de l'agent du Para était accompagnée d'un petit coffret ayant appartenu à Grandsire et contenant une paire de pistolets, une boussole et un dictionnaire. On sut plus tard par le commandant brésilien du port de Gurupa que ces objets avaient été trouvés chez des Indiens appelés Cazociras. « Ils étaient, disaient-ils, la propriété d'un français qui leur avait demandé de le conduire jusqu'à la rivière Iary. Il était mort en arrivant sur ses bords !

Cinquante ans plus tard, un autre Français s'avançait à son tour dans cette vallée toujours inexplorée, reprenant sans le savoir l'itinéraire de Richard Grandsire et le nom de *Chûte du Désespoir*, donné au principal saut de cet affluent de l'Amazone dit assez les périls et les fatigues qu'il fallait surmonter pour en descendre le cours. Jules Crevaux ignorait qu'un précurseur non moins entreprenant et non moins courageux avait succombé jadis à cette même place en poursuivant la solution du problème scientifique qui l'agitait lui-même.

Crevaux est tombé à son tour un peu plus tard victime d'une embuscade chez les Tobas du Pilcomayo et ses ossements, comme ceux de son devancier calaisien, sont restés sans sépulture dans ce lointain désert.

Mais à défaut d'une tombe, Jules Crevaux a du moins à Nancy le monument que les géographes lorrains ont élevé à sa mémoire. Pas une pierre ne rappelle le nom de Grandsire dans la ville qui l'a vu naître à dix lieues d'ici et je demande à votre Congrès d'émettre le vœu qu'une modeste plaque soit posée par la Municipalité calaisienne sur la façade de la maison paternelle. On lira sur ce marbre que ce voyageur injustement oublié a payé de sa vie son amour de la patrie et de la science.

Le Waast, 14 Juillet 1906.

M. LE PRÉSIDENT. — Je tiens à remercier M. le Dr Hamy de sa très intéressante monographie locale, et je mets aux voix le vœu qu'il émet, afin de transmettre à la municipalité calaisienne le désir que le nom de Grandsire signale la maison qui le vit naître.

Ce vœu, mis aux voix, est adopté.

M. Paul Hazard dépose le travail de M. Paul Buffault, inspecteur des Eaux et Forêts à Bourges, membre de la Société de Géographie du Cher, sur

Le Rôle Social de la Forêt

Michelet a pu dire sans exagération qu'avec le dernier arbre disparaîtrait le dernier homme. La disparition progressive des forêts à la surface du globe est en effet un phénomène des plus inquiétants, devenu l'une des plus graves préoccupations de toutes les nations civilisées. Aux temps les plus reculés, les premières peuplades, qui ont erré sur les continents ont trouvé dans la forêt un abri et un refuge contre les intempéries et les variations atmosphériques ; c'est sous la voûte des futaies inviolées qu'elles ont dressé leurs chétives huttes de branchages et c'est avec la mousse et les feuilles des arbres qu'elles ont garni leurs couches où elles venaient chercher le repos et le sommeil réparateur. C'est encore dans les forêts que les hommes ont trouvé leurs premiers aliments ; racines féculentes, bourgeons tendres, graines et baies savoureuses, fruits succulents d'arbres et d'arbrisseaux. Quand, à l'exemple des grands carnassiers, ils ont voulu se procurer une nourriture plus substantielle et plus propre à réparer leurs forces épuisées, la forêt leur a donné leurs premières armes : arcs, flèches, épieux durcis au feu, massues, casses-têtes formés d'une pierre adaptée à un bâton. Ils ont pu alors lutter contre leurs ennemis, se défendre contre les grands fauves que leur férocité rendait redoutables, poursuivre et atteindre le gibier dont ils dévoraient la chair.

Lorsque l'homme a su dérober à la nature le secret du feu, il a pu substituer aux fruits crus, aux viandes sanglantes, des aliments cuits plus nourrissants et plus savoureux. Le bois est devenu le combustile indispensable à la vie, capable de réchauffer les membres engourdis par le froid. L'écorce des arbres lui a servi à confectionner les premiers vêtements. Enfin, lorsqu'il a pu perfectionner son outillage rudimentaire, il a appris à abattre les arbres, à établir au bord des lacs et des rivières, à l'aide de troncs juxtaposés, des habitations permanentes, bâties sur pilotis, et faciles à mettre en état de défense, en les isolant de la terre ferme. L'utilisation du bois pour la construction des pirogues et d'autres embarcations ont permis aux habitants des *palafittes* ou villages lacustres d'aborder facilement au rivage, de voguer sur les lacs et les rivières, en ajoutant le produit de la pêche aux fruits et au gibier qui constituaient la base de leur alimentation.

Le souvenir de l'existence de ces tribus primitives, s'abritant dans les cavernes ou sous les voûtes ombragées des forêts et vivant du produit de la chasse, est resté vivace chez tous les auteurs anciens. « Les premiers hommes, dit Lucrèce, habitaient les bois, les cavités des montagnes, les grandes forêts et cachaient dans les broussailles leurs membres incultes [1]. » Pausanias, Ovide, Virgile, Pline l'Ancien, Juvénal, nous apprennent aussi que, d'après les antiques traditions, les hommes à demi-sauvages, n'ayant encore aucune notion d'agriculture, apaisaient leur faim avec les glands des chênes des forêts, les fruits de l'arbousier, les fraises des bois, les baies du cornouiller ou les mûres sauvages, qu'ils se réfugiaient dans des cavernes garnies de feuillages et couvraient leurs corps de vêtements grossiers faits avec l'écorce des arbres [2].

Avec le développement de la civilisation et les progrès de l'agriculture, le rôle de la forêt est devenu moins important. Lorsque les hommes eurent trouvé le moyen de construire des vases pour faire cuire leurs aliments, la forêt

---

(1) LUCRÈCE, *De Nat. Rerum,* V, 935, 953.

(2) OVIDE, *l'Art d'Aimer,* II, 476 ; *Métam,* I, 104. — VIRGILE, *Géorg.* I, 146. - PLINE L'ANCIEN, *Nat. Hist.,* XVI, 2 ; XVI, 1. — JUVÉNAL, *Satires,* XIV, 183.

A une époque moins éloignée de nous, on voit les forêts servir d'asile et de retraites aux proscrits, aux débris des peuples vaincus, aux brigands mis hors la loi. C'est ainsi que les forêts de la Grande-Bretagne furent successivement le refuge des Bretons poursuivis par les légions romaines de César et de Sévère ; des *outlaws* traqués par les soldats de Guillaume le Conquérant, des Jacobites défaits par les Orangistes, etc. Les Germains, les Daces, les Scordisques, comme les Nerviens et les Bataves, tinrent longtemps contre les Romains bien armés et mieux disciplinés, grâce aux ressources presque inépuisables que leur offraient leurs forêts profondes. N'est-ce pas dans les garrigues des Cévennes que Jean Cavalier put longtemps inquiéter, toujours insaississable, les troupes du grand roi, tandis que les *maquis* de la Corse ont permis aux insulaires de défier pendant trois siècles les soldats génois et les gendarmes français.

ne leur fournit plus guère de matières alimentaires pour leur nourriture ; à plus forte raison en fut-il de même, lorsqu'ils eurent appris à labourer la terre, à en tirer de riches moissons, à s'adonner à l'élevage des troupeaux. Longtemps encore cependant les peuples de l'ancien continent retirent de la forêt des fruits précieux pour leur alimentation : pommes sauvages, faînes, noisettes, fraises, framboises, baies de cornouiller et d'arbousier, prunelles, mûres sauvages, amandes de pin. Longtemps encore les feuilles des arbres furent utilisées pour la nourriture du bétail[1]. Jusqu'à la découverte de la houille, le bois reste le combustible exclusivement employé ; il sert aussi pour l'éclairage, qui se fait au moyen de torches en bois résineux. La plupart des édifices sont construits en bois, en tout ou en partie, jusqu'au xve siècle ; à cette époque, à Paris et à Troyes, c'étaient les charpentiers, non les maçons, qui construisaient les maisons ; les façades étaient en bois recouvert de plâtre, les corps de cheminées eux-mêmes étaient en bois. Les bardeaux, tuiles en bois, furent en usage à Rome jusqu'à l'époque de la guerre contre Pyrrhus (280 av. J.-C.), bien qu'on y fît aussi, comme en Grèce, des toits en terrasse, formés de lits de ciment et de tessons pilés mélangés avec de la chaux reposant sur un plancher soutenu par des linteaux[2].

Le bois a été employé aussi très longtemps exclusivement pour la construction des navires, aussi bien pour les trirèmes des anciens que pour les vaisseaux de ligne des marines modernes. Les chariots de bois munis de roues ont été employés lors des migrations des Aryas ; les chars à

---

(1) CATON, *De re rustica*, XXX.
(2) PLINE, *op. cit.*, XVI, 15 ; XXXVI, 62.

quatre roues furent inventés, si l'on en croit Pline, par les Phrygiens. Les étais de mine étaient déjà employés en Espagne au' Ier siècle de notre ère, sous la dénomination de *lignae columnae*. L'usage des tonneaux pour contenir le vin était répandu en Gaule et dans l'Italie septentrionale ; on se servait aussi du bois pour les échalas, les manches d'outils, les armes (arcs, flèches, lances, javelots, boucliers, balistes, catapultes, etc.), la menuiserie, l'ébénisterie, la construction des clôtures (pieux, palissades), les ustensiles de ménage, les statues des dieux, les ouvrages de vannerie. Les écorces de certains arbres étaient utilisées pour la fabrication des liens, des cordes, des bandelettes de couronnes, les feuilles pour celles des nattes et des cordages. D'autres arbres fournissaient aux Romains des huiles, des poix, des résines, de l'encens et de nombreux parfums [1].

Pendant tout le moyen-âge, le bois est resté une matière de première nécessité. Il n'en est plus tout à fait de même aujourd'hui. Dans les constructions civiles, le bois a été détrôné par les charpentes en fer et les ciments armés ; le fer constitue aussi l'élément essentiel des constructions navales. Au bois de feu et au charbon, on a substitué dans maintes localités la houille, le gaz, l'électricité, l'acétylène. Toutefois, si l'on creuse davantage la question, on s'aperçoit que, loin de nous permettre de nous passer du bois, les découvertes de la science moderne nous obligent à en employer chaque jour davantage.

Le bois de chauffage a toujours une importance considérable dans les régions où l'usage des combustibles minéraux n'a pu encore être généralisé, par suite du défaut de

---

[1] *Ibidem*, VII, 57 ; IX, 48 ; XII, 2-5-30-63 ; XIII, 1 ; XIV, 3-25-27 ; XV, 7 ; XVI ; XVIII, 63   XXI, 47 ; XXIII, 21-24 ; XXIV, 2.

moyens de transports ou de toute autre cause. Les prix des bois-d'œuvre, de ceux de chêne notamment, sont plus élevés que jamais. Non seulement le bois est nécessaire à l'industrie des transports qui s'est étonnamment développée pendant tout le XIXe siècle, et sert à la construction des wagons, des lignes de chemin de fer (traverses, coins pour rails, etc.), mais il est encore indispensable à l'établissement des lignes télégraphiques et téléphoniques, à l'industrie minière qui enfouit chaque année sous terre, dans ses puits et dans ses galeries, des milliers de mètres cubes d'étais, de perches, d'étançons, de bois de cuvelage et de guidage. Le développement et les modifications incessantes de l'armement ont nécessité l'utilisation dans les arsenaux d'une quantité de bois considérable pour les crosses à fusils, les affûts de canons, les caissons d'artillerie, fourgons, etc.

D'autres industries qui se sont créées récemment emploient des cubes de bois énormes. La consommation des eaux minérales aujourd'hui si répandues a pour corollaire la fabrication de nombreuses caisses d'emballages ; il en est de même de tous les produits de l'alimentation (fromages, fruits et raisins secs, poissons séchés, salaisons, etc.)

La fabrication des produits chimiques retirés du bois par distillation (acide phénique, acide acétique, méthylène, chloroforme, extraits tanniques, etc.), est une cause toute récente de diminution du matériel ligneux et l'éminent compositeur Saint-Saëns a jeté tout dernièrement un cri d'alarme bien fondé, en signalant la destruction systématique des châtaigneraies de la Corse. Mais sans parler de la fabrication des crayons qui absorbe tous les ans dans la Floride et le Teunessee 125.000 cèdres rouges, nos besoins intellectuels nous obligent à faire une consommation effrayante de bois ; les livres, les innombrables journaux, les publications périodiques de tout ordre ne peuvent s'imprimer sans qu'on abatte des forêts entières. En France seulement, la papeterie exige annuellement 350 millions de kilogrammes de pâte de cellulose qui représentent 2.940.000 mètres cubes de bois.

Nos importations en produits ligneux dépassent déjà 172 millions de tonnes et 220 millions de francs. Les ressources des forêts d'Europe sont bientôt près d'être épuisées ; celles des forêts de l'Amérique du Nord ne sont pas indéfinies et tous les économistes sont d'accord pour craindre que leurs exportations ne diminuent assez rapidement[1]. Nous avons donc un intérêt de premier ordre à accroître notre production forestière pour faire face à des besoins sans cesse croissants. Au point de vue économique, le déboisement constitue donc un véritable péril.

*
* *

Mais ce n'est pas là le seul aspect de la question. On sait quelle action prépondérante la présence des forêts exerce sur le climat d'une région, sur le débit et l'alimentation des sources et, par suite, sur le régime des cours d'eau. Il est reconnu que les forêts abaissent légèrement la température de l'air, augmentent considérablement le degré d'humidité de l'atmosphère, en rejetant par la transpiration des masses d'eau qu'ont absorbées les organes foliacés et les racines des arbres ; elles diminuent la vitesse des vents, atténuent la fréquence et l'intensité des phénomènes orageux. Leur action sur la répartition des pluies est encore plus marquée ; elles facilitent la condensation de la vapeur d'eau répandue dans l'atmosphère et augmentent ainsi très sensiblement l'épaisseur de la tranche d'eau pluviale.

---

[1] MÉLARD. *Insuffisance de la production des bois d'œuvre, dans le monde*. Paris 1900, Imp. Nationale.

D'autre part, l'influence de la forêt sur le régime des cours d'eau n'est pas moins remarquable. Grâce à la puissance d'absorption de l'épaisse couche d'humus qui garnit le sol forestier, la forêt boit la presque totalité de l'eau produite par les plus violents orages ; la voûte de feuillage formée par les cimes des arbres intercepte d'ailleurs une partie des eaux météoriques. Le sol est ainsi protégé contre l'action mécanique des eaux pluviales qui s'infiltrent peu à peu et lentement dans ses profondeurs au lieu de ruisseler à sa surface en torrents impétueux. Les maigres filets d'eau qui circulent sur le sol boisé sont incapables d'agir par leur masse insignifiante, d'excorier et de dégrader sa surface protégée par une armature puissante ; ils ne peuvent le dépouiller des débris organiques qui font sa richesse et sa fertilité. Les cours d'eau dont les bassins sont suffisamment boisés, ont un régime régulier et de même qu'on ne les voit pas s'abaisser à l'étiage, comme les rivières formées dans des régions dépourvues de forêts, ils sont aussi indemnes de ces débordements terribles qui sont le fléau des plaines et des vallées situées au pied des montagnes dénudées.

Les phénomènes torrentiels qui provoquent tant de désastres, sont le propre des régions déboisées, où l'imprévoyance et la rapacité des habitants ont détruit, avec les forêts, l'équilibre des forces physiques mises en jeu par la nature. Nous voyons se produire sous nos yeux les résultats lamentables de l'égoïsme des montagnards ignorants et routiniers, qui ont dépouillé de leurs forêts verdoyantes les pentes des Alpes, des Pyrénées et du Plateau Central, les livrant sans défense à l'érosion des eaux sauvages. Grâce à eux, à chaque orage, l'eau ruisselle à la surface du sol, l'entamant profondément, entraînant avec elle des matériaux arrachés aux parties instables du terrain, particules terreuses, grains de sables, débris de roches désagrégées, cailloux et graviers, creusant d'innombrables ravins, qui labourent les versants et forment autant de plaies béantes. Les torrents rongent les flancs des montagnes et charrient des matières détritiques, qui vont former dans la plaine des entassements monstrueux, envahissent jardins et prairies, coupent les routes et les voies ferrées, engloutissent des villages entiers, sèment le deuil et la désolation dans toute la contrée[1].

Quel est le bilan de ces pratiques détestables ? En 1856, les inondations de la Loire causent des dégâts qui sont évalués à 172 millions de francs ; on estime à 170 millions les dommages causés la même année par les inondations du Rhône; à 80 millions, ceux qui sont dus aux crues de la Garonne. En 1875, la Garonne est transformée en un fleuve furieux qui roule 2 milliards de mètres cubes d'eau en 48 heures, soit à peu près le volume de la Volga et du Rhin réunis ; sous ses flots, que nulle barrière n'arrête, disparaissent 6.000 maisons, sont englouties 600 vies humaines ; les dégâts atteignent 100 millions de francs. Dans la soirée du 3 juillet 1897, les rivières qui descendent du plateau de Lannemezan, débordées à la suite de pluies torrentielles, causent pour plus de 30 millions de pertes. A l'Isle en Dodan (Gers), vingt personnes sont noyées ; la Save monte de 4 mètres 10 en 10 minutes. A Auch, la crue est encore plus rapide et le Gers monte presque instantanément de 7 mètres 50. Cet effroyable désastre par une chute d'eau de 14 centimètres en dix heures.

Dans les départements des Alpes, la situation n'est pas moins lamentable. Dans celui de la Savoie, plus de 6.000

---

(1) PAUL BUFFAULT. *Le Rôle des forêts au point de vue physique, économique et social*. Rodez, 1906.

hectares, d'une valeur de 8 millions de francs, sont exposés aux ravages des inondations. Dans celui de l'Isère, 15.000 hectares, d'une valeur de 66 millions de francs, sont menacés. A Grenoble, on craint que le Drac, rompant les digues qui le retiennent, vienne jeter dans l'Isère plus de 2.000 mètres cubes d'eau et exhausse le niveau des eaux de cette rivière au point de faire franchir les fortifications par une lame d'eau de plusieurs mètres de hauteur qui balayerait tout sur son passage.

Le Naut Trouble, à Ugine (Savoie), qui descend du mont Charvin, déborde dans la nuit du 28 novembre 1882, à la suite de pluies persistantes et occasionne dans la plaine pour 60.000 francs de dégâts. En janvier 1883, une nouvelle crue cause plus de 83.000 francs de dégâts. Le torrent menace les terrains les plus fertiles de la plaine d'Ugine, la route départementale d'Ugine à Seyssel et la ligne du chemin de fer d'Annecy à Albertville.

Le torrent de St-Julien, près de St-Jean de Maurienne, cause près de 500.000 francs de dégâts de 1871 à 1897. En 1871, la route nationale de Chambéry à Turin est recouverte sur 250 mètres de long d'une couche de déjections de 3 mètres de hauteur ; la circulation est interrompue pendant un mois sur la voie ferrée de Lyon à Modane. Le torrent menace constamment les villages de Montdenis et de St-Julien, dont les maisons sont lézardées. Ce dernier village est envahi en 1871 ; un pont de fer est emporté. La route nationale subit de nouveaux dégâts en 1882, 1883, 1884, 1885, 1886, 1894, 1895, 1896 : dans ces trois dernières années, on dépense 24.000 francs pour la remettre en état.

Les ravages du Rieusec, un autre torrent de la Maurienne, ont occasionné, de 1871 à 1873, des dépenses qui se sont élevées à 110.000 francs sur la route de Chambéry à Turin. Sur la même route, les travaux de déblaiement, pour la débarrasser des matériaux apportés par le torrent de Claret, ont coûté 64.000 francs.

Dans la haute vallée de l'Isère, le Naut de Saint-Claude provoque en 1877 des éboulements qui engloutissent tout sur leur passage, recouvrent 30 hectares de terres cultivées, menacent tout un village, dont cinq maisons sont emportées. Les dégâts s'élèvent à 400.000 francs. En 1883, la plaine est couverte d'alluvions ; cinq maisons sont détruites, quatorze familles perdent leurs terres et leurs habitations. Actuellement le village du Champet est complètement enlisé ; les cheminées émergent seules de l'amas de déjections qui ont refoulé l'Isère sur la rive gauche.

Dans la vallée de l'Arve (Haute Savoie), des éboulements dus à l'instabilité des terrains ont stérilisé une grande partie de la plaine de Passy à Sallanches et ravagé la vallée jusqu'à son confluent avec le Rhône. L'étendue des terrains compris dans le champ des inondations n'est pas moindre de 2.800 hectares, d'une valeur de 6.700.000 francs. On a cherché à protéger ces terrains à l'aide de digues, qui ne coûteraient pas moins de 4 millions. Les dégâts du torrent de Reninges, qui descend de l'Aiguille de Varens (2488^m d'altitude), en face Sallanches, ont déjà été signalés par de Saussure dans ses *Voyages dans les Alpes*. « Lorsque les gens du pays voient venir ce torrent qu'ils nomment le *Naut Sauvage*, écrit-il, ils poussent de grands cris, pour avertir ceux qui sont au-dessous de fuir loin de son passage. On ne peut imaginer un spectacle plus hideux ; les ardoises décomposées formaient une lave épaisse dont les vagues noires rendaient un son lourd et lugubre, et malgré la lenteur avec laquelle elles semblaient se mouvoir, on les voyait rouler des troncs d'arbres d'un volume et d'un poids considérables. » En juin 1877, en août 1879, en juillet 1880, les matériaux amenés par les débâcles de ce torrent obstruent la route de Genève à Chamonix ; il a fallu la reporter sur la rive gauche de l'Arve et ce travail a coûté plus de 370.000 francs.

Les glissements provoqués par le torrent du Sécheron, à 3 kilomètres en aval de Moutiers (Savoie), sur la rive gauche de l'Isère, datent de 1868. Au commencement du XIXe siècle, la montagne était protégée par une magnifique forêt. Depuis sa disparition, à la suite d'abondantes fontes de neige, une masse de 7 millions de mètres cubes s'est mise en mouvement sur une étendue de plus de 24 hectares. L'exécution de reboisements et de drains, de 1887 à 1900, sur 19 hectares, a suffi pour arrêter ce mouvement formidable des terres en marche vers la vallée.

Dans la vallée de l'Isère, en face Montmélian, une masse énorme de terres et de rochers se détachait le 14 mai 1891 de la montagne de la Roche-du-Guet, dont les falaises à pic forment l'extrémité méridionale du massif des Banges ; l'éboulement s'était arrêté à quelques mètres du village d'Arbin. Au mois d'août suivant, à la suite d'orages violents, deux coulées de laves envahirent le village, renversant les murs de clôture, emplissant les caves et les celliers, obstruant les rues. Le 14 décembre, un autre courant de lave déterminé par des averses abondantes se mit en mouvement vers le village ; 55 maisons durent être évacuées avec l'aide de la garnison de Montmélian. Les dégâts furent évalués à 35.000 francs, non compris ceux causés aux chemins sur lesquels la circulation dut être interrompue et dont la réfection exigea une dépense de 4.700 francs.

Dans les Cévennes déboisées, les inondations causent des désastres qui ne sont pas moins terribles. L'Ardèche, dont le lit est ordinairement à sec, voit son débit s'élever à 7.000 et même 8.000 mètres cubes ; la crue se propage avec une rapidité qui dépasse la vitesse du galop d'un cheval et jette dans le Rhône une telle masse d'eau que le niveau du fleuve monte subitement de 5 mètres. En 1890, une crue de cette rivière occasionne 8 millions de dommages et cause la mort de quarante-cinq personnes. Le Lot et le Tarn sont sujets à des débordements fréquents et toujours inquiétants ; leur débit s'élève de 11 et 20 mètres cubes à 4.570 et 6.500 mètres cubes, soit une augmentation de 325 et 415 fois le volume à l'étiage.

La ville de Millau, située en aval du confluent du Tarn et de la Dourhé, est constamment menacée par les crues de ces deux rivières ; ces crues sont si soudaines que souvent les riverains n'ont pas le temps de s'enfuir et de mettre leurs biens à l'abri. Les annales de la cité ont conservé les dates des plus terribles d'entre elles, toujours plus fréquentes à mesure que la déforestation augmente dans la montagne. Au XIVe siècle, on en compte une, une autre au XVe et au XVIe ; au XVIIIe le chiffre des inondations s'élève à six ; au XIXe la ville est submergée quinze fois. Le 12 septembre 1875, les eaux du Tarn atteignent à Millau la cote de 10^{m}30 ; ses flots furieux inondent toute la plaine, emportent trois ponts et submergent une partie de la ville pendant huit heures. En septembre 1900, ce fut un véritable désastre et les pertes s'élevèrent à plusieurs millions dans tout le canon du Tarn ; la plaine de la Graufesenque donnait l'illusion d'une mer démontée soulevée par la tempête et charriait d'innombrables épaves. A Millau, les eaux s'élevaient à 8^{m}60 au dessus de l'étiage ; les quais, le faubourg du pont Lerouge, l'avenue de Creissels furent submergés en quelques instants et les habitants bloqués par les eaux. Deux usines furent cernées, patrons et ouvriers ne purent être sauvés qu'à grand peine ; des milliers de peaux et d'autres marchandises furent enlevées des magasins envahis ou détériorées complètement. Les réparations aux chemins vicinaux exigèrent seules une dépense de 97.000 francs [1].

*
* *

La présence de la végétation pérenne tend à annuler complètement ou du moins à diminuer dans une forte proportion l'apport des matériaux détritiques dans les cours d'eau, tandis que le déboisement a pour effet d'augmenter notablement le volume des matières solides entraînées par les eaux des rivières. La Garonne à Agen roule dans l'espace d'une année 6 millions de mètres cubes de limon de sable ou de gravier, arrachés aux flancs décharnés des Pyrénées et aux versants dénudés des Cévennes et des Causses ; une fraction notable de ces matières (13 °/₀ environ) se dépose dans le lit du fleuve et exhausse son niveau inférieur, rendant chaque jour la navigation plus difficile. La Durance à elle seule déverse annuellement dans le Rhône 11 millions de mètres cubes de limon, et notre grand fleuve méditerranéen rejette dans la mer près de 21 millions de mètres cubes de matières solides arrachées aux versants dégradés des Alpes. Le Var, dont le cours atteint à peine le 1/6 de celui du Rhône, apporte dans la Méditerranée 12 millions de mètres cubes de déjections. La Loire dépose tous les ans depuis un demi-siècle, entre Nantes et l'Océan, plus de 6 millions et demi de sables et de graviers

---

[1] Paul BUFFAULT, *Le Régime des cours d'eau du département de l'Aveyron*. Rodez, 1905.

provenant des montagnes effritées du Plateau Central ; ce volume dépasse celui qui a été enlevé lors du percement du canal de Suez.

De 1849 à 1882, le lit de l'Isère, entre Montmélian et Grenoble, s'est exhaussé de un mètre à 1^{m}50. Le Drac jette dans l'Isère 38.000 mètres cubes de matériaux par an et, dans la partie où il est endigué, son lit s'élève à 2 mètres au-dessus des rues de Grenoble. Le lit de la Romanche s'exhausse aussi dans la vallée de l'Oisans. Celui du Lot s'est élevé notablement à Espalion depuis le XVIe siècle et la partie basse de la ville est inondée, dès que les eaux atteignent 1^{m}70 au-dessus de l'étiage.

A Chambéry, le lit de la Leysse s'est exhaussé de 1^{m}40 par suite des apports de matériaux. La ville a été inondée cinq fois dans le XIXe siècle ; il suffit de pluies tombant pendant 24 ou 48 heures pour rendre le danger imminent.

La présence de matériaux solides dans le lit des rivières trouble profondément leur régime ; elle augmente la densité des eaux et par suite leur puissance d'affouillement dans de fortes proportions, en même temps qu'elle forme un obstacle sérieux à la navigation. Si l'on néglige les pertes causées annuellement par les inondations, pour ne considérer que les dommages constatés lors des grandes crues de 1856, 1875 et 1897, on arrive à un total de 552 millions de francs ; le quart seulement de cette somme convenablement employé suffirait certainement pour effectuer le reboisement des parties dénudées des Alpes, des Pyrénées, des Cévennes et du Plateau Central et éviter le retour d'aussi terribles désastres. On ne devrait donc pas hésiter à faire les sacrifices nécessaires pour mettre nos montagnes en état de défense contre les érosions, fixer les parties instables des versants et garnir leurs sommets et leurs flancs d'un manteau de verdure, où s'emmagasineraient les eaux d'hiver qui iraient augmenter pendant l'été le débit des sources et des rivières. Les forêts créées sur nos massifs montagneux, dépourvus de glaciers, constitueraient des réservoirs d'eau plus sûrs et moins dispendieux que les barrages artificiels, élevés à prix d'or par nos ingénieurs et toujours menacés d'une rupture, en dépit de toutes les précautions ; elles permettraient d'utiliser tous les cours d'eau descendant des montagnes en vue de la production de l'énergie électrique. Notre industrie et notre commerce seraient donc les premiers à profiter de cette œuvre de restauration impérieusement réclamée par tous ceux qui ont à cœur la grandeur et la prospérité de la patrie.

***

« Partout où les arbres ont disparu, a dit Châteaubriand, l'homme a été puni de son imprévoyance. » En effet, les pays dépourvus de végétation paraissent voués fatalement à la stérilité et à la ruine. La Palestine, autrefois si fertile et si peuplée, n'offre plus aux regards, suivant l'expression de Lamartine, que des « montagnes sans ombre, vallées sans eau, terre sans verdure. » La Syrie et la Mésopotamie, si riches dans l'antiquité, ont vu disparaître leurs magnifiques cultures et leurs populations puissantes à la suite de la destruction des forêts de l'Arménie et du Liban. Dans tout le bassin de la Méditerranée, en Asie mineure, en Grèce, en Italie, en Espagne, dans l'Afrique du Nord, la déforestation a produit les mêmes effets.

Dépouillés de leurs puits antiques, les hauts sommets des montagnes de la péninsule hellénique paraissent sans ornement et sont ravagés par les pasteurs. « Les ombrages, les bosquets Lyciens, chéris autrefois d'Apollon Patarien, dit Savory dans ses *Lettres sur la Grèce,* ont disparu de la terre... Les Turcs abattent sans cesse les bois de ces contrées pour les vendre aux étrangers ou pour leurs usages et n'y plantent jamais un seul arbre... Sur les rivages de la mer Egée, l'œil n'aperçoit que des rocs entassés, contre lesquels les flots viennent se briser avec fracas... Dans un espace de plus d'une demi-lieue autour de Candie, on ne rencontre pas un seul arbre. Les Turcs pendant le siège les coupèrent tous. »

La plaine d'Argos a perdu ses beaux pâturages et ses cours d'eau sont à sec ; le Parnasse n'a plus ses ombrages épais et mystérieux, l'Hélicon n'est plus revêtu de ses bocages verdoyants chéris par les Muses et les chênes de Dodane ont disparu avec leurs oracles révérés.

Que reste-t-il en Italie de la forêt *Ciminia* qui, lors de l'expédition de Fabius contre les Etrusques, s'étendait des bords du lac de Raviglione jusqu'au cœur de l'Etrurie, et qui offrait encore, au temps de Tite-Live, un aspect plus effrayant que les forêts impénétrables de la Germanie ? Que sont devenues les forêts du Latium, le bois sacré de la déesse Férentina, situé au pied du mont Albain, où se tenaient les assemblées fédératives des peuples latins et où se réunissait la jeunesse en armes, lors des expéditions guerrières entreprises dans les premiers temps de Rome [1] ? Les hauteurs boisées des Apennins qui servaient de retraites aux Faunes [2], le mont Aventin où Caïus se cachait dans des halliers impénétrables sont aujourd'hui dépourvus de forêts. Les bois sacrés dédiés à Mars, à Junon, à Diane, à Sylvain ont aussi disparu de la péninsule italique.

---

(1) TITE-LIVE, I, 50-52 ; II, 38 ; VII, 25 ; IX, 35-36-37.— VIRGILE, *Enéide,* VII, 799. — HORACE, I, *Sat.* v.25.

(2) *Silius Italicus,* v.626.

Les forêts de la Corse sont dévastées par les usines de produits tanniques qui dévorent tous les ans 30 à 35.000 châtaigniers, payés aux habitants à raison de 2^{fr}50 le stère. Ces châtaigniers donnaient en moyenne chacun 60 livres de châtaignes, représentant au total un revenu de 90.000 francs par an. Les Corses abandonnent donc un capital de 3 millions de francs pour toucher 450.000 francs. Dans dix ans, il n'y aura plus en Corse un seul châtaignier [1]. Cela justifie bien le cri d'alarme poussé par l'éminent compositeur Saint-Saëns au Congrès de l'*Association pour l'aménagement des montagnes*. (Bordeaux, juillet 1905).

« Plus qu'aucun autre pays de l'Europe, dit M. Cavaillès, l'Espagne souffre aujourd'hui d'avoir longtemps méconnu la forêt, cet auxiliaire si docile à la fois et si puissant [2]. » L'Espagne était couverte de forêts au XIIIe siècle. La déforestation commença au XVe siècle à la suite de l'expulsion des Maures, de la découverte du Nouveau Monde et de l'apogée de la monarchie espagnole. Tandis que les cultivateurs pressés d'étendre leur domaine, défrichent sans mesure, les rois abattent les plus belles futaies des *sierras* pour construire leurs *Armadas*. Au XVIe siècle, la puissante corporation de la *Mesta* se fait reconnaître le droit de couper partout le bois nécessaire à ses besoins et ses innombrables troupeaux broutent librement dans toute l'Espagne. Actuellement la péninsule ibérique manque de bois : le royaume importe pour plus de 50 millions de pesetas de produits forestiers. Son sol dénudé passe sans transition d'une sécheresse torride à une humidité excessive causée par des pluies diluviennes ; montagnes et plateaux

---

(1) P. GUITET-VAUQUELIN, *Le déboisement de la Corse au point de vue industriel*.
(2) Henri CAVAILLÈS, la *Question forestière en Espagne*. Annales de Géographie, 15 juillet 1905.

sont corrodés de toutes parts, leurs flancs ravinés livrent passage à d'impétueux torrents qui troublent le régime des cours d'eaux et déterminent des inondations terribles[1]. Les fleuves et les rivières ont leurs lits obstrués par les matériaux de transport, qui encombrent le thalweg et exhaussent démesurément leurs rives, rendant la navigation impossible. Les hautes piles du pont de Ségovie, construit sur l'Eresma, sous le règne de Philippe II, sont aujourd'hui profondément engagées dans les terres et dans les sables descendus de la sierra de Guadarrama. Aux portes de Madrid, il en est de même des ponts construits sur le Manzanarès, qui était encore navigable au XVIe siècle. L'Ebre, navigable sous Vespasien, et dont le cours total est de 620 kilomètres ne peut plus porter bateau que sur 20 kilomètres, de Tortosa à la mer. Dans la province de Guadalajara, la crainte des inondations est poussée à ce point, que les habitants se réfugient sur les lieux élevés, dès que le ciel se couvre de nuages noirs ; la nuit, les *serenos* sont chargés de donner l'alarme, lorsque le temps paraît menaçant.

L'état pastoral a toujours comme conséquence la déforestation. C'est ce qu'on observe en Espagne, comme en France, en Sicile, en Dalmatie, dans l'Inde et dans le Turkestan. La domination des Arabes dans le nord de l'Afrique pendant douze siècles a abouti à la destruction presque complète de vastes forêts, dont la présence rendait alors le sol de la Numidie et de la Mauritanie si fertile que ces

---

(1) Comme celles de Valence en 1864, d'Almeria et de Murcie en 1879. De riches campagnes furent couvertes de sables et de vases, des troupeaux entiers entraînés par les eaux, les centaines de vies humaines englouties par les flots de la Segura en furie. Le débit des cours d'eau est sujet à d'inquiétantes variations ; le Tage s'élève au pont d'Alcantara à 30 mètres au-dessus de l'étiage. Trois fois en vingt ans, le Jalon a emporté au même endroit la ligne de Madrid à Sarragosse. Le Guadalféo coule à travers la *vega* de Motril dans un lit qui s'élève de six à sept mètres au-dessus des campagnes environnantes ; il a fallu le contenir par des digues puissantes.

provinces fournissaient à Rome presque autant de blé que l'Egypte ; de ces mêmes forêts, on tirait les grands fauves destinés aux jeux du cirque. Actuellement l'Algérie est ravagée par les inondations ; à la suite de défrichements récents exécutés sur les collines qui l'entourent, Rivoli, village riant et prospère, situé entre Aboukir et Mostaganem, a été envahi en 1900 et 1901 par les eaux torrentielles et couvert d'une boue fétide. Les débordements des rivières produits par des pluies d'une intensité exceptionnelle ont causé de nombreux éboulements et des glissements qui ont menacé et coupé à plusieurs reprises, en 1904 et 1905, la voie ferrée d'Alger à Constantine. Partout le ruissellement attaque les assises des montagnes et il en résulte une aggravation de la torrentialité ; sur les hauts plateaux, il reste à peine 6 %, du territoire couvert de forêts. Dans toute l'Algérie, elles occupent à peine 2.800.000 hectares (10,7 % de la surface totale) et encore la moitié des forêts est-elle constituée par des vides et des espaces couverts de broussailles. La dénudation des crêtes des Beni-Salah, qui forment la ceinture du bassin de l'Oued-el-Kébir, a provoqué l'affeuillement de la base des montagnes et la diminution notable du débit de ses affluents ; les canaux d'irrigation, qui faisaient la richesse de la plaine de Blida, n'ont plus l'eau nécessaire aux cultures [1].

A Tunis, les sources du Zaghouan, jadis captées par les Romains pour l'alimentation de la populeuse Carthage et qui fournissaient 32 millions de litres par jour, sont taries par le déboisement de la montagne, dont la cîme dénudée s'élève à 1300 mètres au-dessus de la ville.

Presque à nos antipodes, l'Australie, dont le territoire est

---

[1] FICHEUR, *Le déboisement dans l'Atlas de Blida*.

dépourvu de végétation sur les quatres cinquièmes de sa surface, est exposée à d'effroyables sécheresses. Celle qui a sévi pendant sept ans, de 1897 à 1903, a fait périr une si grande quantité de moutons, que leur nombre a été réduit de 36 % dans tout le continent australien. La Nouvelle Galles du Sud a perdu la moitié de son bétail. L'aspect du pays était lamentable ; le sol complètement nu et privé d'herbes, était jonché de carcasses de moutons desséchés. Les rivières de l'intérieur, *creeks* qui prennent leur source dans des montagnes dénudées, sont en général alimentées de la façon la plus irrégulière. En 1902, le Lachlau, affluent du Murrumbidgee, a cessé de couler pendant neuf mois ; le Darling, long de 3124 kilomètres, qui roule à l'époque des crues quatre fois plus d'eau que la Loire débordée, est resté à sec pendant onze mois. Cette situation est désastreuse pour l'Australie, particulièrement pour toute la région sud-est, dans laquelle les produits de l'élevage s'élèvent à 930 millions de francs ; elle est due à l'absence presque complète de végétation, notamment de forêts, dans l'intérieur du continent, qui ne présente que des plaines nues et désertes, sans lacs ni eaux courantes. Les forêts ne se rencontrent que sur la côte du Pacifique, entre le cap Upstart et la baie de la Découverte ; partout ailleurs on ne rencontre d'autre végétation que des herbes sèches et quelques arbustes épineux, au milieu de dunes de sable. Les Australiens cherchent à remédier à cette situation déplorable par la construction de barrages-réservoirs et de puits artésiens. Il semble que la création d'un immense rideau de forêts su le rebord oriental du plateau et sur les parties les plus élevées permettrait d'atteindre plus sûrement le but cherché, en multipliant les condensations des vents, plusieurs arrivant de l'Océan pacifique, et en régularisant le régime des cours d'eau.

*
* *

L'émigration et la dépopulation sont les conséquences fatales du déboisement des régions montagneuses. N'ayant plus à sa disposition en quantité suffisante le bois qui lui est nécessaire dans ces rudes climats, voyant son patrimoine s'émietter peu à peu sous l'action des torrents dévastateurs, ses champs et ses vergers recouverts par les sables arrachés aux flancs de la montagne, le paysan découragé, impuissant, va chercher ailleurs un sol moins ingrat et un travail plus rémunérateur.

D'une façon générale, de 1871 à 1891, la population a diminué de 89.682 habitants dans nos départements montagneux, alors que dans les 16 cantons de la Suisse les plus boisés elle augmentait de plus de 230.000 habitants en quarante ans.

Dans les Basses-Alpes, l'étendue des terres cultivées a passé de 99.000 hectares en 1842 à 74.000 en 1852; la population a diminué de 20 p. % depuis 1870. On ne compte plus que 12 habitants par kilomètre carré dans l'arrondissement de Barcelonnette. En un siècle, les deux départements des Hautes-Alpes et des Basses-Alpes ont perdu 37 p. % de leur population, réduite à 252.000 habitants en 1890, tandis qu'ils en comptaient 400.000 en 1790.

Mêmes constatations attristantes dans les Cévennes. Le département de la Lozère, ancienne province du Gévaudan, qui comptait 150.000 habitants sous Louis XIV, n'en a plus que 140.000 aujourd'hui. La population du département de l'Aveyron a diminué de 4 % en 32 ans, de 1869 à 1901. Dans la haute vallée de la Dourbé la densité de la population qui était de 21,4 habitants par kilomètre carré en 1872 est tombée à 19,9 habitants en 1891. La densité de la population du Larzae qui était en 1869 de 20.7 habitants par kilomètre carré n'est plus que de 16,3 en 1901. Dans les hautes vallées de la Nuéjouls et du Dourdon, la population qui était de 3.312 habitants en 1869 pour 13.600 hectares est tombée à 2.852 habitants en 1901 ; la densité de 24,3 par kilomètre carré est réduite à 20,9, soit une diminution de 13 % en 32 ans.

Les montagnards de Cévennes fuient leurs vallées déboisées pour aller chercher fortune dans les villes du Midi, où l'alcoolisme les guette et la nostalgie les achève, pendant que ceux des Alpes émigrent au Mexique ou dans la République Argentine.

Par contre le reboisement de 80.000 hectares dans la Sologne y abaissait le chiffre des décès de 28,3 pour 1.000 habitants à 15,7 ; la population augmentait de 22,4 % en 50 ans. Le reboisement et l'assainissement des Landes a produit les mêmes effets : la mortalité s'y est abaissée de 26 %, en même temps que les naissances augmentaient de 12 % ; la durée de la vie moyenne a passé de 34 ans 9 mois à 39 ans.

Au point de vue de l'hygiène et de la salubrité générale, l'action des forêts est des plus favorables. Elles assèchent le sol par la transpiration des arbres, émettent dans l'air une quantité considérable d'oxygène et augmentent la teneur de l'atmosphère en ozone. Le sol des forêts renferme beaucoup moins de bactéries pathogènes que les sols agricoles; il constitue un filtre excellent qui augmente notablement la salubrité des eaux auxquelles il donne naissance. Aussi les régions très boisées, comme les Landes, les

Vosges, le Nivernais, présentent-elles un mininum de décès par la tuberculose [1].

Lorsqu'il est recouvert d'une végétation spontanée et pérenne, comme celle des forêts, le sol agit sur les eaux par auto-épuration ; il détruit à la fois les matières organiques et les anaérobies pathogènes par l'action de l'oxygène produit en quantité considérable par les parties vertes des plantes et qui pénètre avec les eaux d'infiltration. En même temps que l'oxygène tend à détruire les microbes propagateurs des maladies, il exalte au contraire la vitalité et la prolification des microbes aérobies fertilisateurs [2]. Il nous paraît superflu de faire ressortir l'importance de ces considérations à une époque où l'approvisionnement des agglomérations et des villes en eaux saines et exemptes de germes morbides est l'un des problèmes les plus graves qui s'offrent à l'esprit des hygiénistes.

Il est reconnu que les forêts forment un obstacle à la marche des épidémies. M. Hüffel attribue à la magnifique ceinture de forêts, de plus de 20.000 hectares d'étendue, qui entoure Haguenau, le fait que cette ville a toujours été épargnée lors des épidémies cholériques qui ont désolé les localités voisines, vers le milieu du siècle dernier [3]. La même constatation a été faite pour le choléra en Bavière et aux Indes, pour la fièvre jaune aux Etats-Unis. Des plantations d'*Eucalyptus globulus* effectuées dans les marais Pontins, près du monastère de Saint-Paul-Trois-Fontaines, ont eu une action efficace sur l'abaissement de la mortalité dans cette région, considérée comme la plus insalubre de l'Italie.

---

(1) RENÉ DE GAULEJAC, médecin aide-major, *Le Rôle des forêts et de la constitution du sol dans le développement de la bacillose en France*. Presse médicale.

(2) L.-A. FABRE, *La végétation spontanée et le régime des eaux*. Revue de l'Université de Dijon, t. XV, n° 1.

(3) G. HÜFFEL, *Economie forestière*, I. p. 199

L'introduction des eucalyptus dans certaines parties de l'Algérie, où les Européens étaient jusqu'alors décimés par les fièvres pernicieuses, a eu également la plus heureuse influence sur l'hygiène et la salubrité de ces districts marécageux.

*
* *

Loin d'apporter un obstacle au développement de la richesse et de l'agriculture d'un pays, le reboisement ne peut qu'accroître sa prospérité. Les Russes l'ont si bien compris qu'ils viennent de reboiser 1370 hectares dans le Ferghana ancien khanat de Kohan (Turkestan), où la population avait disparu à la suite de la destruction de ses forêts par les Mogols. 2.000 hectares de steppes ont été reboisés de 1843 à 1883 dans le district de Marioupol, gouvernement d'Ekaternoslaw ; à la suite de ces travaux, les pluies d'été ont notablement augmenté et les sécheresses, qui désolaient le pays, sont devenues très rares. Le gouvernement danois vient de faire reboiser 90.800 hectares de landes dans la presqu'île de Jutland. En Autriche, 2.048 hectares ont été reboisés dans les comtés de Goerits et de Gradisca (province d'Istrie).

En France même, les populations accueillent parfois avec satisfaction l'éxécution des travaux de reboisement qui arrêtent les progrès incessants de l'émigration et assurent du travail et des ressources aux habitants, qui sans cela resteraient inoccupés une partie de l'année, en même temps qu'ils leur fourniront dans un avenir plus ou moins rapproché, le bois qui leur est indispensable sous un climat rigoureux. Pendant ces dernières années, les travaux de reboisement et de construction des routes exécutés par le service forestier dans le massif de l'Aigoal ont permis de répandre l'aisance dans une population restée jusqu'ici pauvre et misérable. Les sommes dépensées annuellement se sont élevées à 98.000 francs environ ; 200 ouvriers ont été occupés pendant toute l'année, 600 l'ont été pendant la saison favorable aux plantations. On peut compter que chaque famille reçoit environ de ce chef 600 francs par an. Lorsque les travaux de reboisement seront terminés, les habitants ne resteront pas sans travail ; les planteurs deviendront bûcherons et l'exploitation des forêts créées depuis 40 ans les occupera une grande partie de l'année.

On peut se demander à ce propos quelle serait la répercussion de la disparition totale des forêts en France sur la population ouvrière, si, par impossible, ce phénomène venait à se produire. Les résultats du dénombrement de la population effectué à la date du 29 mars 1896, qui viennent d'être publiés par le Ministère du Commerce, fournissent à cet égard des indications intéressantes. Le nombre de personnes employées aux exploitations forestières et aux industries du bois n'est pas moindre de 775.600, qui se décomposent comme suit :

Exploitations forestières proprement dites...	70.000 [1]
Distillation et carbonisation du bois.......	1.000
Charpente.............................	97.000
Sciage de long et sciage mécanique........	51.400
Menuiserie.............................	153.000
Charronnage et carrosserie...............	98.000
Construction des bateaux................	5.300
A reporter......	475.700

---

(1) Les départements où les ouvriers bûcherons sont les plus nombreux sont ceux des Landes qui en compte 10.500, de la Gironde 2.800, de la Côte-d'Or 2.800, des Vosges 2.300, de la Seine-Inférieure, 2.300.

	Report.....	475.700
Fabrication de sabots....................		61.300
Ebénisterie, ameublement................		72.300
Tabletterie, brosserie, jouets, pipes, balais, etc.		36.900
Tonnellerie		45.000
Navettes et autres objets en bois pour les industries métallurgiques............		7.100
Allumettes en bois.....................		1.900
Horloges en bois......................		700
Outils, ustensiles en bois...............		19.400
Layetiers, emballeurs, divers............		28.300
Vannerie		25.000
Sciage et fendage du bois de feu..........		2.000
	Total.....	775.600

Dans le relevé ci-dessus ne sont pas compris les ouvriers des chemins de fer qui utilisent les traverses, les poteaux télégraphiques, les bois de wagons, les coins en bois pour rails, ceux des télégraphes, des arsenaux militaires et maritimes, les bourreliers et selliers qui emploient le bois pour les attelles de colliers, les arçons des selles, les mineurs qui se servent du bois pour soutenir et étayer leurs galeries, les vignerons qui emploient les échalas pour la culture de la vigne, les paveurs[1], les tanneurs, les allumettiers, les ouvriers employés à la fabrication des produits chimiques extraits du bois.

On voit donc que le bois fait vivre un nombre considé-

---

(1) Le pavage en bois continue à prendre beaucoup d'extension à Paris. Au 1er janvier 1904 la surface des chaussées pavées en bois était de 1.852.980 mètres carrés, soit 20,2 % de la surface totale ; au 1er janvier 1901, le pavage en bois n'existait que sur 1.594.220 mètres carrés. La surface pavée en bois a donc augmenté de 16 % en 3 ans. New-York vient de suivre l'exemple de Londres et de Paris et d'essayer un pavage en bois de sapin injecté d'un mélange de créosote et de résine dans la partie la plus fréquentée de Broadway.

rable d'ouvriers et quelle serait l'intensité de la crise économique, si cette matière première venait à leur manquer. Souhaitons donc que cette éventualité désastreuse à tous les points de vue ne se réalise jamais.

*
* *

En dehors de leur nécessité économique et sociale, de leur action favorable sur les conditions d'hygiène générale, la présence des forêts est indispensable au point de vue esthétique. Leur admirable végétation jette dans le paysage une note particulière, gaie ou sombre, mais toujours harmonieuse et variée ; leur éclatante parure de feuillage repose les yeux, et leurs ombrages offrent au promeneur un attrait et un charme particuliers. Aussi toutes les grandes villes d'Europe ont-elles à leur porte des bois aux splendides avenues, où les citadins viennent respirer un air pur et chercher sous les voûtes des futaies majestueuses le repos et le calme qui leur font défaut dans les rues des capitales remplies de mouvement et d'activité fiévreuse. Tous les Parisiens connaissent le *Bois de Boulogne*, ses lacs et ses taillis ombreux, les massifs verdoyants de *Vincennes* et de *Meudon*. A Bruxelles, c'est l'enchanteur *Bois de la Cambre* qui attire à la fois le monde élégant et le peuple avide de distractions. Londres à des *parks* sans nombre, dont l'étendue dépasse 4.800 hectares [1]. A Vienne le *Prater* étale sur les rives du Danube ses majestueuses futaies et ses magnifiques allées de maronniers ; Madame de Staël a décrit dans son livre *De l'Allemagne* cette superbe promenade, qui fait jouir les Viennois « des beautés d'une nature tout à la fois agreste et

---

[1] La superficie des jardins et squares de Paris, y compris les bois de Boulogne et de Vincennes n'est que de 1740 hectares.

soignée ». On y voyait alors des troupeaux de cerfs traverser la prairie, troublés chaque soir dans leur solitude par l'affluence des promeneurs ; on y venait tous les soirs faire « un goûter champêtre aussi substantiel que le dîner d'un autre pays ». A Berlin, le *Thiergarten* et *Charlottenburg*, à Florence les *Caseine* et leurs délicieux ombrages, à Amsterdam le *Vondelspark* aux allées sinueuses et fraîches, à la Haye le *Bois* et ses larges avenues plantées d'arbres séculaires, à Saint-Pétersbourg le charmant labyrinthe de *la Pointe*, coupé par les lacs de la Néva qui serpentent entre les massifs de verdure, voient défiler les brillants équipages et les fiacres modestes.

Les régions boisées, comme les Vosges, la Forêt Noire, la Souabe, le Tyrol, les Alpes de Salzbourg, le Wiener-Wald, la Savoie, sont le rendez-vous des touristes qui recherchent des émotions douces et observent les beautés simples de la nature. La forêt est pour les esprits rêveurs la confidente de leurs pensées et de leurs aspirations intimes ; ils entendent le langage mystérieux des plantes, des arbres, des oiseaux voltigeant de branche en branche, des insectes qui creusent leurs galeries dans l'aubier vermoulu ou qui rampent dans les bruyères aux fleurs roses. Du sol montent de subtiles effluves, qui produisent des sensations d'une étrange volupté. Lorsqu'à l'automne, les rayons du soleil couchant dorent le feuillage teinté de fauve, souvent la brise du soir agite les rameaux du chêne, à l'écorce rude, chargés de glands, emblème de la fécondité universelle ; alors les amants de la nature sont remplis d'une émotion inoubliable, qui leur fait sentir l'éternité et la sublimité des choses, reste des conceptions antiques qui faisaient résider les dieux sous la voûte des chênes. Derrière les troncs des hêtres à l'écorce argentée ou sous les branches majestueusement étalées des noirs sapins, ils entrevoient l'harmonie des forces naturelles, la vie affirmée par chaque branche balancée par le vent, par les feuilles frémissantes, par les semences des géants de la forêt disséminées sur le sol fécond, par l'insecte cherchant sa nourriture en vue de la perpétuation de l'espèce ; ils s'inclinent en silence, étonnés et ravis, admirant l'œuvre du Créateur....

Paul BUFFAULT.

M. VALLADAUD développe les vœux suivants :

1° Que l'Office colonial, au Ministère des Colonies, soit réorganisé d'une façon plus pratique, pour rendre aux commerçants français des colonies les services qu'ils sont en droit d'exiger.

2° Qu'une direction commerciale absolument autonome soit créée dans chacune de nos colonies.

3° Que les directeurs soient pris, autant que possible, parmi des commerçants anciens élèves des Ecoles de Commerce, ayant fait un stage aux colonies et à l'étranger.

M. LE PRÉSIDENT. — Je mets aux voix les propositions de M. Valladaud.

(Elles sont adoptées par 16 voix contre 3).

M. LE PRÉSIDENT. — Je donne la parole à M. de Claparède pour une communication sur le Congrès de Genève.

M. DE CLAPARÈDE. — Je serai d'autant plus bref que, ne m'attendant pas à prendre la parole ce soir, je n'ai apporté aucune note avec moi.

Messieurs, le premier Congrès international de Géographie a eu lieu, comme vous le savez, à Anvers, en 1871. Le second eut lieu en 1875, sous la présidence de l'amiral La Roncière le Nourry ; en 1889, en Italie, avec M. de Sernomissa (?) ; en 1889, à Paris, avec M. Ferdinand de Lesseps ; le cinquième eut lieu à Berne, en 1891, présidence de M. Gobba (?) ; le sixième à Londres, en 1895, avec l'éminent explorateur anglais Stanley ; en 1899 à Berlin, et enfin le huitième aux Etats-Unis sous la Présidence du Commandant P...., organisateur de la dernière expédition polaire, la mieux conduite scientifiquement et pratiquement.

A ce congrès des Etats-Unis, qui siégea à Washington, Chicago et Saint-Louis, des décisions furent prises d'accepter l'invitation du gouvernement suisse de tenir le prochain congrès international à Genève, à l'occasion du 50ᵉ anniversaire de la fondation de la Société de Géographie de Genève.

Nous espérons vivement que les Sociétés françaises de Géographie, qui sont très nombreuses, et comptent beaucoup de membres, se feront représenter par des délégations considérables au congrès de Genève en 1908.

Deux mots sur l'organisation de ce congrès. Il sera sous la présidence d'honneur du Président de la Confédération Suisse, du roi des Belges, souverain du Congo, et du roi de Roumanie, comme président actif de la Société de Géographie de Bucharest.

Les vice-présidents d'honneur sont actuellement au nombre de 29 ; le Comité d'honneur se compose de 36 géographes, pris parmi les représentants les plus éminents de la science géographique à l'étranger ; aucun de nos concitoyens suisses ne s'y trouve. La France y figure avec quatre personnalités dont nous avons eu immédiatement l'acceptation : M. le Dr Hamy que vous venez d'entendre (applaudissements), M. Emile Levasseur, le Prince Roland Bonaparte et M. Henry Cordier, Président de la Commission centrale des Sociétés de Géographie de Paris, ancien représentant du Ministère de l'Intérieur au Congrès des Etats-Unis. Enfin neuf autres géographes français font également partie du Comité d'honneur.

Pour vous donner une idée de l'importance du Congrès international de géographie, je vous citerai trois chiffres.

Le nombre des participants du Congrès de Washington s'est élevé à 798 ; à Marseille, en 1899, il a atteint 1660 ; à Londres, en 1895, il fut de 1765.

Le prochain congrès se réunira du 27 juillet au 6 août 1908, à Genève ; il sera divisé en 14 sections ; toutes les branches de la science géographique, en y comprenant même l'anthropologie et l'ethnographie, y trouveront donc place, et tous ceux qui se consacrent à l'étude de la géographie ou des sciences connexes pourront trouver là un vaste champ de démonstrations pour leurs travaux, ou la relation de leurs voyages et découvertes.

Je suis limité par le temps ; nous ne devons pas garder la parole, en séance ordinaire, plus d'un quart d'heure ; or, nous sommes aujourd'hui très pressés, et il y a déjà exactement sept minutes que je parle. Je m'arrête donc, en exprimant le vœu que toutes les Sociétés françaises de Géographie se fassent représenter par de nombreux contingents qui nous apportent à la fois la qualité et la quantité des géographes (Applaudissements).

M. LE PRÉSIDENT. — La personnalité de M. Claparède et sa nationalité sont trop sympathiques pour que nous ne lui donnions pas dès à présent l'assurance que nous serons très nombreux au rendez-vous qu'il nous assigne, avec tant de cordialité, à Genève (Vifs applaudissements).

Je donne la parole à M. de Givenchy.

M. de Givenchy. — Je n'ai pas la prétention de faire un rapport très complet sur les mines de Tunisie, puisque le temps nous est strictement limité ; je vais donc vous citer simplement quelques chiffres.

(M. de Givenchy donne lecture de quelques passages de sa communication. Il termine par une très intéressante citation des récents travaux effectués à Korbous, près de Tunis, pour mettre en valeur les eaux thermales de cette contrée, eaux douées de propriétés curatives déjà très connues du temps des romains).

M. le Président. — Je remercie M. de Givenchy de sa très intéressante communication.

La parole est à M. Fayol, pour son rapport sur

Les relations maritimes entre Dunkerque, les Colonies françaises et Pays de protectorat

Messieurs,

Le Comité Dunkerquois Maritime et Colonial m'ayant chargé de rédiger un rapport sur les relations commerciales entre Dunkerque, les Colonies françaises et Pays de protectorat, j'ai l'honneur de vous soumettre les documents que j'ai recueillis.

Pour présenter un travail complet sur la question, il faudrait unir l'érudition de l'historien au talent du littérateur et je ne suis qu'un homme d'affaires ; je compte donc sur votre indulgence pour ne voir que ma bonne volonté.

Permettez-moi tout d'abord de remercier publiquement M. Jean Trystram qui, avec sa bienveillance habituelle, a mis à ma disposition les archives de la bibliothèque de la Chambre de Commerce, en même temps que les statistiques précises sans lesquelles mon travail eût été dépourvu de tout intérêt pratique.

Je remercie sincèrement aussi M. Lacour-Gayet, le savant professeur à l'Ecole Supérieure de Marine, qui a bien voulu m'indiquer les sources où je pouvais puiser quelques renseignements spéciaux.

Les travaux toujours si consciencieux de M. May, secrétaire de la Chambre de Commerce et de M. Bossaut, bibliothécaire, m'ont été du plus grand secours.

Le commerce de Dunkerque a naturellement suivi les vicissitudes du pays pendant le moyen-âge, et jusqu'aux temps modernes ; il ne pouvait se développer régulièrement au milieu des périodes troublées par les guerres, mais, grâce à la ténacité de ses habitants, à leur esprit d'initiative et à leur persévérance, il semblerait que les efforts continus donnaient à Dunkerque une force nouvelle pour triompher des obstacles ; le port atteignait par bonds successifs le point de prospérité actuel et ce n'est là encore qu'une étape dans la marche ascensionnelle suivie par le trafic.

Pendant que Marseille, Bordeaux, Nantes, le Hâvre, etc., déjà puissants, gagnaient leurs quartiers de noblesse dans les relations coloniales, Dunkerque restait le robuste artisan qui, tour à tour défendant son existence même ou développant son commerce avec les pays voisins, ne pouvait s'engager dans les entreprises lointaines.

C'est seulement à la fin du XVIIe siècle que l'on se préoccupe du trafic colonial auquel la Chambre de Commerce s'empresse d'accorder son attention ; elle obtient en 1704 un « Règlement provisionnel », autorisant sous certaines conditions le port de Dunkerque à faire des armements pour les Antilles.

En 1717, ce privilège fut retiré, mais les instances de la Chambre contraignirent le gouvernement royal à l'octroyer de nouveau, ce qui fut consacré par lettres-patentes du mois d'avril 1721.

Les marchandises destinées aux colonies devaient être exclusivement d'origine française.

« On les déposait jusqu'au jour de l'embarquement dans un magasin de la Basse-Ville ; la Chambre, qui en avait la surveillance, visait aussi les états de chargement, recevait les déclarations des capitaines à l'arrivée et faisait opérer par deux de ses officiers la vérification des « retours » des îles d'Amérique.

» Pour aplanir des difficultés qui avaient surgi avec les Fermiers Généraux, elle construisit à ses frais en 1736, hors de la « franchise », la halle dite de l'Estran, à l'Est du chenal où avaient lieu la visite et le pesage des diverses marchandises faisant l'objet du trafic colonial à l'aller et au retour.

» A la fin du siècle, ce trafic avait acquis une réelle importance ; il était même devenu très rémunérateur, occupant en moyenne 30 à 35 navires de 200 à 500 tonneaux, montés par 800 hommes d'équipage. Les Antilles françaises ou espagnoles offraient alors de précieux débouchés aux produits naturels ou fabriqués des différentes provinces de la France. Quant aux denrées coloniales que les vaisseaux rapportaient à Dunkerque, la majeure partie s'expédiait à l'étranger et passait dans les Pays-Bas autrichiens, en Hollande, en Angleterre et même en Allemagne [1]. » (Chambre de Commerce de

---

[1] A la date de 1722, nous trouvons trace d'un manifeste de chargement destiné à l'Amérique ; il se composait de bière, farine, briques, biscuits de mer, toile, cartes, armoires en acajou, 2 matelas, 1 bois de lit, poudre, linge, souliers, harnais, chapeaux de castor, bas de soie, roues, brancards, quincaillerie, taillanderie, cordes, bâches, verres, carafes, beurre, huile, fromage, harengs, planches, lard, beurre, chandelles, saumon. Le lard, le beurre, les chandelles et le saumon pouvaient être de provenance étrangère.

Dunkerque — Bi-centenaire de sa fondation, par A. Bossaut).

En 1728, 12 navires étaient employés au commerce des Colonies ; ces navires exportaient tous les ans 3 à 4.000 barils de farine, de la bière, du beurre, du fromage, de la chandelle, du lard, des harengs, du fil, etc., et au retour, ils importaient 8 à 10.000 barriques de sucre, de l'indigo, du coton, du cuir, etc.

La traite des noirs, si universellement réprouvée aujourd'hui, devait s'annexer naturellement au commerce colonial ; c'est ainsi que les bâtiments négriers allaient à la côte de Guinée, y achetaient des esclaves pour les revendre ensuite aux Antilles, principalement à St-Domingue et à la Martinique.

Ce genre d'affaires qui présentait des risques, nécessitait de grands capitaux ; il n'y avait que cinq ou six navires qui s'y consacraient, pouvant porter de 250 à 500 hommes.

Pour encourager cet armement alors admis par les mœurs, la Chambre de Commerce de Dunkerque obtint le bénéfice que l'Etat allouait à d'autres ports, soit 30 livres par tête d'esclave importé aux colonies et la décharge du droit de dix livres par tête que réclamait la Compagnie des Indes en raison de son privilège.

Les chiffres suivants donneront une idée de l'importance prise par la traite des noirs ; ils ne concernent que St-Domingue pour l'année 1766.

	3	négriers	de Dunkerque :	1.083 esclaves
	9	»	du Hâvre :	4.032 »
	2	»	de Honfleur :	671 »
51 navires	5	»	de St-Malo :	1.829 »
	18	»	de Nantes :	4.407 »
	7	»	de La Rochelle :	1.289 »
	4	»	de Bordeaux :	766 »
	3	»	de Marseille :	1.004 »
				15.081 noirs

En 1762, nous voyons commencer le commerce avec la Louisiane, le Canada et le Banc de Terre-Neuve ; « La » Flandre, la Picardie, l'Artois et le Hainaut exportaient » pour l'Amérique plusieurs milliers de livres de denrées, » produits manufacturés, etc. »

La note ci-dessous, rédigée en 1768, nous fixe exactement sur les produits exportés par Dunkerque et dont les provenances sont les plus diverses :

« Les cargaisons sont composées de toutes sortes de » manufactures de Lille et des environs, indépendamment » de celles de l'intérieur du royaume : briques, carreaux, » charbon de terre, fers en barre de toute espèce, faïences, » toutes sortes de verreries, bière en bouteilles et en bar- » riques, des ustensiles de ménage, chaises de toutes fa- » çons, « cabronets » pour le transport des sucres, chaises » roulantes, roues de rechange, bandages et essieux en fer, » clous, « taillandres » de toute espèce, quincaillerie, toile » blanche et écrue, toile à carreaux rayée pour matelas, et » chemises de nègres, bureaux, commodes de bois, d'acajou » et de chêne, armoires et autres meubles, bouteilles et » dame-jeannes diverses, souliers, bottes, bas, et toutes » sortes de bonneterie, fil à coudre, camelot, « hompa- » relles », coutil et autres marchandises de Lille, papier, » chandelles, cire, bougies, suif, farine, jambon d'Artois, » petit salé, beurre, fromage, bœuf à l'écarlate, chemises » garnies et non garnies pour hommes et pour femmes, » linge de table ouvré, cambrais, batiste, en blanc et écru, » toutes sortes de broderies, galon d'or et d'argent, ficelle » d'argent. généralement toutes modes de Paris, cotonnades » de Rouen, étamine du Mans, quelques draperies, barri- » cants d'Abbeville, soiries et étoffes mêlées d'or et d'argent » des manufactures de Lyon, quelque peu d'eau-de-vie,

» liqueurs de toute sorte, savon, huiles d'olive, de lin, de
» colza, de navette et de poisson, morues salées, harengs,
» blancs et saurets, saumon blanc du Nord, goudron, brai,
» cordages, cuir de Russie, toile à voiles, bœuf salé, beurre
» d'Irlande, pipes, fer blanc, plomb, cuivrerie, thé, épice-
» ries et quantités d'autres articles des manufactures du
» Royaume. »

Les retours consistent en sucres bruts et terrés, indigo, coton, café, cacao, cuir sec en poil, quelque peu de tafia (lorsque l'eau-de-vie est chère en France), bois d'acajou et de campêche.

« De tous ces articles, un quart au plus se consommait dans le Royaume, les trois quarts passaient à l'étranger, qui par ce moyen, payait aux cultivateurs, manufacturiers, et artisans des provinces françaises, le prix de tout ce que les vaisseaux de Dunkerque exportaient en Amérique pour le commerce et la subsistance des colonies françaises. »

Je ne cite que pour mémoire la lutte soutenue par Dunkerque contre les Anglais, qui entendaient substituer partout leurs droits et leurs intérêts à ceux des Français pendant ces périodes troublées ; l'histoire de France, du reste, n'est-elle pas en partie faite de nos luttes contre l'Angleterre.

La fin du règne de Louis XV vit péricliter toutes choses et fut pour Dunkerque une crise d'autant plus terrible qu'elle atteignit les entreprises coloniales.

Sous Louis XVI, la situation resta stationnaire à ce point que, répondant le 26 février 1783 à une lettre de la Chambre de Commerce de Nantes, celle de Dunkerque s'exprimait ainsi :

« Notre port depuis près de 70 ans se trouve dans un tel

» état de délabrement qu'il n'a pas été possible de faire de
» grandes choses, au moyen de quoi nous ne voyons point
» de raisons particulières à alléguer contre le privilège
» exclusif qui vient d'être accordé pour le commerce de la
» Chine, d'autant plus qu'il n'est pas à notre connaissance
» qu'aucun de nos négociants ait fait la moindre disposi-
» tion dans le dessein d'y entamer ce même commerce ; il
» est vrai que l'article 17 des préliminaires de la Paix
» anéantit tout ce que le traité d'Utrecht portait à l'égard
» de Dunkerque, mais d'ailleurs les vues de l'Etat sur
» cette ville nous sont encore inconnues ; nous ne
» pensons pas que l'on ait rien à craindre pour le commerce
» d'Afrique, mais le privilège en question semble présager
» le prochain rétablissement de la Compagnie des Indes.
» Si cependant vous jugiez convenable de faire des repré-
» sentations, nous vous prions d'être persuadés de nos
» dispositions à agir pour la cause commune. »

Les angoisses de la Chambre se comprendront encore mieux, si l'on examine l'état des Armements faits à Dunkerque pour la côte de Guinée depuis la paix de 1763 jusqu'à la guerre de 1778 et qui montre la décroissance du commerce maritime :

	Nom	Port	Nègres	Destination
	L'Epreuve	80	87	Port-de-Paix
	Le Frère et la Sœur	250	302	Saint-Marc
1763	La Princesse de Ligne	80	94	Port-au-Prince
	La Douce Marie-Anne	200	312	Cap-Français
	La Poste	90	186	St-Pierre-Martinique
1764	Le Jupiter	200	269	Port-au-Prince
	Le Barbançon	150	114	Port-de-Paix
1765	La Légère	140	266	St-Pierre-Martinique
	Le Prince Edouard	220	185	Port-au-Prince

	Nom	Port	Nègres	Destination
1766	La Comtesse de Brionne	350	346	
	Le Jupiter	200	320	
1768	La Comtesse de Brionne	350	380	Cap-Français
	Le Prince Edouard	180	300	
1771	L'Espérance	50	75	
1772	Le Marquis de Biance	140	110	Saint-Marc
1774	L'Espérance	45	94	Port-de-Paix
1775	Le Comte d'Artois	350	338	Cap-Français
1777	Le Marquis de Noailles	260	450	
1778	La Flore	220	309	Martinique

En 1789, une correspondance suivie s'engagea entre la Chambre de Commerce et le Gouvernement qui voulait supprimer la traite des noirs.

Le commerce ayant repris progressivement, il entrait annuellement, à l'époque de la Révolution, avant les hostilités, plus de 2.500 navires marchands au port de Dunkerque ; ce nombre se trouva réduit à cent bâtiments dont les deux tiers étaient neutres, et l'autre tiers composé de navires français neutralisés. L'industrie locale perdit toute activité, et bon nombre de négociants quittèrent les affaires ou abandonnèrent la ville qui dépérissait faute d'aliments commerciaux.

Le seul remède à de pareils maux était de conclure la paix avec l'Angleterre, mais le Comité, remplaçant la Chambre de Commerce supprimée en 1791, voulait qu'on rendît à Dunkerque la franchise dont il avait été dépouillé en même temps que Marseille et Bayonne, en 1794.

Le Conseil de Commerce n'avait encore pu faire trancher la question de la franchise en 1800, malgré tous ses efforts pour obtenir ce privilège.

Le Gouvernement Consulaire, opposé à la franchise,

imposa le système des Entrepôts Généraux par arrêté du 30 Juillet 1802.

Sous le premier Empire, Dunkerque fut sacrifié à Anvers et la stagnation des affaires devient telle, qu'en 1808, il y avait à louer dans la ville un sixième des maisons.

Dunkerque employa la moitié du XIXe siècle à refaire sa fortune maritime, et pendant cette période se continuèrent sur une petite échelle les échanges avec les colonies françaises.

Le développement de la navigation à vapeur permit ensuite la création de services qui vinrent redonner une nouvelle vigueur aux affaires coloniales privées.

La conquête et la colonisation de l'Algérie, commencées sous la Royauté, continuées sous le second Empire et terminées sous la troisième République par le protectorat de la Tunisie, furent pour Dunkerque une source généreuse de relations commerciales ; en même temps, le port transformé, grâce à l'inlassable activité de M. J.-B. Trystram, était en état de recevoir les plus grands navires.

Le développement de la politique coloniale en Extrême-Orient, à Madagascar, à la Côte occidentale d'Afrique, pour ne mentionner que les conquêtes les plus importantes ou les arrangements internationaux les plus décisifs, permirent au grand établissement maritime du Nord de faire rayonner ses services dans les directions les plus diverses. Toutefois, il fallut l'arrivée de l'éminent député de Dunkerque, M. Guillain, au Ministère des Colonies, pour que le port prît au point de vue administratif la place qui lui était due.

Le Comité Dunkerquois, maritime et colonial, qui venait alors de se fonder sous le patronage de la Chambre de Commerce de Dunkerque et de l'Union Coloniale Française, réclama avec opiniâtreté que notre port fût compris au nombre de ceux indiqués dans les cahiers des charges du Ministère des Colonies pour les diverses opérations de transit. Il fallait triompher de vieilles habitudes favorables aux ports concurrents, mais grâce aux efforts de la Chambre de Commerce et à la volonté du ministre, Dunkerque vit cesser l'ostracisme dont il semblait frappé au point de vue des transports de l'Etat destinés aux Colonies.

La tâche dunkerquoise n'est pas terminée ; il faut, en face d'un concurrent comme Anvers, que les lignes régulières se multiplient et se complètent mutuellement ; car le transbordement est parfois comme un écran qui cache le consommateur au producteur, et c'est ainsi qu'au XVIIIe siècle, Dunkerque n'étendit pas facilement son champ d'action, parce qu'il livrait les marchandises aux Espagnols et aux Portugais qui les dirigeaient ensuite vers les Colonies, leur destination définitive.

Lorsque le trafic commercial se sera ainsi accru, peut-être pourra-t-on espérer la création à Dunkerque d'un marché colonial où la mise en entrepôt des divers produits de valeur, caoutchouc, ivoire, grains, graines, bois, minerais, textiles, etc., augmentera l'aliment des transactions.

Le Ministère pourra, de son côté, organiser un commissariat colonial, rouage complémentaire des services administratifs du port.

Les statistiques suivantes, relevant le trafic de Dunkerque avec les Colonies et pays de protectorat pendant les dix dernières années, permettront d'apprécier l'importance d'un mouvement qui n'a certes pas donné toute sa mesure ; les chiffres justifieront mieux qu'aucun commentaire l'utilité des débouchés coloniaux.

Trop de Français ont cru inutile d'avoir une politique coloniale et ont perdu de vue qu'en se partageant des territoires disponibles, les nations européennes ne faisaient que s'assurer une clientèle qu'il faut conserver jalousement. Nous ne demandons pas le retour au Pacte colonial, mais nous croyons que le Gouvernement pourrait faire entendre aux bénéficiaires de certaines concessions que s'il leur accorde des facilités, ce sera seulement dans la mesure où ils favoriseront eux-mêmes la métropole ; on ne verrait plus ainsi passer des commandes aux maisons de l'étranger, qui embarquent dans leurs divers ports les marchandises qu'un pavillon concurrent introduira dans les Colonies françaises.

Au cours de ce travail incomplet, j'ai eu le regret de ne pouvoir nommer le plus grand marin du vieux port flamand ! Dunkerque, Jean Bart et la gloire sont des termes si intimement confondus qu'on ne peut énoncer l'un sans que les autres se présentent immédiatement à l'esprit, mais d'après les documents contenus dans le dossier personnel de Jean Bart, il ne semble pas que le célèbre marin soit allé aux colonies.

Au XIXe siècle, c'est un Dunkerquois qui plante le drapeau français sur la terre africaine, comme le mentionne dans les termes suivants le vice-amiral commandant en chef l'expédition d'Alger :

« Le débarquement du corps expéditionnaire fut opéré
» avec ordre et rapidité sous la protection du feu de nos
» bâtiments le 14 juin 1830. Les batteries ennemies enle-
» vées, en sautant à terre les premiers, deux marins,
» emportés par leur courage, s'élancent ensemble dans le
» fort et y arborent le pavillon du roi : ce sont les nommés

» Sion, chef de la grande hune de la frégate *Thétis*, et
» Brunon, matelot de 1re classe ».

Le Dunkerquois Sion fut décoré de la Légion d'honneur le 2 octobre 1830.

Vous me permettrez, Messieurs, d'évoquer ce souvenir, car c'est de la gloire de tous ses enfants qu'est faite la grandeur de la France.

M. LE PRÉSIDENT. — Je remercie M. Fayol de sa très intéressante communication.

L'ordre du jour appelle le rapport de M. Fellous, mais je crois que notre collègue est absent.

La fin de la séance est occupée par une intéressante discussion sur le « Transsharien », dont M. Paul Bonnard s'est fait l'apôtre.

Les arguments de notre collègue n'ont pu réussir, malgré le talent avec lequel ils étaient présentées, à convaincre l'auditoire, et le vœu présenté n'a point été accueilli, mais M. Bonnard est patient et tenace..... Qui sait si l'avenir ne lui donnera pas gain de cause ?

Avant de lever la séance, M. le Président remercie M. Quiévaux, de Valenciennes, pour l'offre de son volume « La Terre et ses habitants ».

Conférence de M. TERRIER

L'ŒUVRE FRANÇAISE AU MAROC

A 8 heures 1/2 du soir, M. Auguste Terrier, secrétaire général du Comité du Maroc, a fait, salle Sainte-Cécile, une très intéressante conférence sur l'Œuvre française au Maroc.

Il a été présenté à l'auditoire par M. Etienne Port, délégué du ministre de l'Instruction publique, qui a salué en M. Terrier l'un des champions les plus patients, les plus dévoués, les plus intelligents de l'Œuvre coloniale française.

L'éminent conférencier a parlé du Maroc en homme qui a visité le pays, en explorateur qui s'est fait une opinion sur place, qui a beaucoup vu et beaucoup retenu.

Au point de vue physique comme au point de vue ethnique, l'Afrique du Nord-Ouest forme un tout indivisible, dont le Maroc est à la fois la partie la plus montagneuse et la plus fertile. Le Maroc, c'est, comme l'a dit Marcel Dubois, le château d'eau de l'Afrique du Nord ; c'est une Algérie où il pleut.

M. Terrier fait l'historique de la politique marocaine, et, notamment, des troubles actuels. Sous le sultan précédent, le calme régnait, un calme obtenu à l'aide de beaucoup de têtes coupées, mais enfin un calme... comme à Varsovie.

Le sultan actuel est monté beaucoup trop jeune sur le trône. Et, tout de suite, il est tombé sous la domination d'amuseurs anglais. On lui fit faire de la bibyclette, de la pétrolette, de l'automobile ; on lui fit acheter un chemin de fer, un billard, un tennis, des appareils photographiques, un vérascope en or, et au harem impérial l'on vit des dames voilées, montées à califourchon sur des bicyclettes, faire des courses de vitesse.

Froissés dans leurs sentiments traditionnalistes, les marocains ne virent bientôt plus en leur sultan qu'un suppôt des roumis. Telle est l'origine des révoltes qui nous ont conduits à Algésiras.

M. Terrier a confiance en l'avenir et estime que l'œuvre accomplie par la France en Algérie et en Tunisie est une garantie de succès pour celle qu'elle ébauche en ce moment au Maroc.

De nombreuses projections illustraient cette conférence, à l'issue de laquelle M. Deman a remercié l'orateur et lui a exprimé tout le plaisir que les auditeurs avaient pris à l'écouter.

Séances du Jeudi 2 Août 1906

Séance du matin

La séance est ouverte à 9 heures un quart, sous la présidence de M. Collesson, assisté de MM. Vicente Vera et de Guerne.

M. LE PRÉSIDENT. — M. Guénot, avez-vous achevé votre communication sur le reboisement, ou voulez-vous, en quelques mots, nous faire part de ce qui vous reste à exposer ?

M. GUÉNOT. — Je me suis contenté de considérations générales sur le reboisement, et en quelque sorte de lieux communs, afin d'amorcer la discussion.

Nous étions quatre inscrits pour prendre la parole sur cette importante question, et je m'aperçois que je suis seul ici. Les changements apportés au règlement empêchent d'ailleurs que les questions mises à l'ordre du jour puissent être approfondies, et je regrette personnellement que celle du reboisement, qui est très importante, n'ait pas eu l'ampleur que j'espérais.

Si vous voulez bien demander, M. le Président, si quelqu'un a des explications à me demander sur les idées que j'ai émises hier, je suis tout prêt à donner toutes les indications utiles.

M. LE PRÉSIDENT. — Quelqu'un demande-t-il la parole sur ce que M. Guénot a dit hier matin ?

M. GUÉNOT. — Puisque personne n'a de questions à me poser, je me contenterai de vous dire où en est, à l'heure actuelle, la question.

Il s'est produit à cet égard une manifestation, que je qualifierai de plutôt malheureuse. On a voulu enlever à l'Etat ce qui, de tout temps fut son domaine spécial, les eaux et forêts. On demande à l'initiative privée de se charger de la restauration des montagnes, et je crois que c'est une grave erreur. C'est en tous cas une contradiction étrange et extraordinaire à une époque où l'Etat tend à s'immiscer un peu partout, à régir en quelque sorte les fortunes privées, à former la mentalité et l'esprit de chacun de nous, à une époque enfin où je ne sais si nous n'arriverons pas à ce que les courtisans de l'Etat lui tiennent un langage qui nous eût paru monstrueux il y a seulement une quinzaine d'années, en lui disant : la fortune des sujets appartient à l'Etat, et les sujets doivent être trop heureux que l'Etat consente à leur en laisser une part quelconque.

Il est donc très extraordinaire, en présence d'un tel courant d'idées, de vouloir enlever à l'Etat ce qui a été de tout temps son domaine et sa fonction propre : la gestion du domaine public, les eaux et forêts. Cette tendance ne me paraît pas heureuse ; j'espère qu'elle n'aura pas les résultats que s'en promet son auteur, M. Descombes, ancien directeur de la manufacture des tabacs de Bordeaux.

Depuis 15 ou 20 ans, nous n'avons jamais cessé de demander que l'Etat reprenne aux communes la gestion des forêts, que les forêts communales soient toutes soumises au régime forestier, parce que la manière dont les communes gèrent les forêts démontrent qu'elles sont tout à fait incapables de ce soin primordial en matière de reboisement.

Laissez-moi vous dire encore deux mots du reboisement.

J'en ai fini avec l'intervention de l'initiative privée dans la reconstitution des forêts et des montagnes, et cependant certaines parties de forêts ont été enlevées au domaine public pour devenir propriété privée. Les nouveaux propriétaites se sont en général hâtés de détruire leurs bois pour y substituer des cultures qui semblaient alors plus avantageuses, telles que la vigne, par exemple, à une époque où le vin donnait des résultats extrêmement rémunérateurs.

Eh bien, de ce côté là je crois qu'il y aurait quelque chose à faire avec l'initiative privée ; on pourrait l'inviter à se ressaisir. On pourrait aussi essayer de lui faire comprendre qu'elle aurait intérêt à replanter les 800.000 hectares qu'elle a, et qui ne produisent même pas d'herbe, en pins ou bois de construction avantageux puisque nous sommes obligés d'acheter pour 200.000.000 de bois par an à l'étranger.

J'en reviens au reboisement. On s'en occupe depuis vingt-cinq ans, et chaque fois que se produit un désastre d'immenses clameurs se sont élevées, auxquelles répondent immédiatement des délibérations dans les corps élus, Conseils Municipaux, Généraux, Chambre des Députés, Sénat. On vote des fonds, on reconstitue ce qu'on appelle un service de reboisement, puis, au fur et à mesure que le souvenir s'éteint, que les dégâts se réparent, que les dates s'éloignent, le service de reboisement petit à petit disparaît.

J'ai eu la curiosité de rechercher l'évolution du langage des hommes appartenant aux divers corps élus dont je parlais. Il se modifie d'une année et d'une session à l'autre. Le lendemain d'un fléau tout le monde reconnaît que le reboisement est une chose nécessaire, urgente, demandant des remèdes immédiats. Cinq ou six ans après, on déclare que les forêts occupent beaucoup de place, ne nourrissent pas les troupeaux, on ajouterait presque : elles sont bien gênantes.

C'est ainsi que le service de reboisement, que pour ma part j'ai vu reconstituer deux fois, après les inondations de 1875 et celles de 1897, disparaît lentement, bien qu'il ait coûté fort cher, qu'on ait fait des travaux considérables, dont la plupart des projets dorment dans les cartons des ministères, et qu'on se soit livré à quelques tentatives de reboisement intensif, notamment dans les Alpes, les Cévennes, et les Pyrénées.

Bien qu'on ait dépensé près de 20 millions, j'entendais, il n'y a pas plus de trois semaines, dans le cabinet de la Préfecture de la Haute-Garonne, une personne autorisée déclarer que le reboisement avait fait faillite. Il y aurait évidemment peut-être lieu d'entrer dans l'examen des causes de la faillite, de chercher pourquoi ces 20 millions ont été dépensés sans succès ; de savoir par exemple pourquoi des futaies de belle espérance disparaissent soudainement dans un incendie. Je me suis même permis de demander à cette occasion que l'on écrivit l'historique du reboisement des Pyrénées depuis 25 ans, parce que je suis persuadé que l'opinion éclairée y trouverait des éléments pour réagir contre des mœurs que je ne veux pas qualifier.

Donc, au point de vue du reboisement, faillite complète. Les remèdes sont très difficiles à indiquer, et j'en suis, comme le poète grec, à désespérer un peu de l'avenir, parce que la forêt est combattue par la mentalité de notre époque et par des mœurs pastorales qui datent du temps d'Abraham.

L'ennemi de la forêt, c'est le pasteur ; il considère la montagne comme un bien lui appartenant, et il n'admet pas qu'on le réglemente ; en outre il est électeur, comme tel a des représentants qui tiennent à lui être agréables, ce qui est indispensable pour être réélu, et le résultat de cette double nécessité est l'extermination complète des forêts.

Il n'y a donc pas de remède effectif ; il ne peut y avoir que des palliatifs. Nous avons tenté de saisir l'opinion publique, et nous avons entrepris une campagne au Touring Club, que nous poursuivrons énergiquement avec Onésime Reclus dont le nom est cher à la géographie.

Cette question est en effet de la plus haute importance. Vous n'ignorez pas qu'un philosophe a dit que la forêt précédait les peuples, mais que lorsqu'elle disparaissait le désert la suivait. Il y avait autrefois des forêts dans toute l'Asie occidentale ; elles ont disparu, et que sont devenues aujourd'hui les terres jadis si fécondes de la Judée, de la Grèce, de la Mésopotamie ?

Nous n'en sommes pas encore là ; mais nous avons commencé cependant. Déjà certains habitants des Alpes ont dû émigrer, car le torrent n'emporte pas seulement l'arbre, il entraîne le pasteur. Quelques pasteurs ont fondé au Mexique une colonie prospère, à laquelle ils ont donné le nom de « Barcelonnette », et où ils exploitent les matières textiles. De même, les Pyrénées, depuis 25 ans, ont perdu près du quart de leur population.

Il y aurait, vous le voyez, beaucoup de choses extrêmement intéressantes à dire sur cette question, mais nous sommes trop limités. J'aurais été fort heureux que la discussion pût s'ouvrir sur certains points spéciaux. Je dois m'en tenir à des considérations générales.

A Bordeaux, après une communication de ce genre, j'ai réussi à faire voter par la Chambre des députés une augmentation de 300.000 francs du budget affecté au reboisement, mais la question d'argent a relativement peu d'importance quand on se heurte à une mentalité déterminée, qui n'est que la résultante de la diminution du principe d'autorité.

M. LE PRÉSIDENT. — Je prierai M. Seligmann de vouloir bien donner lecture du rapport de M. Bellamy.

M. SELIGMANN. — Je désire simplement le déposer sur le bureau.

La Géographie pratique à Manchester
par M. CH. BELLAMY

La Société de Géographie de Manchester a déjà prouvé abondamment combien il était peu difficile d'éveiller dans le public un intérêt raisonné des différentes parties de la Géographie. Il n'y a probablement aucune branche de l'enseignement qui, bien étudiée, soit plus fascinante.

Pendant ces dernières années l'intérêt porté à la Géographie s'est accrû dans les masses, tant à Manchester que dans ses différents districts d'une manière qui ne trouve peut être pas de parallèle dans les autres parties du pays.

Afin de répondre aux nombreuses demandes de conférences sur des sujets de géographie, plusieurs membres de la Société s'offrirent pour assister le Secrétaire.

S'étant groupés pendant l'année du jubilé de la reine Victoria (1887) ils prirent le nom de « Victorians » ; ces volontaires formant une sorte de comité intérieur dans la Société subsista depuis, comme corps volontaire d'amateurs de géographie pratique, quoique le nombre des membres se soit considérablement altéré en même temps que les travaux devenaient plus importants.

Les conférences sont données d'une façon vulgaire et presque toutes sont illustrées de projections lumineuses, plus de 90 % de celles qui se sont données l'hiver dernier ont été agrémentées de cette manière. Dans les quelques cas où la lanterne n'a pas été employée, les conférences furent illustrées de grandes cartes et de diagrammes qui, dans la plupart des cas, avaient été dessinés spécialement pour la circonstance.

Pendant ces quinze dernières années, plus de 900 conférences ont été données à Manchester et dans les quatre départements de Lancashire, Yorkshire, Cheshire et Derbyshire et même dans beaucoup d'autres endroits.

L'assistance présente à ces conférences a varié peut-être de 50 à 1200 personnes avec une moyenne d'environ 300 auditeurs à chacune des réunions. On peut dès lors calculer que le nombre d'auditeurs a dépassé 1/4 de million... ceux-ci appartenaient en grande partie à la classe ouvrière, quoique cependant il n'en fut pas toujours ainsi, quelques-unes de ces réunions ayant été tenues sous les auspices de sociétés scientifiques et littéraires bien connues.

La plupart des sociétés coopératives industrielles de la région ont voulu joindre à leur organisation la question d'enseignement et consacrer une certaine partie de leurs bénéfices à accroître cet enseignement.

Un des moyens employés pour atteindre ce but fut l'organisation de conférences publiques sur les différents sujets qui touchent à l'enseignement.

Les organisateurs ont largement profité en ces circonstances des avantages offerts par la Société de Géographie de Manchester.

Bon nombre d'organisations publiques telles que des administrations de bibliothèques libres, des sociétés scientifiques et littéraires et des corps enseignants se sont affiliés à la Société de Géographie de Manchester, principalement pour le privilège d'obtenir les conférences au même titre que les membres de la Société.

Sous les auspices de ces différents corps, les réunions géographiques ont été tenues avec beaucoup plus de succès.

Une organisation locale connue sous le nom d' « Association des Sociétés ouvrières », institution publique dans le but d'aider à la fondation des sociétés ouvrières en prévision de conférences populaires et instructives, a été aussi beaucoup assistée.

D'autres réunions ont été tenues sur la demande des membres de la Société de Géographie sous les auspices de plusieurs associations sociales et philantropiques. Plusieurs conférences données pour les enfants ont été également fort appréciées.

Dans ces réunions, les conférenciers s'attachent de leur mieux à étendre la géographie au point de vue enseignement, science et commerce d'une façon claire et précise. Il y a là sans aucun doute un champ très étendu à cultiver.

Ceux qui se sont dévoués à cette cause ont été souvent frappés de la grande nécessité qu'il y avait à étendre les connaissances géographiques et en ont, plus que jamais, conclu à la nécessité de porter tous leurs efforts vers ce but, ils sont convaincus que leur dévouement personnel n'a pas été vain, quoiqu'ils n'aient accompli qu'une très faible partie de ce qui était nécessaire.

Un aperçu de quelques-unes de ces conférences données pendant une saison fournira sans doute une idée plus nette des genres de sujets qui furent traités en audiences publiques et de la manière dont ils furent interprêtés.

Comme exemple d'un traité sur la géographie physique on pourrait citer :

La transformation de la surface de la terre par l'action de l'eau.

Sous ce titre et à l'aide d'une jolie collection de vues

reproduitent d'après photographies prises sur différents points de la terre, le conférencier explique les changements qui s'opèrent constamment par les effets mordants de l'eau. L'action dénudante de la pluie, de la neige et de la glace ; les effets dissolvants des eaux souterraines, la formation des sources, l'origine et la manière dont se sont formés les ruisseaux et les rivières ; l'influence de la marée et des vagues sur les côtes ; tous ces points sont expliqués.

Une grande partie des auditeurs apprit ainsi pour la première fois, peut-être, quelques-uns des secrets de la nature et s'instruisit sur des choses dont elle ignorait plus ou moins l'existence auparavant. La transformation des paysages par l'écoulement des eaux de pluies qui entraînent les terres et matières de toutes sortes des points plus élevés vers les parties plus basses, le dépôt des boues et des bancs de sable, la tranformation des deltas sont aussi expliqués et illustrés.

L'Histoire de la carte géographique est le titre d'un sujet destiné à éveiller la curiosité et à procurer de l'attraction aux auditeurs. En donnant comme préface à cette conférence des croquis historiques qui montrent comment les anciens se figuraient la terre, il est possible de rencontrer beaucoup d'intérêt de la part d'une assistance sérieuse. Sans gêner ses auditeurs de noms durs ou mathématiques un conférencier peut expliquer les principes d'un dessin orthographique, stéréographique ou visant le globe.

On peut aussi rendre facile à comprendre la construction et l'usage des cartes de Mercator et expliquer en quoi elles différencient des cartes cylindriques ordinaires.

L'Inde dans les mains d'un conférencier qui connaît son sujet peut frapper l'attention de l'assistance à laquelle il s'adresse, que ce soit au point de vue de la géographie générale, des rivières, des montagnes, du peuple, des produits des grandes cités, des antiquités, de l'influence de l'occupation britannique ou d'une combinaison de plusieurs de ces sujets.

Chine, Corée et Japon est le titre d'une conférence qui a été très populaire pendant quelques saisons.

Le conférencier qui entreprend ces sujets montre, dans un bref aperçu général, toutes les particularités de ces trois pays et les relations qu'ils ont entre eux tant au point de vue géographique qu'au point de vue historique, il explique les caractères spéciaux de ces trois peuples et leurs méthodes de gouvernement ; les causes de la récente guerre, ses résultats et les progrès qui s'ensuivirent sont aussi traités.

Les futurs développements commerciaux et la concurrence qu'entraînent les progrès de la civilisation entre l'Europe et l'Asie ménagent aussi des choses très intéressantes qui ne manquent pas d'intérêt pour les populations industrielles.

Exploration polaire a été spécialement appréciée parmi les auditeurs de Lancashire. Ils éprouvent une satisfaction à voir revivre les efforts de Davis, Franklin et Nares, en suivant les voyages de Jackson, Nansen, Dr Andrée, Dr O. Nordenskjold et Dumont d'Urville avec un grand intérêt.

A travers les montagnes rocheuses est un sujet qui a suscité beaucoup d'intérêt. Le conférencier qui l'a traité a eu le don de transporter l'imagination de ses auditeurs dans un voyage qu'il avait lui-même accompli ; il réussit aussi à les familiariser avec un certain nombre de cités américaines expliquant le rôle qu'elles jouaient dans l'économie commerciale.

Canada et *De Liverpool à Vancouver* sujets aussi traités à peu près de la même manière. En considérant les développements sociaux et commerciaux de territoires aussi importants, on a éveillé un intérêt considérable et beaucoup contribué à élargir les vues de nombreux auditeurs.

Les conférences sur des questions africaines ont toujours été très populaires et ont presque toujours amené un public très nombreux.

A travers l'Afrique avec Stanley, sujet qui a été très en vogue et qui a procuré maintes occasions de propager les connaissances géographiques.

Le fleuve Congo et ses tributaires, le plateau de l'intérieur, les grands lacs, les montagnes de Ruwenzori avec leurs neiges éternelles, tous sujets qui ont procuré beaucoup d'occasions de faire des descriptions géographiques. La variété des produits naturels propres aux différents districts a été étudiée en faisant ressortir tous les besoins et les moyens possibles d'amener du commerce. Les différentes tribus et les genres de peuples que l'on trouve dans les différentes régions avec leurs particularités de race et leurs habitudes ont donné lieu aussi à de très intéressantes leçons ethnographiques.

Des sujets tels que *Le Nil et ses sources* et *L'Uganda* ont été très goûtés, ce dernier a eu une vogue toute spéciale, sans doute à cause des développements remarquables de ces dernières années et du rôle que ce pays va probablement jouer dans l'ouverture prochaine de l'Afrique, parce qu'il est le point de mire du chemin de fer de Mombasa-Victoria.

On pourrait multiplier considérablement ces exemples, car les sujets qui ont été donnés dépassent à présent le nombre de 50 ; cependant nous en avons assez dit pour former une idée sur la grandeur du travail entrepris.

Toutes les dispositions pour les conférences sont prises par un secrétaire qui reçoit les demandes et fixe les rendez-vous avec les conférenciers, les autres arrangements sont faits sur place par les comités locaux où les conférences sont données.

Il est peut-être intéressant de faire remarquer que l'organisation a été chaque fois si bien conduite avec succès, que jamais rien n'a manqué et que les engagements ont toujours été remplis. Ceci a été dû naturellement à l'énergie que le corps volontaire a déployé dans l'entreprise et à l'enthousiasme qu'il n'a cessé de maintenir.

On a compté dans une seule soirée jusque quatre conférenciers qui étaient engagés dans différentes villes et il arriva fréquemment que deux et quelquefois trois réunions ont été tenues simultanément dans différents endroits.

Les conditions au moyen desquelles les conférences peuvent s'obtenir sont très simples : un membre quelconque de la Société Géographique de Manchester ou de toute autre société affiliée peut demander des conférences pendant la saison, le service du conférencier est purement gratuit.

Pour couvrir les dépenses nécessaires et indispensables pour mener à bien un tel travail, on fait payer un petit droit pour chaque conférence. Les frais de chemin de fer, location de la lanterne, son transport, location des vues et autres dépenses spéciales sont totalisés ensuite ; le surplus sert à l'achat de nouvelles vues.

On pourrait dire aussi que depuis que ce système fonctionne, le surplus d'argent a été suffisant pour augmenter la collection de plus de 5000 vues qui furent payées, soit, pour une valeur de 5000 francs.

Tels sont, écourtés, les faits en rapport avec un travail géographique conduit par les membres de la Société Géographique de Manchester. Tous les amateurs de géographie et tous ceux qui croient à son importance comme pouvant avoir quelque influence sur l'enseignement sauront admettre que ce qui a été fait dans le district de Manchester est un pas de plus dans une bonne voie, et que les efforts décrits dans ces lignes ne seront pas inutiles.

Les géographes de Manchester se flattent du travail qui a déjà été accompli et sont persuadés qu'ils pourront dans l'avenir développer leurs travaux dans l'intérêt de cette science si utile que l'on nomme « La Géographie ».

Ch. Bellamy.

M. le Président. — Je donne la parole à M. Majoux pour son étude sur

Le Reboisement des Dunes

Messieurs,

Ceux d'entre vous qui ont effectué hier matin l'excursion à Zuydcoote et qui sont ensuite rentrés à Dunkerque après avoir parcouru, sous le soleil, les plages de Malo ne me contrediront certainement pas lorsque je dirai que le boisement de nos dunes est désirable.

La région des Dunes dans notre département s'étend sur une longueur de 35 kilomètres, de Gravelines à Ghyvelde, et sur une largeur moyenne d'un kilomètre.

Les dunes de l'ouest sont en grande partie cultivées et grâce aux terres d'alluvion provenant de la rivière l'Aa, elles sont d'une grande fertilité.

Par contre, les dunes de l'est qui s'étendent de Dunkerque à la frontière de la Belgique sont d'une aridité désespérante. Comme vous l'avez vu elles se composent de monticules formés par des couches de sable superposées par le vent. Les mollécules de sable n'ont d'adhérence que lorsqu'elles sont humides ; pendant la sécheresse — et vous savez avec quelle rapidité l'humidité disparaît sous l'action du vent — le sable est entraîné par le moindre souffle et il se déplace alors avec une extrême facilité, menaçant les riches cultures de la plaine attenante.

La fixité du sable est donc une question extrêmement importante pour la région que vous avez eu l'occasion de visiter et de tout temps elle a préoccupé les pouvoirs publics. A la fin du XVIIIe siècle, lorsque les dunes furent partagées entre les villes de Bergues et de Dunkerque, il fut bien précisé dans les lettres patentes de Louis XVI, portant la date du 20 avril 1775, l'obligation pour les nouveaux propriétaires de fixer les dunes à l'aide de plantations.

On raconte que Napoléon Ier, au milieu des préparatifs de guerre du camp de Boulogne, ayant eu l'occasion de se rendre à Dunkerque, traça de sa main sur un des plans qui lui étaient soumis ces mots « Plantation des dunes ». En 1805 et en 1809 des essais furent tentés sur son ordre par le Génie civil et le Génie militaire. Ils ne donnèrent aucun résultat parce que, se basant sur le succès du boisement des Landes par Brémontier, on planta des pins qui furent détruits par les lapins dès leur sortie de terre.

Le décret impérial du 21 août 1806 qui modifia la répartition des dunes entre les villes de Dunkerque, Bergues et les communes environnantes stipula également l'obligation d'y effectuer des plantations et j'ai pu me convaincre par l'étude de nombreux documents officiels, que cette question a toujours été la préoccupation dominante des Pouvoirs publics puisqu'il en est longuement parlé toutes les fois qu'il s'agit des dunes.

Malheureusement les communes se déclarèrent impuissantes faute de ressources et il semble que les crédits mis à leur disposition par le Pouvoir Central furent dépensés surtout à l'étude de projets. Du reste par suite du défaut absolu de répression, les plantations qu'épargnaient les lapins étaient détruites au fur et à mesure par les riverains sans que les gardes-champêtres songent jamais à intervenir.

A force de voir nos dunes sans végétation beaucoup en sont arrivés à cette conclusion qu'il y a impossibilité absolue de faire réussir des plantations et comme on trouve toujours des arguments qui paraissent sérieux aux esprits superficiels, on ajoute que cela tient à la pauvreté du sol et au vent imprégné de sel qui souffle trop fréquemment sur nos côtes. Il est facile de répondre victorieusement à ces deux objections en rappelant les Landes et les merveilleuses forêts de la Norvège et de la Suède qui se terminent à l'endroit même où viennent déferler les vagues. Ceux d'entre vous qui effectueront la croisière à bord de l'*Insulaire* verront, en passant devant La Panne, de beaux bouquets d'arbres, ils traverseront ensuite, pour se rendre de Scheveningue à La Haye, un magnifique bois, enfin le lendemain ils se promèneront dans la verdure de Dombourg. Comme vous le constaterez, toute cette région est formée de dunes absolument identiques à celles sur lesquelles sont construites les villas de Malo. Du reste, pendant plusieurs siècles nos dunes ont été boisées et dès l'année 1129 les dunes, s'étendant de Nieuport à Dunkerque, constituaient une forêt d'un seul tenant de près de 6.000 hectares. Il existe dans les archives de la Belgique une requête, adressée en 1662 par les habitants des villages voisins de Furnes aux magistrats de cette Chatellenie, dans laquelle des plaintes très vives sont formulées au sujet des dégâts commis dans les cultures par les cerfs venant des bois des dunes.

Pourquoi les dunes qui étaient boisées au XVIIe siècle ne pourraient-elles l'être de nos jours ?

Pour permettre la plantation des dunes il paraît indispensable avant tout de fixer les sables. On y arrive très aisément au moyen des oyas. L'oya est un jonc dont les racines traçantes puissamment développées retiennent les mollécules de sable. Les Hollandais ont du reste surnommé l'oya « le *ciment végétal des côtes* ». La plantation de l'oya serait intéressante à décrire, mais je ne veux pas abuser de votre bienveillante attention.

Les agriculteurs éminents tels que M. Bortier, qui se sont occupés du boisement des dunes et qui ont expérimenté dans leurs propriétés les méthodes et les essences préconisent au premier rang le tremble commun *(populus tremula)*. Vous connaissez cet arbre aux feuilles arrondies légèrement cotonneuses dans leur jeunesse, parfaitement glabres une fois formées et portées sur des pétioles longs et si comprimés qu'elles sont dans un tremblement perpétuel, d'où le nom donné à l'arbre. Les branches du tremble sont touffues et les vents les plus violents glissent sur les feuilles sans les flétrir.

On peut constituer un rideau de verdure au moyen du tremble en ayant soin de le planter dans des tranchées profondes à distance très rapprochée, à environ 3 mètres, sauf à faire des éclaircies lorsque les branches viennent s'entrelacer.

Pour les bas fonds, l'aulne donne des taillis épais mais comme il nécessite l'humidité il faut employer pour les crêtes, les frênes. Concurremment avec ces essences on pourrait avec succès utiliser le pin cembra ; dans nos propriétés c'est un arbre d'ornement ; dans les Alpes il croît à plus de 2000 mètres au-dessus du niveau de la mer, c'est-à-dire plus loin que la limite des sapins ; dans la Finlande il se développe là où le bouleau cesse de vivre ; enfin, introduit aux îles Shetland, extrémité Nord de l'Ecosse, il a parfaitement réussi dans des terres arides et exposées au vent de mer.

Nos dunes contiennent un arbrisseau dont on peut faire un arbre, c'est l'épine marine ; il serait possible d'y planter également avec succès des sorbiers et du génevrier, de telle sorte qu'on unirait ainsi la question forestière à celle du gibier [et mon ami Morael qui m'écoute et qui est un chasseur fervent ne tardera certainement pas à réaliser dans ses propriétés de Bray-Dunes le programme que je viens d'esquisser].

Il serait utile d'amender un peu le sable des dunes, et l'expérience a démontré qu'on peut le faire très économiquement au moyen de la chaux grasse très riche en carbonate de chaux et qui ne durcit pas le sol. Les arbres, vous le savez, sont grands consommateurs de calcaire, or le calcaire fait absolument défaut dans les dunes.

On recommande donc d'épandre tous les ans, à la chûte des feuilles dans les parties nouvellement boisées 4 à 500 kilos de chaux éteinte par hectare.

Pour me conformer au réglement je dois terminer ma communication en formulant un vœu.

J'exprime celui qu'à la prochaine discussion du budget notre éminent député et président d'honneur, M. Guillain, propose l'exemption de tout impôt pendant trente ans à ceux qui mettront en culture les terrains stériles et que, pendant les trente années qui suivront ces propriétaires soient exonérés de la moitié de ces charges. (Marie-Thérèse, Impératrice d'Allemagne — Ordonnance de 1772).

Si contrairement à notre attente cette mesure budgétaire n'est pas suffisamment efficace, il faudra alors songer à remettre en vigueur l'article 5 du décret du 14 décembre 1810 qui autorisait l'Administration publique à pourvoir à la plantation à ses frais des propriétés privées appartenant soit aux communes soit aux particuliers qui se trouvent hors d'état d'exécuter les travaux commandés ou s'y refusent. L'administration publique conservant la jouissance des dunes et recueillant les fruits des coupes qui pourront y être faites jusqu'à l'entier recouvrement des dépenses qu'elle aura été dans le cas de faire et des intérêts ; après quoi les dites dunes retourneront aux propriétaires à la charge d'entretenir convenablement les plantations.

Ce vœu, Messieurs, a déjà été formulé en 1851 par la Société d'Agriculture de Dunkerque, et en le reprenant notre Congrès fera, ce me semble, œuvre utile.

M. Guénot. — Voulez-vous me permettre un mot ?

M. Majoux demande que ceux qui rendront les dunes en quelque sorte fertiles par des plantations d'oya soient exonérés d'impôts pendant 30 ans. Beaucoup de personnes ne savent pas que déjà ceux qui fertilisent une forêt sont exonérés d'impôt pendant cinq ans.

M. Majoux. — Cinq ans seraient insuffisants pour les dunes ; elles ne peuvent être fixées qu'après 25 ou 30 ans de plantations extrêmement coûteuses, et l'Etat seul peut s'en occuper efficacement.

Il n'y a qu'une chose qui pousse trop vite actuellement dans nos dunes : ce sont les villas. Il y en aura bientôt trop, car tout semble tendre en même temps à la destruction des arbres. A Malo, en particulier on n'a pas pensé que des arbres seraient fort utiles, agréables à beaucoup, et d'un intérêt général.

M. Guénot. — A l'heure actuelle il y a un mouvement très accentué dans toute la France pour la création de sociétés d'amis des arbres ; je vous engage donc à faire à Dunkerque ce qui se fait déjà un peu partout.

Les américains, qui se sont mis autrefois à détruire les forêts avec l'ardeur qu'ils apportent dans toutes choses, s'empressent aujourd'hui de les restaurer avec la même activité qu'ils ont apportée à leur destruction. Ils ont instauré une fête de l'arbre, qui est devenue une fête nationale à laquelle s'intéresse toute la population, et qui est réglementée par l'Etat. Ils ont déjà obtenu des résultats merveilleux, et je suis heureux de voir ce mouvement commencer à se répandre en France. Il est encouragé par ceux qui s'occupent des sites et des monuments.

A cet égard, il est à désirer que les plages désireuses d'attirer les étrangers sachent qu'un des plus grands attraits consiste dans des ombrages.

M. Majoux. — Voulez-vous que nous émettions le vœu qu'il soit créé à Dunkerque une section de la Société des

Amis des Arbres ? Je pense que ce serait assez facilement réalisable, et ce serait en outre une solution intéressante de notre discussion.

M. le Président. — Je crois que la Société des Amis des Arbres organise elle-même des fêtes de l'arbre.

M. Guénot. — Vous réussirez très facilement si vous lui donnez la forme d'une fête populaire. A Toulouse 25.000 personnes ont assisté à l'une de nos fêtes.

(Le vœu mis aux voix est adopté).

M. de Guerne. — Comme membre du conseil de la Société des Arbres, c'est avec un vif plaisir que je viens d'entendre adopter le vœu de la création d'une section de cette société à Dunkerque. Nous ferons d'ailleurs tout le possible pour vous permettre d'y réussir au mieux, en accordant par exemple des médailles, comme dans les fêtes que nous avons organisées.

Je vous remercie, au nom des amis des arbres, de ce que vous venez de faire.

M. Guénot. — Permettez-moi d'ajouter un mot très bref pour vous indiquer quels sont les moyens qui peuvent immédiatement faire réussir de telles fêtes.

A Toulouse, nous avons attribué la plantation d'un arbre à toutes les autorités supérieures de la ville ; le général commandant le corps d'armée, le préfet, etc., sont venus tour à tour planter leur arbre. Moi-même j'ai dû planter le mien, et l'on s'y intéresse ; on va visiter son arbre, voir s'il se porte bien et grandit.

Vous pouvez vous inspirer de ce mode de propagande.

M. le Président. — L'ordre du jour appelait la communication de M. le commandant Lévy.

M. Deman. — Le commandant Lévy aurait beaucoup désiré être des nôtres, mais en présence des chaleurs qui règnent, il n'a pas voulu abandonner ses hommes, actuellement en manœuvres aux environs ; il est resté avec eux sur la route, pour les soigner paternellement, comme d'habitude.

Je vous demande la permission de déposer simplement sur le bureau son travail sur le « Canal des deux mers », n'ayant pas eu le temps d'en prendre personnellement connaissance pour le résumer.

Le Canal des Deux Mers

par C. L.

§ I. Historique sommaire.

§ II. Entreprises similaires.

§ III. Avantages et inconvénients.

§ IV. Projets divers.

§ V. Projet définitif.

§ VI. La question de Bordeaux.

§ VII. Alimentation.

§ VIII. Dépenses prévues.

§ IX. Recettes escomptées.

§ X. Conclusion.

§ I. — Historique sommaire

La Géographie n'a pas connu d'isthme du Languedoc et il n'y a pas à le couper, a dit un amiral peu amateur de nouveautés.

Je veux bien admettre la première partie de sa proposition ; quant à la seconde, bien que fort tranchante, elle n'est nullement péremptoire, l'idée de corriger la géographie étant au contraire fort naturelle et même assez ancienne. Sans compter que, suivant la chanson, si la Garonne avait voulu..... on peut la faire remonter à Riquet, quoique à la vérité, cette idée, telle qu'on la comprend aujourd'hui, ne soit guère vieille que d'un quart de siècle.

C'est en effet en 1880 que se réunit la première commission et que fut établi le premier avant-projet.

Depuis cette époque, quatre commissions ont repris la question en 1882, 1885, 1886, 1894.

Je citerai les conclusions typiques de deux de ces commissions :

Conclusion de la commission de 1885 :

La commission est d'avis que le projet *actuel* du canal des deux mers soulève de trop graves objections, aux points de vue technique et économique, pour paraître susceptible d'être mis *utilement* aux enquêtes.

Conclusion de la commission de 1887 :

Dans l'avis précédent, la commission retranche les deux mots soulignés : *actuel* et *utilement*, et conclut comme il suit :

1. Le canal des deux mers est *inadmissible* par le seul fait de la perturbation profonde qu'il apporterait à la région traversée. Il isole du reste de la France une région considérable qui ne pourra désormais ajouter ses communications actuelles avec le reste du pays qu'aux prix de dépenses considérables, et dont toutes les communications actuelles sont interrompues pendant une partie importante de la journée (7 à 10 heures).

2. Le canal des deux mers est *impossible* économiquement. Les services restreints qu'il est appelé à rendre ne sont pas en proportion avec la dépense qu'il impose.

3. Il faut dire nettement que si le projet est sorti d'une *idée généreuse*, il ne représente nullement une *œuvre nationale*; il n'y a, dès lors, aucune suite à lui donner. La géographie n'avait pas connu d'*isthme du Languedoc* et il n'y a pas à le couper ».

Depuis lors l'idée a subi les fluctuations habituelles (Suez, Panama).

L'exposition de Bordeaux en 1895 qui suivait de près les avis favorables donnés par les deux chambres l'année précédente, semblait devoir marquer le point de départ de l'ère des travaux ; je me souviens même d'avoir comme beaucoup d'autres, apposé ma signature sur le registre de la Société d'initiative. La question allait au contraire se rendormir pour dix ans, d'un sommeil plus apparent que réel, il est vrai, car les études continuaient, si bien qu'elle vient de se réveiller pour reprendre cette fois une vie intense.

§ II. — Entreprises similaires

Sans remonter bien loin, nous trouvons beaucoup d'entreprises similaires contre lesquelles on a accumulé les objections, les mêmes objections. Il est bon de les citer.

1. Canaux intérieurs.

Transformation des canaux allemands ;

Projets de transformation des canaux français (travaux commencés).

2. Canaux ports de mer.

Canal de Manchester,

Canal de Bruges,

Projets de Bruxelles port de mer, Berlin port de mer, Paris port de mer.

3. Canaux isthmes.

Canal de Suez,

Canal de Corinthe,

Canal de Kiel,

Canal de Panama.

A cet ordre d'idées appartiennent, dans une certaine mesure, les suivants :

4. Canaux transcontinentaux.

Projet de canal maritime de la Baltique à la Mer Noire,

Projet de canal des deux mers.

Ces deux projets ont d'étranges analogies entre eux.

On voit qu'il y a une tendance générale à :

1° Améliorer la navigabilité des routes d'eau existantes,

2° Faire arriver la mer jusqu'aux grands centres commerciaux,

3° Transformer les isthmes en canaux de jonction.

§ III. — Avantages et inconvénients

A. Les avantages sont sont de six sortes :

1. Militaires,

2. Maritimes,

3. Commerciaux,

4. Industriels,

5. Agricoles,

6. Sociaux.

1. Avantages militaires (ou stratégiques).

Ces avantages sautent aux yeux, même depuis l'entente cordiale.

2. Avantages maritimes.

Ces avantages sont triples :

a. Relever, pour ne pas dire sauver, notre marine marchande,

b. Faire revivre notre cabotage, grand et petit,

c. Enrichir la batellerie,

3. Avantages commerciaux (ou économiques).

Ces avantages sont de trois espèces :

a. Détourner le trafic extérieur,

b. Augmenter le transit,

c. Augmenter le trafic intérieur.

En étant très modéré, on peut admettre que la moitié du trafic qui passe actuellement par Gibraltar, passera par le canal, tous les navires (à grande, moyenne ou faible vitesse) devant avoir intérêt à passer par le canal : économie de parcours de 1800 kilomètres, de temps de 6 jours. L'Algérie sera, pour ainsi dire, rapprochée d'une notable partie de nos ports et en particulier de Dunkerque.

Ainsi qu'on l'a fait remarquer, la marine de commerce de l'Angleterre suffirait à elle seule à alimenter le trafic du canal des deux mers.

On a fait remarquer d'autre part (et l'étude de la question du Simplon n'est pas faite pour infirmer cette constation) que nous étions un pays de transit.

4. Avantages industriels.

Il est certain que les canaux sont un des gros éléments de prospérité industrielle de la région du Nord ; il est certain aussi que c'est le manque de communications fluviales qui a entravé l'essor des industries dans le Midi.

A qui n'est-il pas arrivé, dans un voyage aux Pyrénées françaises de constater que telle ou telle mine était peu ou point exploitée, faute de communications ? même chose avec constation d'un curieux éveil de l'industrie du côté espagnol.

Qui ne sait que l'exploitation des mines donne naissance à quantité d'exploitations succédanées ?

Les réservoirs du canal fourniront la houille blanche. On doit donc admettre que le canal des deux mers transformera peu à peu les conditions de l'industrie dans une région à sous sol naturellement riche.

5. Avantages agricoles.

Le sol de cette région n'est pas moins riche, on pourrait presque dire neuf, quand on songe à ces ingrates plaines flamandes que l'activité humaine a transformées et transforme encore chaque jour en sillons fertiles.

La crise agricole, la mévente du vin, trouveront leur solution rien que dans la facilité des transports.

Mais il est un autre point de vue, très particulier au midi, c'est le manque d'eau ; or, le canal y remédiera sous deux formes : les irrigations pour l'agriculture, les submersions pour la viticulture.

6. Avantages sociaux

L'ouvrier, l'ouvrier agricole surtout, gagne peu dans le Midi. Sans compter que la période des travaux donnera de l'occupation pendant cinq ans à plus de 30.000 ouvriers, le canal, une fois fait, demandera un personnel important d'entretien et d'exploitation.

B. *Inconvénients*.

A moins de vouloir tout voir en rose (qu'on veuille bien me passer cette expression), il faut reconnaître que le canal des deux mers a aussi ses inconvénients. L'un d'eux peut se résumer par les extraits ci-après :

J'ai *entendu*, il y a quelques années, à Cap Breton, un fougueux député nationaliste du Midi parler de se séparer de la France parce qu'on avait interdit une course de taureaux.

J'ai rapporté, au début de cette étude, l'opinion de cet amiral, que le canal était *inadmissible* « parce qu'il isolera
» du reste de la France une région considérable qui ne
» pourra désormais ajouter *(sic)* ses communications ac-
» tuelles avec le reste du pays qu'au prix de dépenses consi-
» dérables, et dont toutes les communications actuelles
» sont interrompues pendant une partie importante de la
» journée. »

Je n'ai jamais pris au sérieux la boutade du premier, pas plus que je n'ai pris au tragique l'oraison funèbre du canal (avant la lettre) du second, mais il y a quelque chose de vrai, à mon avis, dans l'une (morale) comme dans l'autre (matérielle).

A un autre point de vue, il faudra que le canal soit d'une solidité à toute épreuve (les entreprises similaires prouvent que la chose est possible), en particulier les réservoirs, dont il sera question au § VII ci-après, devront être l'objet de précautions particulières car il faudra éviter à tout prix des catastrophes dans le genre de celle de Bouzey.

§ IV. — Projets divers

On peut dire que le tracé s'impose, pour ainsi dire, tout

le poids du choix devant se porter sur les points de débouquement.

Je ne citerai que pour mémoire un projet de chemin de fer à navires.

Les points de débouquement doivent réunir les conditions suivantes :

1. Etre aussi rapprochés que possible ;

2. Avoir des passes faciles et présentant une stabilité de fond absolue et certaine ;

3. Offrir la commodité d'une rade et d'un port vastes, abrités, défendus, propres à l'établissement de docks et d'un vaste arsenal.

Les conditions exigées s'expliquent d'elles-mêmes :

Les points de débouquement doivent être aussi rapprochés que possible afin que :

a Le canal ait la longueur minima ;

b Les frais de premier établissement et les dépenses annuelles d'entretien et d'exploitation soient limités ;

c Le trajet de mer à mer soit plus rapide.

Les passes doivent être faciles afin de permettre aux plus grands navires d'entrer et de sortir, de jour et de nuit, par tous les vents et par toutes les mers.

Les ports extrêmes doivent offrir le caractère d'une rade dominée par des positions de *batteries hautes* qui en rendent l'attaque directe difficile pour ne pas dire impossible, surtout si chacun d'eux est pourvu d'une escadrille de torpilleurs et de sous-marins.

Quoi qu'il en soit, les points de débouquement proposés étaient les suivants :

1 Sur la Méditerranée, tout le monde a toujours été d'accord pour *Narbonne*, avec des variantes allant jusqu'à l'embouchure de l'*Aude* jusqu'à *La Nouvelle*, la plupart fichant sur *Gruissan*.

2 Sur l'Atlantique, les points de débouquement ont varié depuis *Cap Breton* jusqu'au *Verdon*, en passant par l'*étang de Cazau* et *Arcachon*.

Je les connais tous les quatre.

Je ne dirai rien du projet de *Cazau*, dont le choix ne s'impose par aucune raison dominante.

Je passerai rapidement sur le projet de *Cap Breton* qui allait gagner la Garonne à *Mazères* près de Langon, en passant à Angresse, Saint-Paul, Dax, Laluque, Sabres, Sore et Bernos.

Je trouve à ce projet de grands avantages au point de vue de la stabilité du fonds, de la commodité de la rade et de la défense de ses abords. Le gouf de Cap Breton est, en effet, connu de tous les marins.

En outre ce projet rapproche le canal, ou pour mieux dire, la coupure, du pied des Pyrénées ; il est certain que si le terrain le permettait, le meilleur tracé serait celui qui irait en droite ligne de *Cap Breton* ou même de Bayonne à *Toulouse*.

Le projet d'Arcachon (comme celui de Cazau) se dirige en droite ligne sur *Langon*.

C'est celui qui réunit le plus complètement l'intégralité des conditions requises.

Le projet de Bordeaux fera l'objet d'un paragraphe particulier (voir § VI ci-après).

§ V. — Projet définitif

Le projet définitif comporte un canal à écluses à double voie permettant le croisement des plus forts bateaux, avec *Arcachon* et *La Nouvelle* comme point de débouquement.

1. Chacun des points de débouquement répond aux conditions requises (voir ci-dessus § IV) ; ils exigeront la construction de jetées importantes.

2. Conditions du canal : section telle que les bateaux de fort tonnage ne courent aucun risque, étanchéité parfaite, alimentation assurée.

3. Profil : profondeur 9^m50, largeur de plafond 40^m, largeur au plan d'eau 70^m.

4. Longueur : 450 kilomètres.

5. Biefs : au nombre de 13, avec garages de 1000/100, en amont et en aval de chaque écluse.

6. Ecluses : profondeur 10^m, largeur 25^m, longueur 200^m, chute 18^m.

7. Ouvrages d'art : au nombre de 6, de 1200 mètres de développement total, variant de 80 à 500 mètres.

8. Ports : au nombre de 4.

9. Mode d'exploitation : par bateaux isolés.

10. Durée de traversée : de 48 à 60 heures.

§ VI. — La question de Bordeaux

Car il y a une question de Bordeaux qui peut se résumer à peu près comme il suit : Si Bordeaux était situé à Cap Breton ou à Arcachon ou même à Bayonne, il y a longtemps que la question du canal serait résolue.

La situation de Bordeaux a été, en effet, un des plus gros obstacles qu'elle ait rencontrés jusqu'à présent.

Je disais, dans un travail récent sur le Simplon : « Il est » évident que Marseille, qui a déjà perdu par le Mont-Cenis, » perdra encore à toutes les solutions, de même, pour citer » un autre exemple, Bordeaux perdra peut-être beaucoup » au canal des deux mers. »

Les Bordelais l'ont si bien senti que, dès qu'il a été question du canal des deux mers, ils ont jeté les hauts cris et leur opinion peut s'exprimer à la façon d'Hamlet : Être... par Bordeaux ou ne pas être.

Je ne jurerais pas que les chemins de fer transpyrénéens n'aient pas été accueillis avec plus d'enthousiasme.

Je trouve cela excessif, mais je ne veux pas dire non plus que le canal doive être fait *contre* Bordeaux, loin de là ! Son port est le seul qui puisse présenter dès le premier jour les avantages d'une sérieuse organisation, de son commerce avec l'étranger, de ses relations établies.

Il y a deux solutions pour satisfaire les Bordelais :

1. Ne rien changer au projet par Arcachon, mais faire un canal d'Arcachon à Bordeaux.

2. Faire débouquer le canal par Bordeaux, en quittant à *Fourques* le tracé admis pour Arcachon.

Le débouquement par Bordeaux comporte des variantes qui vont de l'amélioration pure et simple de la rivière à l'établissement d'un canal tout neuf.

Ce n'est pas la situation de Bordeaux à 100 kilomètres de la mer (on l'oublie du reste trop souvent) qui doit effrayer, Bordeaux port de mer ne serait pas plus extraordinaire que Paris port de mer, pas plus que la dépense supplémentaire pour le débouquement, soit 25 millions, mais c'est la rivière qui est incertaine et surtout inconstante, sauf sur un point qui est malheureusement trop constant : l'ensablement. Il y aurait donc de très gros travaux à prévoir de ce chef, tant comme entretien que comme premier établissement.

Si l'on peut appliquer sur ce point à Bordeaux ce que j'ai dit à propos de Lons-le-Saunier et de Marseille, dans la question du Simplon : « Payez, luttez », il est bon aussi d'ajouter : « Mais luttez dans le sens de la marche en avant ! »

§ VII. — Alimentation

L'alimentation du canal doit être assurée en tout temps.

Le résultat cherché (30^{mc} par seconde) sera obtenu dans le canal projeté par :

1 Des emprunts à la Garonne et à l'Aude ;

2 Des réservoirs qui emmagasineront les eaux des Pyrénées.

§ VIII. — Dépenses prévues

Les évaluations pour les divers projets soumis à l'exposition de Bordeaux en 1895 variaient de 750 millions à 2 milliards 1/2.

En 1884, deux grands entrepreneurs s'étaient engagés à faire les *travaux* proprement dits pour 489 850.000 francs.

En 1894, la dépense était évaluée à 825 millions.

Depuis cette époque, on s'est décidé à adopter la double

voie. C'est ainsi qu'on est arrivé au devis de 950 millions auquel nous nous arrêtons, en l'arrondissant à un milliard.

La période des travaux sera de cinq ans.

§ IX. — Recettes escomptées

1 Recettes de la navigation ;

2 Droits de quai dans les ports intérieurs ;

3 Redevances pour les irrigations et submersions ;

4 Locations de force motrice ;

5 Revenus domaniaux.

Les évaluations ont varié de 9 millions de tonneaux (tonneaux de jauge nette de 2^m83), vitesse de 11^{km}, droit de 6^{fr} à la tonne, rapportant 40 millions en 1886 (époque de la voie unique) à 25 millions de tonneaux, vitesse de 15^{km}, droit de $3^{fr}75$ à la tonne, rapportant 82 millions en 1904.

La vitesse actuellement admise étant de 14^{km}, on arrive à 90 millions avec les recettes accessoires.

Les frais d'exploitation étant évalués à 10 millions, les intérêts à servir étant de 50 millions, il restera encore 30 millions.

§ X. — Conclusion

Ainsi que je le disais au début de cette étude, on a accumulé contre le canal des deux mers, les mêmes objections que contre toutes les entreprises similaires.

Lisant tout dernièrement, dans une étude absolument récente, que nos hommes avaient de trop gros doigts pour

manier le système à répétition de notre fusil, je me suis dit :
mais j'ai déjà vu ça quelque part ; en effet, il y a quarante
ans, étant tout petit, je lisais la même chose à propos du
chargement par la culasse !

Les objections, c'est l'arme des rétrogrades ; elle éclaterait
entre leurs mains si les intérêts particuliers ne venaient pas
la fretter ; ici c'est la question de Bordeaux.

Mais comme les plus mauvaises choses ont aussi leur bon
côté, si les objections ont eu pour effet de retarder l'exécution de tous les projets, elles n'en ont pas moins donné
le coup de fouet salutaire, ont fait disparaître les conceptions trop hâtives et ont mûri les autres.

Ce que l'on peut constater immédiatement, c'est qu'aucun
des projets mis à exécution n'a fait faillite aux espérances
qu'il avait fait concevoir.

Pour en revenir au canal des deux mers, que la question
de Bordeaux soit résolue, et toutes les objections tomberont.
Et ce qui doit les faire tomber au plus vite, c'est cette constatation simpliste :

Il ne sera demandé à l'Etat ni subvention ni garantie d'intérêt.

Juin 1906
C. L.

M. MAJOUX. — M. Morael avait une communication
à faire sur le canal du Nord-Est, demandant qu'il soit
procédé aussi vite que possible à sa création.

M. LE PRÉSIDENT. — J'avais justement à faire moi-même
une communication dans ce sens. Je m'associe donc bien
volontiers au vœu de M. Morael.

Le port de Dunkerque et le canal du Nord-Est

Il n'est guère de ville qui, depuis quelques années, ait plus occupé l'attention publique. Des visites sensationnelles, des événements politiques d'une importance capitale pour notre pays, ont placé coup sur coup l'antique cité des dunes au premier rang de l'actualité.

Mais, par un contraste étrange, il n'est peut-être pas de ville aussi mal connue ; il n'en est pas du reste qui réserve au chercheur superficiel des données, en apparence aussi paradoxales. Ouvre-t-il un dictionnaire, qu'il risque fort d'y trouver cette brève et inexacte mention : « port de pêche sur la Mer du Nord ». Se reporte-t-il aux tableaux de recensement, qu'il voit avec étonnement Dunkerque maintenant, seule entre toutes les villes commerçantes, sa population au chiffre invariable, à quelques unités près, de 39.800 habitants. Et son étonnement devient de la stupéfaction si, consultant la statistique des douanes, il s'aperçoit que cette ville à population strictement stationnaire, dont le port accusait en 1873 un mouvement de 586.562 tonnes, est devenue en quelques années le troisième port de France, prenant rang immédiatement après Marseille et le Hâvre, avec un mouvement de plus de trois millions de tonnes.

C'est que les installations maritimes qui donnent au vieux nid de corsaires son importance présente sont une création toute récente ; c'est aussi qu'au prodigieux mouvement d'affaires qui en a été la conséquence n'a correspondu aucune modification dans la vieille cité, resserrée entre les inutiles bastions d'une étroite enceinte, ne possédant pas un pouce de terrain disponible et voyant par delà la zône militaire l'afflux de population nouvelle se presser dans les campagnes voisines où les routes sont devenues des rues et où surgissent de terre, en quelques années, de véritables villes : Malo, Rosendael, Saint-Pol, Coudekerque-Branche.

Il fallait à la France un grand entrepôt sur la mer du Nord ; cette création fut l'une des principales œuvres pacifiques de Napoléon Ier. Mais, dans sa pensée, ce centre n'était pas, ne pouvait être Dunkerque, alors ruinée par la destruction de son port stipulée au traité d'Utrecht. Admirablement placée sur la principale voie de communication fluviale du Nord-Est, Anvers s'imposait à son choix, et ce n'est pas l'une des moindres ironies que nous aient réservées les évènements politiques du siècle dernier que le fait de cette création française, libérée de nouveau par nous au cours des luttes qui ont abouti à l'indépendance de la Belgique, pesant d'un poids si lourd sur les destinées de notre grand établissement maritime du Nord.

Abandonné à lui-même, Dunkerque consacre laborieusement la première moitié du XIXe siècle à rétablir à peu près son port dans l'état où il se trouvait avant le traité d'Utrecht.

Le second empire vit convertir une partie de l'ancien chenal en un bassin appelé bassin du Commerce, puis la guerre de 1870 vint mettre en évidence la sûreté de sa rade, protégée par les bancs de Flandre, vaste éventail sablonneux d'une quinzaine de kilomètres de long, dont la poignée est tournée vers le Pas-de-Calais, et dont les branches, séparées entre elles par de profonds sillons, sont tendues vers la mer du Nord, ménageant le long de la côte une longue fosse d'un kilomètre de largeur, dont les deux extrémités sont défendues par les batteries de Mardyck et de Leffrinckoucke. A l'abri de ce rempart vaseux, aussi sûre protection contre les tempêtes du large que contre un coup de main de l'ennemi, purent être embarqués à l'aise les troupes et les approvisionnements destinés à l'armée de la Loire.

C'est que, sous les aspects mornes et désolés dont elle s'est revêtue le long de nos rivages du Nord, la nature a peut-être fait plus pour les défenses de Dunkerque qu'en aucun autre point du littoral. Vous avez pu lire, au moment des campagnes du Tonkin, des descriptions de ces repaires d'irréguliers, de Pavillons-Noirs, situés au milieu de marais immenses, présentant trop peu d'eau pour qu'on put y aventurer une barque, cachant sous cette mince couche liquide des profondeurs de vase épaisse et fétide condamnant à une mort horrible et certaine celui qui s'y aventurait. Eh bien, c'est un peu là la description de Dunkerque. On a pu dire d'elle qu'il n'y a pas assez d'eau dans la mer, et qu'il y a trop d'eau sur la terre. Du côté de la mer, des bancs de sable et de vase, sans cesse en mouvement sous l'action des marées et des courants, et devant former, dès qu'on enlèverait les balises qui marquent le passage des navires, dès qu'on mettrait un terme aux travaux continuels de dragage destinés à maintenir libres les deux entrées de la fosse de Mardyck, un inextricable labyrinthe où s'échouerait presqu'à coup sûr le navire ennemi assez osé pour s'y aventurer. Du côté de la terre, d'immenses marécages, aujourd'hui desséchés, mais qu'il suffirait, pour rendre en quelques heures à leur aspect primitif, d'inonder en ouvrant les écluses.

Ce rapide exposé suffit à expliquer toute l'histoire de Dunkerque : les succès légendaires de ses corsaires, la haine de l'Angleterre et ses exigences au traité d'Utrecht, le choix enfin de ce point, le seul abrité le long de ces côtes de la mer du Nord, désolées tout l'hiver par une perpétuelle bourrasque, pour y créer, maintenant qu'Anvers n'est plus à nous, le grand entrepôt des régions Nord et Nord-Est de la France.

En exécution d'un décret du 15 janvier 1878, MM. Eyriaud des Vergnes et Guillain, ingénieurs chargés du service des ports établirent un programme magistral des travaux à entreprendre ; un voyage de M. de Freycinet à Dunkerque, en septembre 1878, aboutit au dépôt par lui et au vote d'une loi consacrant à leur exécution une somme de 50 millions, supportée 45 % par le budget extraordinaire des travaux publics jusqu'à concurrence de 46 millions et demi, et, pour le surplus, par la Chambre de Commerce. Quatre darses reliées entre elles par deux bassins d'évolution, forment l'ensemble des « bassins de Freycinet » et ont porté à près de cinquante hectares la surface totale affectée au séjour des navires, bordée par plus de huit kilomètres de quais. Des cales de radoub, deux écluses dont l'une, l'écluse Trystram, a 215 mètres de longueur totale, 175 mètres de longueur utile, 25 mètres de largeur, 10 mètres d'eau aux marées ordinaires, et permet sans difficulté l'accès des bassins aux croiseurs de notre flotte de guerre ; enfin des chantiers de construction plus récente et qui ont lancé certaines des plus belles unités de notre flotte commerciale, sont venus compléter cet ensemble, l'un des plus beaux du continent.

Et ces dépenses n'ont pas été vaines. L'essor du commerce dans le Nord, cette extraordinaire expansion industrielle qui tend à faire de tout l'arrondissement de Lille une immense ruche laborieuse, nécessitait la création d'un débouché proportionné aux besoins qui se développaient de jour en jour. Et ici la situation est toute en faveur du port français. Lille est à 130 kilomètres d'Anvers et n'est éloignée de Dunkerque que de 85 kilomètres ; Roubaix, qui n'est qu'à 90 kilomètres de Dunkerque, en est à 120 d'Anvers.

En 1880 entraient pour la première fois à Dunkerque des balles de laine ; quelques années après 76 % des marchandises de cette nature importées en France transitaient par Dunkerque qui, dès 1896, recevait la plus grosse part des arrivages de laine destinés au continent. Il en est de même pour toutes les matières premières utilisées par l'industrie et l'agriculture du Nord, le coton excepté : Dunkerque reçoit environ 80 % des nitrates de soude et 55 % des lins importés en France.

Dunkerque est celui de tous nos ports qui a fait les progrès les plus rapides, et en présence de la faillite lamentable à laquelle ont abouti la plupart des dépenses et des efforts faits, un peu au hasard, sur des points trop nombreux du littoral, l'attention devait nécessairement se concentrer surtout sur lui. Seuls en Europe, nous avons, au lieu de concentrer nos efforts sur cinq points bien choisis, créé ou agrandi une invraisemblable quantité de ports — 54 ! — dont beaucoup ne sont susceptibles d'aucun développement, n'étant reliés à aucune voie navigable, et dont la multiplicité, loin de constituer un avantage pour notre marine marchande, est une des principales causes de son déclin.

Comme l'a si éloquemment démontré à la Chambre des députés M. Papelier, les dépenses ainsi faites tout le long du littoral ne seront jamais d'aucun avantage pour le pays et sont une cause d'infériorité pour notre marine, par *l'éparpillement* du frêt qu'elles ont contribué à produire. Actuellement, il faut, pour constituer une cargaison, des milliers de tonnes de marchandises dont la réunion est toujours difficile. En Allemagne tous les efforts se sont portés sur un point unique, Hambourg, et les allemands ont réussi à en faire en quelques années l'entrepôt de toute l'Europe centrale, et, grâce au frêt ainsi amassé, grâce au marché des transports ainsi ouvert et dans lequel l'armateur trouve toujours un chargement, ont créé la cause effective du rapide développement de leur marine marchande. En France, le plan Freycinet et les diverses propositions qui l'ont suivi ont amené la création ou l'amélioration de 54 ports, et les Chambres de Commerce de ces ports, impuissantes à y créer un mouvement sérieux, ont été amenées fatalement à favoriser de tous leurs efforts la navigation d'escale, en vue de peupler momèntanément de quelques unités étrangères leurs bassins déserts, enlevant ainsi au profit de l'étranger un frêt qui eut dû être réservé à la marine française.

Il est grand temps d'imiter nos rivaux et de concentrer vers Dunkerque, Le Hâvre, Nantes, Bordeaux et Marseille, têtes de cinq bassins français, un frêt abondant permettant à nos armateurs d'établir des prix de transport analogues à ceux de nos voisins, et de lutter à armes égales avec eux.

Pour cela que faut-il ? Il faut créer à ces ports un hinterland ; il faut les réunir par des moyens de communication peu coûteux avec les contrées qu'ils sont appelés à desservir. Deux moyens sont en présence : les chemins de fer et les canaux.

Il ne manque pas de gens pour vous dire : « Etes-vous pour les chemins de fer ou pour les canaux ? » ; je ne suis partisan ni de l'un ni de l'autre, je suis partisan des deux. Aux chemins de fer les marchandises légères et chères pour lesquelles la rapidité dans le transport est une condition essentielle ; aux canaux, les marchandises lourdes et de peu de valeur pour lesquelles le bon marché dans les transports est avant tout recherché. Mais ce que je nie, c'est que l'un soit exclusif de l'autre ; ce que je nie surtout, c'est que les chemins de fer puissent d'une façon absolue remplacer les canaux.

Et ici je vous demanderai la permission de faire deux remarques :

La première, qui ressort de façon très évidente de l'enquête dirigée en 1900 par le Conseil supérieur du commerce et de l'industrie et qui a servi de base au programme actuel des travaux publics, c'est qu'au point de vue du bon marché, la concurrence, de quelque façon qu'on l'envisage, est absolument impossible entre les deux modes de transport.

La construction du canal coûte environ 253.400 francs par kilomètre, celle du chemin de fer, 379.000 francs.

Pour le canal, la dépense d'administration et d'entretien est en moyenne de . . . . 1.700 fr.
Pour le chemin de fer, de . . . . 6.250 »
Pour un chargement de 300 tonnes, capacité ordinaire d'une bélandre, le prix moyen du véhicule est, sur le canal de . . . . 12.500 fr.
Sur le chemin de fer, de . . . . 100.000 »
de plus du double si on ajoute au prix de 30 wagons nécessaires, celui de la locomotive et des fourgons.

Sur le canal, point n'est besoin de locomotive, ni de mécanicien, de chauffeur ou d'aiguilleur : deux chevaux et un conducteur suffisent à assurer la traction.

Et de ce rapide exposé résulte cette conséquence indéniable qu'il est matériellement impossible aux chemins de fer d'atteindre au bon marché des transports par voie d'eau ; que si, dans certaines circonstances exceptionnelles ils s'y astreignent, ils ne peuvent le faire qu'à perte, et que cette perte ne saurait être consentie par eux que momentanément et dans le but de se débarrasser d'une concurrence qu'ils considèrent, à tort, comme étant nuisible à leurs intérêts.

A tort, car par suite de l'extension du mouvement industriel et commercial à laquelle donne lieu toute facilité plus grande dans les moyens de transport, toujours à un développement du trafic par voie d'eau correspond un développement parallèle du trafic par chemins de fer.

Les exemples en abondent. En France même, je pourrais citer celui de la ligne du Nord, qui est la seule à ne pas faire appel à la garantie d'intérêts, alors que, dans la région qu'elle dessert, le mouvement de la navigation a pris une intensité telle, que tous les canaux y sont devenus insuffisants et, qu'en ce moment même, l'Etat consacre une somme de 12 millions à doubler la largeur des écluses et autres travaux d'art qui ralentissent cette navigation sur le canal de Saint-Quentin.

Mais l'exemple le plus frappant nous est fourni par l'Allemagne, dont le gouvernement, possesseur cependant des chemins de fer, veut faire voter une dépense de 389.000.000 de francs pour la construction de nouveaux canaux. L'Etat allemand va-t-il donc se faire concurrence à lui-même ? — Nullement, et les chiffres suivants le prouvent :

En 1875, la navigation intérieure allemande transportait *deux milliards 900 millions* de tonnes kilométriques ; en 1895, elle en transportait *sept milliards 500 millions*.

Pendant la même période, nous voyons les chemins de fer allemands transporter en 1875 *dix milliards 900 millions* de tonnes kilométriques, et, en 1895, *vingt-six milliards 500 millions.*

Donc, au début de cette période de vingt ans, le trafic se partageait de la façon suivante : 79 % aux chemins de fer et 21 % aux canaux. Vingt ans après, le trafic des uns et des autres avait presque triplé, et la proportion n'avait guère changé ; elle était de 78 % pour les chemins de fer et de 22 % pour la voie d'eau.

La seconde remarque, c'est que la construction des canaux n'a nullement suivi en France une marche parallèle à celle des chemins de fer. On a fait un plan général de travaux publics, et il s'est trouvé que durant l'exécution de ce plan, les ressources sur lesquelles on comptait sont venues à manquer. Les conventions passées par l'Etat avec les Compagnies de chemins de fer ont eu pour objet l'exécution de ce plan en ce qui les concernait, l'Etat ayant recours à elles à la fois comme entrepreneurs et comme banquiers ; et ainsi la part de nos finances réservée aux lignes nouvelles s'est trouvée intangible, étant sauvegardée par un contrat synallagmatique, tandis qu'on diminuait de plus en plus, jusqu'à l'abandon complet, les travaux les plus urgents, les plus nécessaires réclamés par la navigation intérieure.

C'est là la lacune qu'il convient de combler si nous voulons que la France voie de nouveau prospérer le long de son littoral les centres commerciaux qui peuvent assurer à sa marine le frêt indispensable à son existence, et rendre à l'industrie nationale les services auxquels elle a droit. Pour Marseille, la question se résumerait en la création d'une voie de communication facile avec le Rhône et en l'amélioration de cette artère fluviale et de ses affluents ; elle sera identique pour Bordeaux, Nantes et Le Havre, placés à l'embouchure de nos grands fleuves ; pour Dunkerque, appelé à desservir une portion de territoire où tous les fleuves, toutes les rivières se dirigent soit vers la Belgique, soit vers l'Allemagne, il est indispensable de créer une voie navigable artificielle qui existe déjà en projet, qui serait depuis longtemps en construction sans un ensemble de circonstances particulièrement fâcheux, et qui, bien qu'encore à l'état de projet, a déjà son nom : celui de **Canal du Nord-Est**.

Durant quelques années, la progression jusque là ininterrompue du port de Dunkerque a subi un ralentissement momentané. Et les dunkerquois de s'écrier : il nous faut des lignes régulières ! Les lignes régulières font la fortune d'un port, comme la clientèle stable fait celle d'une maison de commerce, et les abonnés celle d'un journal. Aidez-nous à créer de nouveaux bassins, à préparer des places d'accostage pour les navires de nouvelles lignes régulières, qui sont ici en nombre infime, et nous reprendrons notre marche en avant un instant interrompue. Et, dociles à cette invitation, les pouvoirs publics viennent de souscrire, avec l'aide de la Ville et de la Chambre de Commerce, les sommes nécessaires au prolongement de deux darses.

En bon dunkerquois, je me réjouis de ce résultat ; j'ai la très ferme conviction que ces dépenses ne seront pas inutiles, mais surtout parce qu'elles en amèneront d'autres, d'autant plus indispensables que si on ne songe pas avant tout à créer une liaison économique entre le port et l'hinterland qu'il est appelé à desservir, les dépenses faites pour l'amélioration du premier sont un luxe parfaitement superflu.

Il n'y a pas à Dunkerque de lignes régulières en nombre suffisant, soit. Mais est-ce surtout parce que les places à quai leur manquent, et ne faut-il pas plutôt en chercher la raison dans ce fait que Dunkerque n'a aucun frêt de sortie à leur offrir, qu'il est exclusivement resté le port de Lille, Roubaix et autres centres industriels du Nord, qui, s'ils importent beaucoup de matières lourdes, laines et cotons bruts, minerais, etc., n'offrent par contre à l'exportation qu'un frêt dérisoire, si bien que, sur ce total de trois millions de tonnes, il n'y en a pas le cinquième à l'exportation?

Il ne suffit pas de pouvoir abriter les navires d'escale, il faut amener à ces clients habituels un frêt habituel, la certitude qu'ils trouveront de la marchandise disponible, à un taux plus ou moins élevé, mais toujours en quantité suffisante pour leur éviter l'opération désastreuse qui consiste à relever sur l'Est. Pour cela, que faut-il ? Des marchandises lourdes, machines et plaques de blindage, rails et pièces métalliques. Dunkerque est-il donc hors d'état de devenir l'entrepôt de semblables marchandises ?

Nullement, puisque dans sa sphère d'action se trouvent les départements de l'Est, la Lorraine, la Lorraine industrielle et minière qui, en quelques années, a étendu son marché d'une vingtaine de départements aux limites de la France entière, et dans laquelle le seul groupe de Longwy a, en 25 ans, doublé le nombre de ses hauts-fourneaux et triplé sa consommation houillère et sa production métallurgique ; dans laquelle, enfin, les deux milliards de tonnes de minerai récemment découvertes au plateau de Briey offrent, avec la possession d'un des plus riches gisements du monde entier, les garanties d'une prospérité d'autant plus assurée que les gisements d'Espagne et du Luxembourg sont aujourd'hui à peu près épuisés.

Eh bien, ce trafic échappe absolument à notre grand port du Nord, pour son plus grand mal, et aussi pour le grand mal des industriels lorrains. Et comment en serait-il autrement ?

Par voie d'eau, Anvers est à 338 kilomètres de Mézières, Dunkerque à 454 kilomètres ; Anvers est à 426 kilomètres de Longwy, Dunkerque à plus de 500 kilomètres. Par chemin de fer, les minerais étrangers à destination de Longwy paient 4 fr. 98 au départ d'Anvers et 6 fr. 50 au départ de Dunkerque ; les fontes de Longwy destinées à l'exportation paient 6 fr. 89 jusqu'à Anvers et 10 fr. 70 jusqu'à Dunkerque. Le barème de transit belge se contente d'un centime par tonne kilométrique pour les transports internationaux comportant de 75 à 155 kilomètres. Comme la presque totalité de stations frontières sont entre 75 et 155 kilomètres d'Anvers on voit tout l'intérêt de cette tarification. Mais à quoi bon ? Puisque les tarifs de chemins de fer belge, en réalité, n'existent pas.

Les chemins de fer de l'Etat belge sont un peu comme ces théâtres parisiens qui portent inscrits au-dessus du guichet les prix des places, mais possèdent au rez-de-chaussée un café où l'on vend des billets de faveur. Ce café, en l'espèce, c'est certain bureau de renseignements peuplé d'employés extrêmement intelligents qui n'ont d'autre mission que de détourner au profit des voies belges, et par le fait au profit des ports belges, le trafic international. Il est de notoriété publique que deux moyens sont communément employés dans ce but : la vente en gros, à prix très réduit, de grandes quantités de kilomètres de parcours — même pour les voyageurs — à de grands industriels ou à de grandes compagnies de voyages économiques, et les ristournes.

Celles-ci sont, naturellement, des plus variables, et il est constant que nos voisins n'hésitent pas, pour assurer à leur port d'Anvers une grosse affaire, à faire des transports à perte.

L'Allemagne, elle aussi, a recours aux détaxes, quoique dans une mesure beaucoup moindre que la Belgique. Le rapport d'un consul autrichien, paru en 1901, en fait mention d'une manière très affirmative. Des journaux anglais ont également affirmé l'existence de ces tarifs privilégiés que l'administration cache avec soin.

Sa tarification des voies ferrées est du reste beaucoup plus simple et beaucoup plus modérée que la nôtre.

Les frais d'exploitation et la rémunération du capital d'établissement lui ont paru suffisamment couverts par l'acquit d'une taxe uniforme de 6 pfennings (7 cent. 1/2) par tonne et par kilomètre. C'est le prix de la classe générale B pour les marchandises de toute nature transportées en wagon complet de 10 tonnes. Il s'y ajoute pour les frais de manipulation un droit fixe d'expédition de 1 mark 20 pfennings ou 1 fr. 50 à la tonne. Pour le transport par grande vitesse, on se borne à doubler la taxe kilométrique, et à la quadrupler pour les transports en trains rapides.

Pour les expéditions de 5 tonnes, existe la sous-classe A qui ne diffère de la classe générale B qu'en ce que le prix de base est porté 6 pfennings 7/10 ou 8 cent. 3/8.

Au dessous de 5 tonnes, on revient au tarif de la classe générale B mais en y annexant le droit fixe d'expédition perçu par fractions d'après le nombre de kilomètres parcourus, et suivant une échelle décroissante. Le premier kilomètre coûte ainsi 1 mark 10 par tonne ; chacun des

100 kilomètres suivants 11 pfennings 1/2 ou 14 cent 3/8, puis successivement sur chaque section de 100 kilomètres 10, 9, 8, 7 pfennings. Descendue à 6 pfennings, la taxe kilométrique reste invariable.

Comparez cette simplicité à la complexité des tarifs français, qui comprennent *six* séries, suivant la valeur des marchandises transportées, et des quantités de barêmes divers, se modifiant presqu'à l'infini, et vous arriverez à cette conclusion qu'en l'état actuel, la concurrence par voie ferrée est pour nous à peu près impossible.

Il y a des hauts-fourneaux dans le Nord qui ont du coke sur place et qui attendent le minerai de l'Est ; il y a des hauts-fourneaux dans l'Est qui ont du minerai sur place, et qui attendent le coke du Nord. Ne faites pas le canal : le Nord fera venir son minerai d'Espagne, et l'Est ses cokes de l'Allemagne. Situation d'autant plus préjudiciable aux intérêts français que, grâce aux progrès inouïs de son industrie métallurgique, le seul département de Meurthe-et-Moselle a fait monter en quelques années sa consommation annuelle en combustible de *1.300.000 à 4 millions de tonnes.*

Or le canal du Nord-Est, c'est-à-dire le canal de l'Escaut à la Meuse d'une part, et, d'autre part, le canal de la Chiers, ont été déclarés d'utilité publique il y a plus de vingt ans, et, dès avant la Révolution française, dès 1776, nous trouvons le projet officiel d'un canal de l'Escaut à la Sambre, premier tronçon du canal de l'Escaut à la Meuse. La Révolution interrompit les études ; l'Empire ne les reprit pas, la configuration territoriale de la France s'étant trouvée modifiée et l'effort se portant sur Anvers ; depuis plus de vingt ans, il est constamment discuté, toujours sa nécessité est reconnue et ce mirage décevant s'éloigne chaque fois que nous croyons le tenir !

Le canal du Nord-Est mettrait Dunkerque à 325 kilomètres de Mézières, à 570 kilomètres de Nancy, alors qu'Anvers est à 338 kilomètres de la première de ces villes et à 588 kilomètres de la seconde, et offrirait l'occasion d'une concurrence d'autant plus facile au port belge qu'il faut, pour venir de celui-ci, remonter le courant de la Meuse. Il aurait à ses deux extrémités, d'une part, le port naturel de toute la région qu'il est appelé à desservir et le plus grand centre charbonnier de France, d'autre part, le plus grand centre métallurgique et les deux plus importants bassins miniers de notre pays, et il relierait dans son parcours intermédiaire des centres industriels qui comptent parmi les premiers de notre patrie.

Jamais une voie navigable n'a été projetée dans de telles conditions d'utilité et de succès. Comme l'a fait remarquer avant tant d'à-propos M. Dreux, directeur des aciéries de Longwy, dans la brochure qu'il a publiée à ce sujet, si pour chaque projet de chemin de fer ou de canal, on avait tablé uniquement sur les quelques voyageurs qui usaient des diligences, sur le roulage modeste qui circulait sur nos grandes routes, on n'eût jamais créé ni chemin de fer, ni canal. Or, ici, le trafic existe déjà, avant même que la voie ne soit créée : il y a 500.000 tonnes de marchandises françaises ou destinées à la France qui, tous les ans, prennent la voie d'Anvers et qui transiteraient en majeure partie par le nouveau canal ; il y a les transports de combustible entre le Nord et Nancy qui, par voie ferrée, sont passés de 46.130 tonnes en 1880 à 348.303 tonnes en 1898, tandis que la batellerie doublait, dans la même période, sa part dans ces mêmes transports, et atteignait au chiffre de

288.813 tonnes, l'ensemble donnant ainsi un accroissement de 800 %. En y ajoutant simplement, estimés à leur minimum, les transports supplémentaires de houilles françaises transitant du Pas-de-Calais vers l'Est, de minerais transitant de l'Est vers le Nord, qui, grâce à l'abaissement de fret sur la voie nouvelle, remplaceraient en grande partie, le minerai luxembourgeois et les charbons allemands et belges, le rapporteur, M. Guillain, arrive à un total de 1.800.000 tonnes de trafic annuel, amplement suffisant pour couvrir, au moyen d'un péage de 8 millimes (0 fr. 008) par tonne et par kilomètre, l'intérêt et l'amortissement des 65 millions 1/2 mis à la charge des intéressés sur la dépense totale de 135 millions.

Et ce résultat serait obtenu, je le répète, en ne tenant compte que du mouvement commercial actuel, base certainement inexacte, puisque, d'une part, sur 4.986.000 tonnes de minerai qu'a produites, en 1899, la France entière, la région de l'Est en a produit à elle seule 4.234.000, soit plus de 85 %, dont 2.772.000 provenant de la région de Longwy, et 250.000 provenant de celle de Briey ; puisque, d'autre part, la consommation du fer suit une progression rapide, que les commandes énormes que font présager l'établissement des immenses réseaux coloniaux attireraient une quantité prodigieuse de rails, traverses métalliques, etc., vers le point terminus du canal, le port de Dunkerque.

Douze Chambres de Commerce échelonnées de Nancy jusqu'à Dunkerque, les métallurgistes, les sociétés minières, les syndicats industriels ont été sondés. Comment donc un accord définitif n'a-t-il pu être conclu jusqu'ici ?

Il n'entre pas dans le cadre de cette étude de le rechercher. Les Compagnies de chemins de fer ont combattu avec acharnement le projet, se bornant à présenter deux critiques essentielles, mais contradictoires. Elles ont invoqué à la fois la faiblesse probable, d'après elles, du trafic, et le préjudice causé aux voies ferrées, et par suite, à l'Etat, qui aurait de ce chef à subir une aggravation de la garantie d'intérêts. Je me bornerai à constater que les deux arguments s'excluent mutuellement, et d'en tirer à nouveau cette conséquence, que les Compagnies de chemins de fer sont dans l'impossibilité d'assurer à leurs clients, d'une façon normale, les avantages économiques de la voie d'eau, puisque, malgré des tarifs très supérieurs, elles sont obligées de faire appel au concours de l'Etat sous forme de garantie d'intérêts.

Et, pour conclure sur ce point, je viens dire : à nous, Dunkerquois, il nous faut le canal du Nord-Est, seul moyen pour nous, qui n'avons pas de frêt de sortie, de desservir réellement notre hinterland national, lequel est un des plus riches en frêt de l'Europe entière, et peut nous mettre à même de lutter à armes égales avec Anvers et même avec Hambourg ; aux Lorrains, il faut le canal du Nord-Est, trait d'union indispensable entre le pays de la houille et le pays du minerai, entre deux régions dont l'une produit ce que l'autre consomme, et dont la solidarité industrielle sera ainsi resserrée pour le plus grand avantage du pays tout entier.

(Le texte de M. Morael, mis aux voix, est adopté.

Un vœu préconisant une entente avec les compagnies de chemin de fer pour mettre en relations plus rapides la Suisse, l'Italie, et le reste de la France, est également adopté).

Sont déposés sur le bureau un rapport de M. Séverin sur « L'étude de la Géographie Régionale dans les lycées et collèges », une communication de M. Fellous sur « Les relations commerciales du port de Dunkerque avec la Tunisie », une communication de M. Collesson sur « Les relations entre Dunkerque et l'Italie par l'Est de la France » et une note de M. Emile Lainé sur la « Montre-boussole la « Solaire ».

M. LE PRÉSIDENT. — Je crois que nous avons épuisé l'ordre du jour ; mais avant de lever la séance, je vous rappelle que nous devons nous réunir à 10 heures pour l'adoption des vœux votés au cours du congrès, et la fixation de la date du prochain congrès.

(La séance est levée à 9 heures et demie).

Rapport sur l'étude de la Géographie Régionale dans les Lycées et Collèges

par G. SÉVERIN, Professeur au Lycée de Tourcoing.

L'an dernier, plusieurs conférences furent faites à Paris, au Musée pédagogique sur l'enseignement de la géographie dans les Lycées et Collèges. Dans l'une d'elles, un des géographes les plus éminents de la France, M. Vidal-Lablache, montrait la place que devrait tenir la géographie dans l'ensemble des études secondaires, à cause de sa valeur essentiellement éducative. En m'inspirant de ces vues, je voudrais développer en quelques mots le vœu que l'étude de la géographie régionale fût inscrite aux programmes de géographie des premier et second cycles.

Le but de l'enseignement géographique, cela devient une vérité banale, n'est plus de faire de nos élèves des atlas vivants plus ou moins complets. Le professeur, aujourd'hui, s'adresse aussi peu que possible à la mémoire de l'enfant, mais beaucoup par contre à ses facultés de réflexion et de

raisonnement. Il cherche à lui faire comprendre « l'ensem-
» ble des caractères qui composent la physionomie d'une
» contrée, l'enchaînement qui les relie » (Vidal-Lablache,
préface de l'Atlas) ; il leur montre les rapports qui existent
entre le sol et tout ce qui se trouve à sa surface : plantes,
animaux et, à un degré supérieur, l'homme.

Il est vrai qu'un certain nombre de ces notions sont
assez difficilement accessibles aux jeunes intelligences.
Mais je crois qu'elles auraient chance de pénétrer plus aisément si elles avaient pour base l'étude de la région où vit
l'enfant.

Pour donner de bons résultats, l'enseignement de la
géographie doit être aussi peu abstrait que possible. Les
cartes dont on se sert ne sont pas suffisantes ; il faut encore
des images : photographies, cartes postales, simili-aquarelles,
etc. ; mais rien ne vaut la vue des pays. On ne peut attendre d'un écolier qu'il ait voyagé, même à travers la France,
espérer que l'enfant de nos plaines ait vu les sommets
alpestres, les torrents nés des glaciers, les pays secs de la
Méditerranée, etc... Mais il est certain que de petits dépla-
cements faits avec sa famille l'auront mené dans les différents coins de notre région du Nord, des Ardennes à la
mer, ou des plaines de Flandre aux collines de l'Artois. Les
cartes postales lui auront permis de conserver à bon compte
la vue d'un pays visité.

En faisant appel aux souvenirs des voyages, le professeur
pourra établir ses leçons sur un certain nombre de faits
précis. D'abord il lui sera possible d'illustrer les notions de
géographie générale en sixième et en seconde par des
exemples bien concrets, réalités vivantes aux yeux de l'enfant.
Mais ce n'est pas suffisant ; les exemples auront été trop
disséminés dans le cours. Il serait à souhaiter que, dans

quelques leçons, le professeur expose, avec le développement que comporterait l'âge de l'élève, l'ensemble de la géographie de la région. La coordination des faits géographie apparaîtrait alors avec plus de netteté.

La formation du sol, cette étude qui paraît si rébarbative avec ses termes scientifiques quand elle est appliquée à un grand pays, deviendrait intéressante pour les régions où l'on vit. Beaucoup d'enfants pourront ne goûter que peu l'application de la formation du Continent européen ; par contre ils ouvriront leurs oreilles quand on leur dira que la région du Nord a été, à différentes reprises, couverte par la mer, qui y a déposé, suivant les époques, de la craie, de l'argile, des sables, — que les pays de l'ouest se sont trouvés surélevés par un mouvement de bascule, tandis que les pays de Hollande s'abaissaient, — que de grands courants ont érodé la plaine élevée, ne laissant comme témoins que les buttes qui sont aujourd'hui les collines flamandes. Les enfants auront ainsi, très nette, la sensation de l'évolution à la surface du globe, cette idée si féconde pour l'explication des faits géographiques.

Les faits concernant le climat et l'hydrographie n'auront pas sans doute une grande diversité, mais les relations qui existent entre la nature du sol et les cours d'eau seront plus faciles à faire pénétrer dans l'esprit de l'enfant qui aura vu les nombreuses becques flamandes et les rares ruisseaux des ondulations du Cambrésis.

C'est surtout en ce qui concerne la géographie humaine que l'étude régionale donnera les meilleurs résultats. Parmi toutes les choses qu'on enseigne à l'enfant, il en est certainement peu qui soient aussi capables d'éveiller son attention et de provoquer ses observations. L'enfant aime à savoir le pourquoi des choses qu'il voit ou a vues, et le maître doit profiter de cette curiosité naturelle si féconde. Pourquoi les collines flamandes sont-elles, pour la plupart, inhabitées ? Pourquoi sur l'une d'elles une agglomération humaine s'est-elle constituée dès une haute antiquité ? Pourquoi en pays flamand les fermes sont-elles isolées ? Pourquoi, dans le Mélantois et dans le Cambrésis, les villages sont-ils ramassés ? Pourquoi, dans le Cambrésis, les trouve-t-on surtout sur le sommet des lignes d'ondulations ? Si on pénètre dans de plus petits détails, on intéressera au plus haut point l'élève en lui montrant l'habitation, la ferme, en rapport avec la nature du sol, ses productions, les vents dominants, etc...

Les faits économiques seront d'une explication facile quand on rappellera aux enfants ce paysage industriel d'aspect si typique aux environs de Douai. Les relations des grandes places de production avec les pays lointains d'Europe, d'Amérique, d'Océanie leur sont déjà connues : ils ont entendu parler de gens partis à Buenos-Ayres et en Australie pour acheter de la laine, d'autres partis au Japon, en Chine, pour monter des usines, construire des ponts métalliques, des chemins de fer etc... Entre eux, répétant des conversations de leurs parents, il a pu leur arriver de parler d'un arrêt momentané des affaires dû à une guerre en Extrême-Orient. Il y a ainsi toute une série d'idées économiques familières à l'enfant ; quelques explications du professeur préciseront la dépendance économique des Etats vis-à-vis les uns des autres et feront saisir l'idée si importante de relativité. Enfin l'instrument indispensable pour les échanges, c'est le port de commerce moderne, avec ses bassins nombreux et profonds, son outillage, ses canaux reliant à la mer l'arrière pays ; quel meilleur exemple citer que Dunkerque qui, par l'active énergie de ses habitants, est en voie d'enlever au Havre la primauté sur l'Atlantique ?

Dans notre région, la tâche du professeur se trouve facilitée par quelques monographies de la plus haute valeur, celle de M. Demangeon sur la Picardie et le Cambrésis, celle de M. Blanchard sur la Flandre. Sans doute toutes les régions françaises ne sont pas également favorisées, elles n'offrent pas un champ d'observations aussi fécond. Mais à propos de toutes, il est facile d'exercer les facultés d'observation de l'enfant et de lui faire comprendre, sans en prononcer le mot, la méthode de la géographie. La géographie aura ainsi comme point de départ des faits vus et expliqués, elle deviendra par là même pour l'enfant une science intéressante. Lorsqu'il sera question, dans la suite, des pays étendus dont l'étude est forcément rapide, l'élève, habitué déjà à l'enchaînement des faits, comprendra mieux et plus vite.

En outre, quand il voyagera à nouveau, il ne regardera plus d'une façon distraite par la portière du wagon ; grâce aux leçons du professeur, il saura voir des choses qui avaient jusque là passé inaperçues et il en résultera pour lui joie et profit.

En résumé, cette étude régionale qui ne comporterait que quelques leçons, pourrait être faite d'abord en sixiéme après les notions de géographie régionale, puis, d'une façon plus étendue, en troisième et en première lors de l'étude de la France. Je proposerais donc qu'au programme de ces classes soient ajoutés ces mots : *étude particulière de la région où se trouve le lycée ou collège.*

E. SÉVERIN
Professeur au Lycée
de Tourcoing.

Résumé de la communication de M. S. Fellous, Secrétaire-adjoint de la Section Tunisienne de la Société de Géographie Commerciale de Paris.

Relations Commerciales du port de Dunkerque avec la Tunisie

La Tunisie qui est un pays essentiellement agricole a besoin de multiplier ses relations commerciales avec les pays industriels, par suite le Nord de la France dont l'industrie tient une des premières places doit occuper dans cet ordre d'idées un des premiers rangs. Les rapports commerciaux entre la Tunisie et Marseille sont aujourd'hui les plus importants, mais nul doute que les échanges avec le port de Dunkerque ou proprement dit avec le Nord de la France ne puissent acquérir la même importance.

La Tunisie exporte une bonne partie de ses orges à Dunkerque, servant spécialement pour la fabrication de la bière. La laine, les peaux et les huiles d'olives, tous produits qui la caractérisent et dont l'abondance permet un accroissement constant d'exportations, pourraient faire l'objet de transactions considérables avec le port de Dunkerque. Les huiles d'olives en particulier, dont la Tunisie est au premier rang des pays producteurs, s'exportant en assez grandes quantités au port d'Anvers, pourquoi n'en serait-il pas de même avec le port de Dunkerque ?

Les minerais de plomb et de zinc dont la Tunisie commence à devenir un pays de grande production et qui se transforment spécialement en Belgique et en Angleterre (Anvers et Swanséa) y trouveraient de sérieux débouchés.

En ce qui concerne les phosphates tunisiens, il est probable que l'industrie que créent leurs transformations pourrait plus spécialement s'effectuer très facilement dans les régions de Dunkerque. Si toutefois, leurs transformations arrivaient à pouvoir se faire en Tunisie, comme beaucoup le souhaitent dans l'intérêt de la colonisation française en Tunisie, cela ne diminuerait en rien le commerce de ce produit avec Dunkerque qui fait partie d'une des plus riches régions agricoles de la France.

Quant au commerce d'importation, la Tunisie reçoit de Dunkerque et pour un chiffre d'affaires très important des produits manufacturés, des machines-outils, de la quincaillerie, des instruments agricoles, etc...

Le commerce d'importation est en très bonne voie et est appelé à augmenter sensiblement au fur et à mesure que l'on prolonge en Tunisie des lignes ferrées et qu'on crée de nouvelles routes.

D'après ce que nous venons de dire, il nous est permis de conclure qu'il y a lieu d'engager nos compatriotes les Tunisiens à se mettre en relations de plus en plus étroites avec les négociants et industriels de Dunkerque qui ont compris depuis longtemps l'importance de cette question.

La Société de Géographie de Dunkerque s'efforcera d'encourager ce projet et il est à espérer qu'elle se mette en rapport avec les Chambres de commerce de Dunkerque et de Tunis de façon à organiser dans leurs régions ou possiblement dans leurs locaux des petits Musées industriels où seront exposés plusieurs échantillons avec tous les renseignements nécessaires des produits de chacun de ces pays, qui serviraient ainsi à l'instruction des personnes de Tunisie désireuses d'entrer en relations avec le Nord de la France et réciproquement.

On comprendra ainsi combien il importe d'augmenter les moyens de transports actuels.

S. Fellous.

La montre Boussole-Solaire Emile Lainé

M. Lainé. — Messieurs,

Depuis quelques années la révision des mesures du temps « *l'Année et le Jour* » a été mise à l'étude un peu partout, et il n'est pas téméraire d'envisager une époque peu éloignée où cette réforme se fera tout comme tombe à son heure le fruit mûr.

En ce qui concerne *l'Année* il est assez probable qu'on adoptera la méthode de division en quatre trimestre de 91 jours, ayant chacun 13 semaines de 7 jours ; les deux premiers mois du trimestre auraient chacun 30 jours. Cela ne ferait que 364 jours, le jour de l'an étant coté 0 ferait le 365°, de même, que la veille du 1er juillet serait cotée 0 les années bissextiles.

D'autre part il est probable qu'on ferait partir l'année du solstice d'hiver pour la mettre en harmonie avec le changement des saisons et celles-ci (les saisons) concorderaient avec le changement de trimestre.

Cette innovation totale ou partielle a grande chance d'être adoptée le jour où les 120 millions de Russes, les 400 millions d'Asiatiques et les Musulmans entrant en plein dans le concert des nations civilisées trouveront qu'il est l'heure d'abandonner leurs calendriers actuels. Les Japonais ont donné l'exemple aux Asiatiques en adoptant cette méthode il y a une dizaine d'années.

La réforme de la division *du Jour* est plus avancée. Elle portait sur deux points : 1° abandonner le système bi-duo-décimal pour adopter le système de 24 heures ; 2° décimaliser l'heure en la divisant en 100 minutes et la minute en 100 secondes.

La Journée de 24 heures

L'adoption de la journée de 24 heures est aujourd'hui faite dans plusieurs pays, nous citerons la Belgique, l'Italie, l'Espagne, le Portugal, les Indes anglaises, le Canada, la Suisse et l'Allemagne. En France la Chambre a voté, comme entrée en matière, à l'instigation de M. Boudenoot, alors député, une loi adoptant le méridien de Greenwich ; l'Administration des Postes timbre les lettres, en y marquant l'heure de 0 à 24 heures, l'Administration des Contributions indirectes autorise son personnel à employer le système de 24 heures tant pour l'horaire de service que pour la rédaction des procès-verbaux.

Quant à la loi Boudenoot, au Congrès des Sociétés de Géographie de France en 1905, à Saint-Etienne, il a été décidé d'en demander le vote par le Sénat et de plus de la compléter par l'adoption la journée de 24 heures.

Il n'y a pas d'exagération à dire que cette réforme est imminente et correspondra avec l'adoption du méridien de Greenwich et la généralisation du système de 24 fuseaux horaires, pour lesquels la France est en retard sur tous les autres peuples civilisés.

Heure décimale

Mais si l'on peut considérer comme très prochaine l'adoption de la journée de 24 heures, innovation qui, de l'aveu des Ingénieurs des chemins de fer qui l'emploient, *rend le service plus facile, les erreurs plus rares, moindres les chances d'accidents*, il est peu probable qu'on adopte de sitôt **la décimalisation de l'heure** !

Ce n'est pas qu'on méconnaisse la grande facilité, le

progrès même, pourrait-on dire, de cette réforme. Non, mais la simple adoption en France, du Méridien de Greenwich et de la Journée de 24 heures serait déjà la cause d'un tel travail, qu'il est plus sage de demander de sérier les efforts et ne pas courir le risque — en demandant le maximum — de ne pas obtenir le minimum de réforme !

Du reste la vérité est en marche ! Est-ce que l'heure nationale (ne pas lire internationale) n'a pas été légalisée et imposée pour les actes de l'Etat-Civil et tout ce qui concerne les actes publics ? Légalement il n'y a plus en France qu'une seule heure : celle de l'Observatoire de Paris, que donnent les horloges extérieures des gares. C'est un premier pas, qui attend l'autre (les 24 heures).

Les nouveaux cadrans

L'adoption d'un nouveau mode de compter les heures devait amener la création d'instruments nouveaux : cela n'a pas manqué. Le cadran de 24 heures n'a pas été une innovation ; depuis plusieurs siècles les horloges astronomiques marchaient au cadran bi-duodécimal ; dans notre région du Nord l'horloge astronomique de Saint-Omer a le cadran *ad hoc*.

Les nouveaux cadrans créés lors de l'établissement de la journée de 24 heures portèrent la division en double d'abord, sur deux circonférences concentriques : de 0 à 12 et de 12 à 24.

Par la suite on fit des montres au cadran de 24 heures mais avec l'erreur de porter le 0 heure en haut, de sorte que le Midi (12 heures) se trouvait en bas.

Et c'est la vue de l'un de ces cadrans mal conformés qui

me donna l'idée de faire un cadran de 24 heures avec Midi (12 heures) en haut du cadran — ce qui donnait l'avantage de voir la petite aiguille tourner comme le soleil.

De plus par l'addition de 4 points cardinaux il suffit de mettre la montre à plat dans la main, la petite aiguille dirigée du côté du soleil pour avoir une boussole.

Mais ce qui n'existe dans aucun autre cadran antérieur de ce genre, c'est la division du cadran en 12 heures de jours et 12 heures de nuit, non pas suivant l'ancienne méthode fixant les heures du soir de Midi à Minuit et les heures du matin de Minuit à Midi ! Non pas, mais de même qu'il existe un Midi moyen, en adoptant un temps de jour moyen de 12 heures et un temps de nuit moyen également de 12 heures.

De cette façon la petite aiguille qui représente le soleil semble sortir de la nuit, se lever à 6 heures et se coucher à 18 heures : elle marche effectivement comme le Soleil. Avant Midi elle semble monter vers la Méridienne, comme le Soleil, et après Midi, elle descend comme lui, donnant l'illusion de l'inclinaison du Soleil par rapport à la Méridienne, jusqu'au moment où il passe dans l'autre hémisphère, et nous laisse dans la nuit.

La montre-boussole solaire n'a pas la prétention d'être une invention géniale, elle est très simpliste, mais il est bien permis de dire qu'elle n'a été devancée *aussi complètement* par aucune autre et qu'elle arrive à son heure ; elle rendra les plus grands services aux marins et aux militaires, aux photographes, aux chasseurs, aux excursionnistes : en un mot elle permettra, par temps clair, de s'orienter facilement à ceux qui en auront besoin.

Les relations entre Dunkerque et l'Italie par l'Est de la France (Nancy)

par P. Collesson

Secrétaire-Général de la Société de Géographie de l'Est (Nancy)

Je vous présenterai, Messieurs, un travail bien incomplet, je m'en excuse à l'avance ; vous me pardonnerez son imperfection quand vous saurez que je n'ai eu qu'un seul but: la prospérité de notre Pays et en particulier celle de votre région.

L'étendue de la question d'une part, de l'autre mes nombreuses occupations auxquelles est venu s'ajouter tout récemment le chagrin provoqué par la mort d'un de mes amis très intime, M. H. Déglin, vice-président de la Société de Géographie de l'Est, à la mémoire duquel vous me permettrez de rendre publiquement hommage en égard à la collaboration active qu'il a toujours su donner à notre Compagnie ; tout cela m'a empêché de traiter la question à fond.

J'ai pensé cependant que je ferais bien de vous lire mes notes, car le sujet de ma communication est propre à intéresser non seulement les Dunkerquois, mais encore une bonne partie des Congressistes.

On a reproché, avec raison, à nos Congrès, de ne porter à leurs programmes que des questions d'ordre par trop local ; à maintes reprises nos collègues se sont élevés contre cette tendance. Tout dernièrement encore vous avez reçu de nos collègues de Saint-Etienne un opuscule faisant connaître les modifications apportées au réglement des Congrès de Géographie, et en tête desquelles se trouve un avis rédigé dans le sens que j'indique.

Je crois donc entrer tout à fait dans les vues du Congrès en traitant la question des Relations entre Dunkerque et l'Italie par l'Est de la France (Nancy).

* *

Vous savez quel intérêt il y a de relier entre elles les régions industrielles surtout quand l'une d'elles possède un grand port.

N'est-ce pas justement ce que nous avons sous les yeux quand nous considérons une carte du N.-E. de la France et que nous apercevons la région métallurgique des environs de Nancy et la région de Dunkerque port de mer, actuellement le 3e de France.

Vous voyez de suite à quoi je veux arriver : faire adopter un vœu par lequel le Congrès souhaitera que des relations rapides, directes et pratiques s'organisent entre Dunkerque et Nancy ; relations qui pourront se continuer jusqu'en Suisse, en Italie et même jusqu'en Extrême-Orient.

« Un tel itinéraire serait d'ailleurs largement alimenté non seulement par les régions traversées, mais encore par les lignes affluentes.

» Il desservirait Calais, Dunkerque, Hazebrouck, Lille, Valenciennes, recevrait, à Aulnoye, l'appoint de Maubeuge et des lignes belges vers Mons et Bruxelles, recueillerait à Charleville le trafic des Ardennes et de la vallée de la Meuse vers Givet ; continuant sur Longuyon il y serait relié au Luxembourg et à la Hollande ; il traverserait le bassin de Briey, plein de promesses pour l'avenir, desservirait le bassin de Nancy, les Vosges françaises, le Haut Rhin ; draînant ainsi *par le chemin le plus court* le trafic d'exportation, il constituerait la grande artère internationale vers Milan et Brindisi.

» Enfin, étant donné le courant d'opinions économiques n'est-il pas permis, au risque de cotoyer l'utopie, d'envisager l'éventualité du prolongement de la voie ferrée jusqu'à Douvres par un tunnel sous la Manche ?

Il est bon de faire un retour sur le passé et de rappeler qu'en 1902 le Gothard a transporté 1.100.000 tonnes en chiffres ronds, parmi lesquelles 100.000 tonnes transitent entre l'Italie d'une part, la France, la Belgique, la Hollande et l'Angleterre d'autre part. Ces 100.000 tonnes devraient suivre la nouvelle route.

En outre, parmi les 2.900.000 voyageurs qui ont utilisé la voie du Gothard pendant la même période, on estime à 540.000 le nombre de voyageurs transportés entre l'Italie et les pays précités dont 100.000 auraient intérêt à emprunter l'itinéraire ci-dessus.

» C'est ce trafic que nous devons nous efforcer de retenir et de ramener le plus possible sur les rails français[1].

Cette question déjà importante a vu s'accroître son actualité depuis un mois. Le 27 juin dernier (1906) le gouvernement Bernois a adopté définitivement le projet d'une ligne de chemins de fer allant de Frütgen à Brigue à travers le Lotschberg, un des points de la célèbre chaîne de la Jungfrau.

Cette ligne mettra le Nord et l'Est de la France en relations directes avec l'Italie, l'Orient et l'Extrême-Orient. Elle sera par excellence la grande voie de communication internationale à travers les Alpes.

La réalisation de ce projet a été facilitée surtout par ce fait que la nouvelle ligne étant tout entière sur le territoire

---

[1] A. Nérot, ingénieur, Le Nord et l'Est de la France et les voies d'accès au Simplon. Bulletin de la Soc. de Géog, de l'Est. 4e trimestre 1905 p. 315.

suisse, il n'a pas été nécessaire de recourir à des accords diplomatiques toujours longs et compliqués.

Le projet dont la Suisse va commencer la réalisation se présente dans les conditions les plus favorables, tant au point de vue économique qu'au point de vue de son exécution matérielle. Si comme il est logique de le prévoir, le transit s'établit dans les mêmes proportions que celui du Gothard et du Simplon, la future compagnie des Alpes Bernoises jouira d'une intensité de trafic dont profitera toute la zone d'influence, c'est-à-dire le Nord et l'Est de la France.

La question est donc toute d'actualité.

Nous pouvons donc la diviser en deux parties bien distinctes :

I. Transport des voyageurs.
II. Transport des marchandises.

I. Transport des voyageurs

Vous savez tous que le transport des voyageurs n'est d'aucun rapport pour les Compagnies de chemins de fer, au contraire. La qualité éminemment précieuse de la marchandise transportée, ses exigences, la rapidité avec laquelle elle demande de parvenir au terme du voyage, sont autant de raisons qui concourent à augmenter pour le transporteur les dépenses de tous genres (personnel, machines, wagons, entretien et surveillance des voies, etc.)

Malgré tous ces inconvénients, les compagnies de chemins de fer français se sont depuis fort longtemps préoccupées de procurer à leurs voyageurs tout le confort désirable, tant au point de vue de la rapidité des communications que de la bonne qualité du matériel employé.

Mais une grande difficulté reste à vaincre et je ne pense pas être contredit quand j'aurai dit que ce qui nuit le plus aux communications rapides c'est la concurrence existant entre les différentes compagnies de chemins de fer, lesquelles ont une tendance bien naturelle et bien compréhensible à conserver les voyageurs sur leur réseau pendant le plus de temps possible, en leur faisant parcourir le plus de chemin possible. Cela paraît incompatible avec le principe que j'ai posé au début de ma relation, que le voyageur ne rapporte rien à son transporteur, mais cela est. C'est d'ailleurs administratif !

De plus, le Français étant centralisateur à l'excès, rien d'étonnant qu'il cherche par tous les moyens de se rapprocher de Paris où il croit trouver l'idéal. Il faut dire qu'actuellement les idées régionalistes commencent à prendre corps et que ce côté de la question n'est plus aussi dangereux qu'autrefois.

Loin de moi la pensée de voir les compagnies de chemins de fer mises aux mains d'une seule administration, encore bien moins de les voir aux mains de l'Etat. L'initiative privée suffit à mener à bien la besogne. Cependant un peu plus d'entente entre les Compagnies parerait à tous ces inconvénients.

Nous venons de voir que quelques modifications d'ordre absolument secondaire nous placeraient en bonne situation pour entraîner sur nos réseaux la foule des étrangers, voyons maintenant ce qui se fait à l'Etranger à ce point de vue, et comparons avec la France.

De Calais à Bâle, soit par Chaumont, soit par Nancy, il faut au moins 20 heures de voyage.

De Dunkerque à Bâle par Lille, Hirson et Nancy, il faut au moins 21 heures.

A l'Etranger, entre Ostende et Bâle, 15 heures suffisent.

Il est désolant pour des Français de se voir dépasser par l'Etranger. On sait cependant que nos ingénieurs ont construit des locomotives dont la vitesse dépasse de beaucoup celle permise aux locomotives des autres pays.

Une modification d'horaires s'impose si nous ne voulons pas voir d'ici peu nos lignes complètement désertées par les voyageurs pressés.

Sans vouloir chercher noise au port de Calais et diminuer en rien son importance, est-il aussi bien organisé que le port de Dunkerque au point de vue de la facilité des embarquements et des débarquements ? Si quelque chose manque à Dunkerque, nul doute que la Chambre de Commerce ne s'empresse d'y remédier.

De tous les ports français il n'en est pas dont la fortune ait été plus merveilleuse et plus rapide depuis un quart de siècle : ce n'est point du mouvement des navires que Dunkerque tire son importance, car, je le dis plus haut, il n'est guère fréquenté par les paquebots à passagers, mais de celui des marchandises ; à ce titre, il se classe au troisième rang, après Marseille et le Havre, avant Bordeaux. C'est un emporium outillé pour sa fonction commerciale. Il a une spécialité, que lui vaut sa situation géographique et dont il a, pour cette raison, dépouillé le Havre : c'est le port lainier de France. Il introduit les toisons de l'Amérique du Sud[1] que travaillent les manufactures de Tourcoing. D'autre part, Dunkerque importe 150.000 à 200.000 tonnes de minerai de fer riche, nécessaires aux usines ; depuis 1896 il tend à supplanter Anvers pour les

---

(1) Du 1er janvier au 31 mai 1906, il a été importé 93.326.422 kilogrammes de laines.

arrivages de manganèse des Indes, dont il défraie Longwy et les Etablissements de la Société de Denain et Anzin ; celle-ci a choisi Dunkerque comme tête de ligne naturelle d'un service régulier avec Bilbao et avec Saïgon et Haïphong [1].

Après cette parenthèse ouverte pour vous montrer l'importance du port de Dunkerque, je continuerai mon sujet en disant que : la distance entre Douvres et Dunkerque est plus courte que celle qui existe entre Douvres et Ostende, on gagnerait encore quelque temps de ce chef.

En outre le nombre de kilomètres séparant Dunkerque de Bâle est moins élevé que celui qui sépare Calais de Bâle par Laon et Chaumont.

Il y a donc tout intérêt pour les Compagnies de navigation et les Compagnies de chemins de fer d'organiser un service rapide passant par Nancy et pratiquement utilisable pour les voyageurs.

II. Transport des marchandises

C'est la partie la plus importante. Nous pouvons la diviser en deux :

    1° Transport par voie de terre.
    2° Transport par eau.

Nous avons vu précédemment, c'est la déduction logique de la première partie de ma communication, que les lignes de chemins de fer, à part quelques modifications de peu d'importance, dans les itinéraires suivis, existent et fonctionnent dans de très bonnes conditions.

---

[1] B. Auerbach, le Canal du Nord-Est. Comptes rendus des Travaux du Congrès National des Sociétés de Géographie.
XXIIe session Nancy 1900. p. 155.

Les marchandises n'ont pas besoin comme les voyageurs d'être transportées aussi rapidement. J'en excepte une petite partie : les denrées alimentaires qui doivent être utilisées fraîches, mais je le répète, elles ne forment qu'une très petite proportion du trafic. Au surplus, on peut leur faire utiliser les trains rapides qui existent déjà.

Mais pour les marchandises lourdes, pour celles dont la matière même permet le transport lent, le plus gros inconvénient consiste dans les tarifications.

Ceux d'entre vous, Messieurs, et ils sont nombreux à Dunkerque, qui ont eu l'occasion de consulter les tarifs des transports de marchandises ont dû être effrayés, comme je l'ai été moi-même, de la complexité des barêmes, des notes et des renvois auxquels on est obligé de se rapporter pour arriver à établir d'une façon exacte le prix de transport d'une marchandise quelconque. Le maquis Corse n'est pas semé de plus d'embûches.

Et pourtant il existe des pays où ce travail est rendu très facile par la simplification des tarifs. C'est, je n'en disconviens pas, un très grand travail à faire, mais combien utile, que de réviser ces tarifs et de les simplifier.

Rien d'étonnant que les étrangers hésitent à employer nos lignes ferrées alors que dans d'autres pays ils trouvent la besogne toute faite.

Et cependant nous aurions tout intérêt à retenir sur nos réseaux les marchandises voyageant.

Je sais bien que la région du Nord-Est, tant par les industries du Nord que par celles de Meurthe-et-Moselle, aura un trafic qui permettra aux Compagnies de vivre ; mais pourquoi ne chercherions-nous pas à augmenter ce trafic par le transport des marchandises des pays étrangers ?

Cette augmentation de recettes permettrait aux Compagnies de chemins de fer de soigner encore mieux le transport de leurs voyageurs.

Nous voyons dans la statistique publiée par les soins de la Chambre de commerce de Dunkerque qu'une grande partie des importations et des exportations faites par ce port comprend le fer et ce qui en dépend.

Du 1er janvier au 31 mai 1906, les Importations représentent un chiffre de 99.889.157 kilogrammes ; les Exportations représentent pour les mêmes dates un total de 40.653.027 kilogrammes.

Or notre région de l'Est étant une région éminemment industrielle, où l'on trouve beaucoup de fer, et où son industrie a pris depuis quelques années une très grande extension, nous verrions d'un très bon œil les services de transports établis d'une manière pratique.

Le bassin de Nancy, d'après les relevés de M. Villain, exporte en minerai vers la Haute-Marne, le Nord, la Belgique, l'Allemagne, 300,000 tonnes.

Un second article d'expédition est le produit sidérurgique sous sa première forme, la fonte. Les mines de Meurthe-et-Moselle sont de véritables mères-gigognes : 580.000 tonnes en 1880, 1084.000 en 1890, 1575.000 en 1899, et ce chiffre ira encore en augmentant, il atteindra, selon M. Villain, plus de 2 millions de tonnes. Ce sera encore une aubaine pour les voies de communications du Nord-Est, qui draineront vers Dunkerque les produits destinés aux pays d'outre-mer jusqu'ici captés par Anvers.

La suite logique s'imposant à un service bien établi serait l'essor nouveau pris par l'industrie métallurgique de nos régions de l'Est.

Je pourrais ajouter que bientôt notre région pourra compter parmi les plus riches de France, puisque la houille a enfin été trouvée en Lorraine.

En juin 1906 a eu lieu, près de la ferme de Dombasle-sur-Seille, sur le territoire de Port-sur-Seille, en présence de M. Bouguet, de l'administration des Mines, la constatation officielle de la présence d'une couche de houille de 2^m60 d'épaisseur à la profondeur de 893^m63.

C'est la confirmation éclatante et indéniable de l'existence d'un bassin houillier lorrain français exploitable.

Cela bouleverse toutes les théories géologiques qui affirmaient autrefois qu'on ne trouverait la houille qu'à de très grandes profondeurs, ou que le bassin houillier nouveau n'était que la queue du bassin, mais une queue à peu près stérile.

Mais cette découverte est encore trop récente pour qu'elle influe sur le trafic actuel.

La Lorraine si vibrante restera longtemps encore un foyer d'appel et d'absorption pour les houilles et les cokes. Elle est donc doublement génératrice de trafic, parce qu'elle distribue et parce qu'elle attire.

En 1899 le bassin de Nancy a consommé 1.050.000 tonnes de combustibles provenant du Nord, de la Belgique et de l'Allemagne.

Jusqu'à présent je n'ai parlé que des communications par voie de terre, je tiens à dire un mot des canaux et des rivières navigables. Car ces lignes de transport sont toujours d'une utilité trop évidente, mais elles demandent aussi des améliorations.

Déjà au Congrès de 1901, tenu à Nancy, M. Auerbach, Vice-Président de la Société de Géographie de l'Est, professeur à la Faculté des Lettres à l'Université de Nancy, a fait une très savante communication sur le canal du Nord-Est[1]. Je vous y renvoie pour tous les détails complémentaires, mais je tiens à résumer son travail en quelques lignes.

Le principe adopté est le suivant : Relier la Meuse à la Sambre et à l'Escaut par un canal, le canal du Nord-Est.

Le projet avait déjà vu le jour le 5 août 1879 dans le programme élaboré par M. de Freycinet. Le 8 mars 1881 la Chambre de commerce de Dunkerque formula ses vœux et ses ambitions. Malheureusement le silence se fit. Le 17 février 1908 le projet revint à la surface. Une circulaire du Ministre ordonna une enquête sur ces voies de communications et un classement par ordre d'urgence.

En ce qui concerne le canal du Nord-Est, la nécessité de l'entreprise s'était, pendant la période d'accalmie, plus impérieusement emparée des esprits. Les Chambres de Commerce se réunirent le 7 avril 1900 en un Congrès tenu à Nancy. L'on y agita la question des voies de communication régionales ; celles des bassins de Longwy-Briey eurent les honneurs de la priorité.

Enfin le conseil supérieur du Commerce et de l'Industrie procéda en octobre 1900 à une sélection définitive. Il plaça au premier rang le projet de jonction de la Chiers à la Meuse et à l'Escaut et amélioration des canaux qui relient l'Escaut à Dunkerque.

Mais depuis, qu'a-t-on fait ?... Rien ! et cette situation risque de se prolonger, vu le déficit budgétaire.

Il est temps encore de réagir. Ouvrier de bonne volonté, j'ai tenu à apporter ma pierre à l'édifice commun.

---

[1] Le Canal du Nord-Est, par B. Auerbach. Comptes-rendus des travaux du Congrès des Sociétés françaises de Géographie. Nancy. 1901. p. 140.

Je résumerai ma communication en vous demandant d'adopter le vœu suivant :

Que les Compagnies de chemins de fer français, ainsi que les Ministères compétents fassent tout ce qui dépend d'eux pour faciliter les relations rapides et directes entre Dunkerque, la Suisse et l'Italie par l'Est de la France (Nancy) en organisant des trains confortables et rapides entre Dunkerque et Bâle par Hirson et Nancy.

Renouvelant le vœu émis par le Congrès de 1901.

Qu'il soit procédé le plus tôt possible à l'exécution du canal de la Chiers et d'un canal unissant l'Escaut à la Meuse sur le territoire français.

Vote des Vœux adoptés par le Congrès

A dix heures, les délégués se réunissent sous la présidence de M. Deman, pour examiner les vœux qui avaient été émis à la suite des différentes communications présentées par les Congressistes. Voici le libellé de ceux d'entre ces vœux qui ont été retenus :

1° Que le régime administratif de nos ports soit modifié dans le sens de l'attribution à un organisme local de l'administration totale ou partielle du port, c'est-à-dire dans le sens de l'autonomie.

2° Que les différents services maritimes, aujourd'hui répartis entre sept ministères différents, soient centralisés par la création d'une Commission permanente interministérielle ou par la réunion des différents services en une direction générale de la Marine Marchande.

3° Que le projet de loi sur les ports francs déposé par le Gouvernement en 1903, rapporté par Monsieur Chaumet et déposé à nouveau le 16 Juin 1906, soit promptement soumis aux délibérations du Parlement.

4° Que le Gouvernement s'efforce de développer les voies intérieures de circulation, notamment les canaux ; de combiner les moyens de transport soit à l'intérieur, soit avec les lignes de navigation, de manière à faciliter la circulation des marchandises vers les ports ou vice versa.

5° Qu'il soit procédé aussi vite que possible au creusement du Canal du Nord-Est.

6° Qu'exemption de tout impôt pendant 30 ans soit accordée à ceux qui mettront en culture les terrains stériles, et que, pendant les 30 années qui suivront, ces propriétaires soient exonérés de la moitié de ces charges.

7° Qu'il soit créé dans l'arrondissement de Dunkerque une Section de la Société des Amis des Arbres.

8° Que les dispositions de l'article 8 de la loi de 1901, aujourd'hui appliquées aux seuls voiliers francisés avant le premier Janvier 1901, le soient à tous les navires, vapeurs ou voiliers, pendant le temps où ils conserveront leurs qualités nautiques.

9° Qu'en raison du Congrès International de Géographie qui sera tenu à Genève en 1908, le Congrès National des Sociétés Françaises de Géographie n'ait pas lieu cette année-là.

10° Qu'il soit procédé à une meilleure réglementation de l'Administration Coloniale supérieure et à la réorganisation pratique de l'office colonial et des directions commerciales dans nos colonies.

11° Que les Compagnies de Chemin de Fer Français ainsi que les ministères compétents fassent tout ce qui dépend d'eux pour faciliter les relations rapides et directes entre Dunkerque, la Suisse et l'Italie par l'Est de la France (Nancy).

12° Et décide de transmettre à la Municipalité Calaisienne le désir que le nom de Grandsire signale la maison qui le vit naître.

Séance Solennelle de Clôture

A 3 heures 1/2, salle Sainte-Cécile, a lieu la séance de clôture du Congrès. Sur l'estrade, autour de M. Etienne Port, chef adjoint du cabinet du ministre de l'Instruction Publique, qui préside, se trouvent MM. Jean Trystram, Sénateur, Président de la Chambre de Commerce ; le général Boel, gouverneur de Dunkerque ; Brisac, Sous-Préfet ; A. Dumont, Maire de Dunkerque ; Dybowski, inspecteur général de l'agriculture coloniale, représentant le ministre des Colonies ; Lécuyer, directeur des Douanes à Dunkerque, représentant le ministre des Finances ; Fortin, chef-adjoint du cabinet du ministre de l'Intérieur ; Reclus, secrétaire particulier du ministre des Travaux Publics ; Letourneur, sous-chef du cabinet du ministre de l'Agriculture ; Honnorat, sous-directeur de la Marine Marchande ; Robin, chef adjoint du cabinet civil du ministre de la Marine ; Thomas Deman, Président du Congrès de Géographie ; Coquelle, Georges Morael, Woussen, Majoux, Duchateau, Vanhamme.

M. Thomas Deman, président du Congrès, prend le premier la parole :

« J'ai eu, Mesdames, Messieurs, tant de fois l'occasion de vous adresser la parole depuis le commencement de ce Congrès, que je suis convaincu que si j'avais longtemps à vous parler, je vous ennuierais profondément. Je veux seulement, puisque M. le Délégué de M. le Ministre de l'Instruction publique, qui nous fait l'honneur de nous présider, m'y invite, je veux seulement vous remercier d'être venus assister à notre Congrès, et vous dire, en deux mots, quels m'ont paru en être les résultats.

Nos séances de travail ont été peu nombreuses ; le temps nous a manqué pour qu'elles fussent plus longues, mais elles ont été admirablement occupées ; il y a été soulevé des questions très intéressantes, et ceux qui ont assisté à notre Congrès n'oublieront certainement pas la séance où il a été question de la Marine Marchande, où les intérêts les plus graves, les plus primordiaux de notre pays, ont été discutés sous la direction de très hautes compétences.

Dans une autre séance, qui intéressait plus particulièrement le centre de la France, il a été question du reboisement, et des hommes éminents ont su intéresser vivement leurs auditeurs.

Vous parlerai-je de nos excursions ? Je vous dirai seulement que chaque fois que nous avons eu le plaisir, nous dunkerquois, d'entrer en contact avec les congressistes, nous avons eu la joie très grande de rencontrer chez eux l'amabilité la plus exquise, la courtoisie la plus parfaite, l'affabilité la plus cordiale, si bien qu'au bout de deux ou trois jours de contact il semblait que nous ne faisions plus qu'une même famille (Applaudissements).

Ayant ainsi payé mon tribut à ceux qui ont bien voulu nous visiter, je vous adresse un dernier remerciement, un cordial salut et demande à M. le Président de bien vouloir donner la parole à notre secrétaire-général (Nouveaux applaudissements).

M. MAJOUX, secrétaire général. — J'exaucerai certainement votre désir à tous, en me bornant à vous donner lecture des vœux qui ont été émis par le Congrès.

M. Majoux donne lecture de ces vœux.

J'ajouterai simplement que le prochain congrès national se réunira à Bordeaux en 1907.

M. de Claparède. — Mesdames, Messieurs,

J'avais été chargé par la Société de Géographie de Genève et celle de Neufchâtel, d'exprimer en leur nom à nos amis et collègues de France nos vœux pour la pleine réussite du 27e Congrès National des Sociétés françaises de Géographie.

Ne l'ayant pas fait encore, et le soin d'ailleurs étant superflu puisque le Congrès a parfaitement réussi comme chacun peut s'en convaincre aujourd'hui, je veux du moins ne pas laisser se clore le Congrès sans exprimer au nom de nos amis qui ont bien voulu répondre à votre invitation, mes très sincères remerciements et mes plus vives félicitations pour la pleine et entière réussite du Congrès.

Je ne puis pas m'étendre sur nos travaux ; vous venez d'en entendre le résultat résumé par la liste des vœux dont M. le Secrétaire-général Georges Majoux a bien voulu donner lecture. A un autre point de vue, en ce qui concerne les excursions et les agréments offerts aux congressistes, cette réunion a été couronnée également d'un plein succès et laissera à tous ceux qui y ont pris part le meilleur et le plus cordial souvenir.

Permettez-moi donc de vous réitérer très chaleureusement les remerciements des Sociétés de Genève et Neufchatel à la Société de Géographie de Dunkerque, en y joignant mes remerciements personnels (Applaudissements).

M. E. Port. — Au nom de M. le Ministre de l'Instruction publique, j'apporte ici quelques récompenses honorifiques, qui seront une preuve, si minime soit-elle, de la sollicitude avec laquelle le Ministre suit les travaux des Sociétés françaises de Géographie.

Pour la vingt-septième fois nos sociétés se sont réunies, et leurs travaux se sont poursuivis de la façon la plus heureuse et la plus laborieuse ; les vœux qui tout à l'heure vous ont été lus sont la preuve du labeur fourni par tous les délégués.

C'est la ville de Bordeaux qui a été choisie pour le siège du prochain Congrès, et nous sommes assurés que les congressistes trouveront dans cette grande ville l'hospitalité la plus chaleureuse, mais ceux qui sont venus ici — il convient de le répéter bien qu'on l'ait déjà si bien exprimé — emporteront de leur séjour à Dunkerque le souvenir le plus durable et le plus reconnaissant (Applaudissements).

Au nom du Ministre de l'Instruction publique, je félicite donc le Congrès de son succès, je remercie la ville de Dunkerque de son aimable hospitalité.

M. Etienne Port prononce la clôture du Congrès. La séance est levée à cinq heures.

Banquet offert aux Congressistes

par la Société de Géographie de Dunkerque à l'Hôtel-de-Ville

Le soir à 7 heures 1/2 avait lieu dans les grands salons de l'Hôtel-de-Ville le banquet offert par la Société de Géographie et qui comportait 270 couverts.

M⁵ Thomas Deman présidait, ayant à sa droite MM. Port, délégué du Ministre de l'Instruction Publique ; Georges Morael, le général Boel, Alfred Dumont, Maire de Dunkerque ; Duchateau, Fontin, de Claparède, J. Leroy, Albert Dutoit, L'Hermitte, etc. ; à sa gauche MM. Dybowski, représentant le Ministre des Colonies ; Félix Coquelle, Honnorat, représentant le Ministre de la Marine ; Brisac, Sous-Préfet ; G. Majoux, Robin, Lesti Woussen, Reclus, le général Brieu, Mœneclaye, Maire de Cassel ; Cloarec, Directeur de la Ligue Maritime, etc.

Parmi les autres convives, citons au hasard et en nous excusant des omissions fatales en pareille circonstance : MM. le Dr Geeraert, Maire de Malo ; Cavrois et Benjamin Morel, adjoints au Maire de Dunkerque ; Paul Labbé, Secrétaire-Général de la Société de Géographie Commerciale de Paris ; Vanhamme, Durin, Wintle, Vice-Consul d'Angleterre ; Fayol, Boyd, Bonnard, le Sous-Intendant Militaire ; Jules Lefebvre, Auguste Crépy, Merchier, Bommelaer, le Commandant de la Défense Mobile, Bufquin, Nicole, Président de la Société de Géographie de Lille ; commandant Brolly, Guénot, G. Dufour, Mouraux, Dr Villette, Guitton, abbé Ponthieu, Valladaud, Collesson, Emile Laîné, Jean Dupuis, le baron de Guerne, François Bernard, Gaudy, Duquennoy, Godin, commandant Hugues, de Givenchy, Darcq, lieutenant Vautrin, Weus, de Ponfilly, Seligmann, Amsler, lieutenant Vervey, lieutenant Gressier, Morillé, Robert, Govare, le capitaine Créange, Desfarges, Paul Hayens, etc.

Un excellent orchestre symphonique, dirigé par M. Louis Dondeyne, s'est fait entendre pendant le repas.

Au dessert, M. Thomas Deman porte en ces termes la santé des hôtes de la Société de Géographie :

Toast de M. T. DEMAN

La tradition, et nous aimons suivre les traditions, veut que nos Congrès se terminent par un banquet amical, par une réunion où le charme de l'intimité et de la cordialité entre collègues viennent en quelque sorte reposer des travaux plus ardus auxquels le Congrès s'est livré.

Cette réunion permet à la société organisatrice, par la voix de son président, d'exprimer sa sincère gratitude à tous ceux qui ont pris part aux travaux du Congrès, à tous ceux qui l'ont honoré de leur présence et de leur appui.

Je n'entreprendrai point de les citer tous, car si j'en oubliais, ceux-là pourraient, de mon discours, se trouver comme exilés, et je ne le veux point, pensant, comme le grand poète, qu'il ne faut exiler personne.

Mais je ne puis taire ma reconnaissance profonde à l'égard des collaborateurs dévoués qui m'ont si précieusement assisté dans l'organisation de la belle réunion qui prend fin aujourd'hui.

Oui, mes chers amis, Coquelle, Morael, Majoux, Lesti Woussen, Fernand Weus, Leroy, Vanhamme, Duchateau,

Lizot, Dutoit, je vous remercie du fond du cœur. Ensemble, la main dans la main, unis par une sympathie et une confiance absolues et quasi fraternelles, nous avons pu, je l'espère du moins, rendre agréable à nos hôtes éminents la ville qu'ils sont venus visiter et, par ainsi, conquérir pour la cause de notre patrie locale, de nouveaux et sincères amis.

Les derniers échos du Congrès ne marqueront point la fin de notre union qui fut féconde : l'œuvre accomplie, l'édifice élevé, j'oserai presque dire le triomphe obtenu, nous reprendrons, dans une solidarité toujours plus forte et toujours plus cordiale, cette tâche si douce à tous les hommes de cœur : travailler ensemble, loyalement, franchement, pour le bien et la grandeur de son pays.

Nous le ferons demain comme hier, appelant dans nos rangs les bonnes volontés loyales et désintéressées, et l'avenir, j'en ai la foi certaine, nous apportera cette belle et inestimable récompense qu'est, pour la conscience, la légitime satisfaction d'un grand devoir largement accompli.

Messieurs, cela réchauffe le cœur et élève l'âme de ne sentir autour de soi que des amis, et c'est le propre de nos Congrès de créer, partout où ils se réunissent, cette atmosphère de concorde et de cordialité où l'homme se sent meilleur.

Vous êtes venus de tous les points de la France, d'au delà la mer, des pays voisins et amis, donner à notre ville et à notre Société de Géographie une marque, précieuse pour elle, de votre haute sympathie.

Devant vous, comme sous l'empire d'une suggestion bienfaisante, des divisions se sont effacées, des malentendus se sont dissipés, et pour le plus grand honneur de ceux qui l'ont fait, pour le bonheur de notre cher Dunkerque, en votre présence s'est échangé un geste noble et grand de patriotique fraternité.

Oh que longtemps encore votre souvenir plane sur nous, afin que, comme le disait si bien l'homme éminent qui, pendant sept années, a présidé de manière si digne et si simple aux grandes destinées de notre pays, afin que le drapeau de la France soit toujours assez large pour abriter tous ses enfants.

Gardez aussi, Messieurs, le souvenir de Dunkerque. Songez à ce que vous avez vu, pensez aux projets que l'on a mis sous vos yeux et dont l'exécution commencera demain, et dites bien qu'il existe, ici, tout au Nord de la République, une citadelle commerciale, dont la vaillante garnison travaille de toutes ses forces au bien-être, à la prospérité du pays tout entier.

Et si, parfois, dans une réunion, dans un banquet de nos sociétés sœurs, l'occasion vous en est offerte, levez, je vous en prie, votre verre à Dunkerque, l'écho en viendra jusqu'à nous à travers les ondes invisibles de la sympathie et nous en tressaillerons d'une profonde joie.

Aujourd'hui c'est à moi de lever mon verre en votre honneur.

Il appartient à l'aimable sous-préfet de Dunkerque de porter, suivant la formule consacrée, la santé de M. le Président de la République. Il me permettra pourtant d'évoquer, avant tout autre, le nom de l'homme éminent qui porte ce noble titre : le premier citoyen de la République Française.

Je salue respectueusement Messieurs les Ministres et leurs distingués représentants. Je lève mon verre en l'honneur de M. le Ministre de l'Instruction Publique qui a donné à notre Congrès des preuves multiples de sa bienveillante sollicitude, et je prie affectueusement mon ami, M. Etienne Port, de lui en témoigner notre gratitude en l'honneur de M. le Ministre des Colonies, sous l'égide de qui fraternisent les Sociétés de Géographie et les Sociétés Coloniales, en l'honneur de tout le Gouvernement de la République. A vous, Messieurs les délégués de toutes ces sociétés amies qui sont venues se grouper autour de nous et à qui nous rendrons quelque jour leur visite, aux éminents représentants de l'Angleterre, de la Belgique, de l'Espagne, de la Suisse, de ces nations dont l'amitié nous est précieuse ; à Monsieur le sénateur Trystram, à M. le Maire de Dunkerque, nos chers et dévoués protecteurs, à vous, mon général, qui représentez ici cette noble et vaillante armée dont, à bon droit, la France est si fière, à vous tous, Mesdames et Messieurs, oui à vous tous !

Et que le gai vin de France qui pétille dans vos coupes vous donne pour de longues années encore joie, bonheur et prospérité.

Ces paroles furent chaleureusement applaudies.

Et M. Brisac, Sous-Préfet se lève à son tour :

Toast de M. BRISAC, Sous=Préfet

Mesdames, Messieurs,

La présence parmi vous des délégués des différents départements ministériels était une preuve assez significative de l'intérêt que porte aux travaux de ce Congrès le Gouvernement de la République, pour que son représentant dans l'arrondissement n'ait pas eu besoin de venir l'affirmer. D'autre part, j'étais trop heureux moi-même de voir réunis à Dunkerque ces collaborateurs directs et si grandement autorisés des membres du Gouvernement, pour que je n'eusse à cœur de m'effacer devant eux. Et c'est ainsi, Messieurs, que durant toutes les manifestations de ce Congrès, auxquelles les organisateurs m'ont fait participer avec une bonne grâce dont je les remercie, j'ai tenu à garder le silence.

Mais nous voici arrivés au terme du programme, et demain les congressistes vont nous quitter. Je ne puis cependant les laisser partir sans m'associer aux sentiments qui leur ont été exprimés, tant par le Maire de la Ville que par le Président de la Chambre de Commerce, et sans venir leur dire combien je partage la satisfaction générale de ce que le choix de Dunkerque comme siège du Congrès nous ait permis de les avoir pour hôtes durant ces quelques jours. Et je ne saurais non plus laisser se terminer ce Congrès, sans vous féliciter de vos travaux, et sans émettre l'espoir que le concours de tant de bonnes volontés et de tant de talent produise les heureuses conséquences qu'on est en droit d'en attendre. Il est en effet à souhaiter, Messieurs, que le goût de la géographie se répande de plus en plus dans notre pays et que, surtout, l'étude de la géographie prenne dans notre enseignement public la place, l'importance, et j'ajoute la forme rationnelle qu'elle doit comporter.

Messieurs, je n'ai pas l'intention de plaider devant vous la cause de la géographie ; j'aurais, je l'avoue, quelque mauvaise grâce à le faire. Mais j'ai bien le droit de rappeler qu'il n'y a pas bien longtemps encore, l'enseignement de la géographie était, dans nos collèges et lycées, relégué au second plan, pour ne pas dire au dernier. Les professeurs, de par la volonté des programmes, n'y consacraient que de rares moments, et les élèves, à quelques exceptions près, ne s'en souciaient guère. Et chose tout aussi regrettable, on ne concevait son étude que comme un exercice de mémoire, surchargée qu'elle était de nomenclatures arides, de sèches énumérations, de détails exagérés ou inutiles.

Sans doute, cette conception s'est déjà profondément modifiée. Mais je crois qu'il reste fort à faire encore pour mettre l'enseignement de la géographie au niveau des exigences de l'éducation contemporaine. Je considère en effet que la connaissance de la géographie ne doit pas aider seulement le développement industriel et commercial de la nation, qu'elle ne doit pas seulement favoriser son expansion coloniale, mais qu'elle doit servir aussi à éclairer les esprits sur l'évolution économique, politique et sociale dont nous sommes les témoins.

Associée à l'histoire, dont elle est le complément naturel et indispensable — car, sans elle, combien de faits du passé resteraient inexpliqués ou obscurs ? — elle constitue un véritable champ d'observations et peut devenir — avec l'histoire et par elle — la grande éducatrice de notre démocratie. Voilà pourquoi je réclame pour la géographie une place particulière dans notre enseignement, voilà pourquoi je préconise sa divulgation, voilà pourquoi enfin je m'intéresse à vos efforts et pourquoi j'y applaudis.

Messieurs, il est une dernière raison qui m'a fait revendiquer ce soir l'honneur de prendre la parole : c'est que je tiens à user de la prérogative que la tradition a attachée à mes fonctions, et que je remercie M.˙ Deman d'avoir respectée, de porter la santé de M. le Président de la République.

Votre Congrès, Messieurs, est un Congrès National, — par suite, et je félicite le Président de la Société de Géographie de l'avoir si bien compris, nous ne saurions mieux le résumer et le clôturer qu'en élevant notre pensée jusqu'au chef de l'Etat. Nous rendrons ainsi un légitime hommage à celui qui, sans flatterie aucune, par la simplicité et la dignité qu'il a apportées dans ses hautes fonctions, doit être considéré comme le modèle des chefs d'une démocratie, et nous attesterons en même temps de notre commun attachement à votre pays et à la République. (Vifs applaudissements).

Toast de M. A. DUMONT, Maire

Mesdames, Messieurs,

Tout a été dit, en ce qui concerne l'expression de notre reconnaissance pour tous les auditeurs si distingués qui sont venus à Dunkerque représenter avec tant d'éclat la science géographique. Je leur en suis reconnaissant, pour ma part, à un point de vue égoïste, car j'étais un profane qui a beaucoup appris.

Oui, je dois de la reconnaissance à ces distingués savants, dont j'ai suivi les travaux comme un écolier un peu attardé dans l'étude de la géographie, et depuis trois jours, il me faut faire violence à moi-même, pour ne pas entretenir tous ceux que je rencontre des questions palpitantes du reboisement des montagnes et du transsaharien. (Rires et applaudissements).

Il s'est produit entre nous, je ne crains pas de le dire, une intimité dont je suis à la fois fier et charmé. La plupart d'entre vous m'étaient inconnus, — je ne dis pas de nom, car il est des noms que tous ceux qui s'occupent de géographie connaissent — mais enfin avec lesquels je n'avais aucune relation il y a quatre jours, et il me semble maintenant que j'ai toujours été avec eux.

J'espère d'ailleurs que je resterai toujours avec eux ; j'y serai au Congrès prochain, qui a choisi Bordeaux comme siège, Bordeaux, la ville de toutes les élégances, et aussi de toutes les éloquences, Bordeaux, mère d'orateurs dont nous ne serons toujours que les modestes élèves.

Certes, en 1908, nous irons aussi à Genève, dans cette ville dont il était bien inutile de vanter ici l'hospitalité, car nous en avons fait l'expérience dans des circonstances douloureuses... (Très bien ! très bien !)

Il n'y a aucune espèce de honte à nous rappeler qu'en janvier 1871 l'armée, dite de Bourbaki, succombant à la supériorité du nombre comme à la rigueur de l'hiver, se trouvait en face de cette alternative : ou de capituler, ou d'entrer sur un territoire ami. C'est ce dernier parti qu'elle choisit, et je l'en félicite. Et c'est alors que nous vîmes, sous les formes les plus délicates, les plus ingénieuses, la nation suisse venir au secours de nos prisonniers, de nos blessés, guérir leurs douleurs, guérir leurs blessures, même celles qui faisaient saigner les cœurs français devant la profondeur du désastre et l'horreur du lendemain (Vifs applaudissements).

Messieurs, je prie M. de Claparède de dire à ses concitoyens et Madame Claparède de répéter à ces nobles femmes de Suisse qu'elle représente ici si dignement... (Nouveaux applaudissements) que nous n'oublierons jamais, et qu'en 1908 nous mettrons notre honneur à aller nombreux à ce congrès de Genève, serrer les mains qui ont cherché les nôtres dans un élan si généreux, en 1871, contribuant ainsi au relèvement que nous sommes heureux de constater aujourd'hui.

Je bois à cette noble nation suisse, qui a toujours eu à cœur de conserver son indépendance, qui a eu le bonheur d'y parvenir, et que l'on peut citer comme exemple d'activité et de probité à tous les peuples de l'Europe (Applaudissements).

Toast de M. Etienne PORT

Délégué de M. le Ministre de l'Instruction Publique

Mesdames, Messieurs,

C'est un grand honneur pour moi de vous adresser en ce moment des remerciements qui ne sont pas seulement personnels, mais que je suis heureux d'exprimer au nom de tous les délégués des différents Ministères représentés au Congrès.

Cet honneur n'est pas sans péril, mais il a d'autre part cet avantage qu'il me permet d'exprimer des sentiments profondément sincères et entièrement cordiaux. Nous avons trouvé dans la ville de Dunkerque un accueil si amical que nous ne saurions en emporter qu'un souvenir vraiment très bon.

Lorsque, pour la première fois, nous sommes arrivés à Dunkerque, nous avons éprouvé, à notre réception dans cet admirable Hôtel-de-Ville, une impression de force et de grâce qui s'impose à quiconque voit cette admirable construction. Et il me semble, pendant ces quelques jours que je viens de passer dans votre ville, l'étudiant de près grâce aux sympathies et aux bienveillances qui m'ont dirigé dans tous les coins de la ville, il me semble que partout ce sont encore ces deux sentiments que l'on retrouve : la force et la grâce.

La force, dans ce magnifique port, si merveilleusement outillé, qui manifeste une énergie et une activité si puissantes ; la grâce, par l'accueil qui nous a été fait par tous les habitants, par les personnalités de Dunkerque, et aussi officiellement par les représentants de la Ville.

Nous n'avons donc que des hommages et de la reconnaissance à vous adresser, et c'est cette reconnaissance que je suis heureux de vous exprimer ce soir au nom des Délégués des Ministères et en mon nom personnel.

Mais il est des remerciements que je tiens à adresser spécialement aux organisateurs de ce Congrès, en tête desquels je dois nommer M. Deman, dont l'exquise courtoisie, dont la bienveillante hospitalité, s'est affirmée tous les jours avec des expressions nouvelles ; et je tiens à associer dans ces remerciements les noms de ses deux collaborateurs les plus dévoués : MM. Coquelle et Morael, sans oublier tous les orateurs et tous les membres dévoués de la Société de Géographie dunkerquoise.

Messieurs, je vous demande de lever votre verre, dans une communauté de sentiments avec tous ceux au nom desquels j'ai pris la parole, de lever votre verre à cette admirable ville de Dunkerque, au passé si héroïque, au présent commercial si vaillant, à cette ville qui permet les plus grands espoirs, toutes les vastes pensées (Vifs applaudissements).

Toast de M. Paul LABBÉ

Mesdames, Messieurs,

A chacun de nos Congrès, mon éminent prédécesseur, M. Gauthiot, venait, suivi d'un grand nombre de nos collègues. J'avais dit à M. Deman que, lorsqu'aurait lieu le Congrès de Dunkerque, je serais à mon tour accompagné d'une nombreuse délégation venue de la Société de Géographie Commerciale de Paris et de ses sections de Saint-Etienne, d'Angers, de Brives, de Tunis, d'Hanoï et de Constantinople.

J'ai tenu parole, et près de trente collègues et amis m'ont suivi à votre Congrès. Et chacun d'eux me disait, tout à l'heure, d'être leur interprète, de remercier de tout cœur M. Deman et la ville de Dunkerque de l'hospitalité charmante que nous avons reçue. Pour cela, point n'est besoin d'un long discours ; je veux tout simplement vous dire : Merci !

On dit pourtant que les congressistes sont bavards, et je vous assure qu'ils le seront. Ils diront votre hospitalité généreuse : ils se souviendront de tout ce que Dunkerque leur a appris.

C'est une intéressante, une consolante, une réconfortante leçon de choses que vous nous avez donnée, en nous montrant votre port, votre Chambre de Commerce, les travaux projetés d'agrandissement et de défense, en nous prouvant qu'à Dunkerque le présent est digne du glorieux passé (Vifs applaudissements).

Je remercie donc M. Deman, président de ce Congrès national, que nous retrouverons certainement dans des Congrès futurs avec de nombreux collègues, M. Deman, que nous aimions dès le premier jour, et que nous avons aimé davantage, après avoir eu l'honneur de voir Madame Deman et sa charmante famille ; il nous semblerait incomplet, s'il venait seul, plus tard, à nos autres Congrès.

Je remercie aussi ceux qui nous ont si aimablement reçus : M. Morael, dont la parole nous a tant appris,

M. Coquelle qui depuis longtemps est mon collègue à la Société commerciale de Paris.

Enfin, je ne puis pas ne pas me souvenir d'une chose qui nous a troublés tous : c'est la leçon de courage civique et de stoïcisme qui nous a été donnée lorsque nous avons visité votre Chambre de Commerce, par un homme dont le nom est célèbre chez vous depuis plusieurs générations, et qui nous a reçus, vous savez dans quelles circonstances, le cœur serré, les larmes aux yeux, et pourtant c'est avec un sourire qu'il nous a adressé son geste de bienvenue (Applaudissements).

M. Deman disait tout à l'heure qu'il nous demandait de parler quelquefois encore du Congrès de Dunkerque. Il y a longtemps qu'à Paris, lorsque votre président est venu me voir avec M. Coquelle, j'ai porté au déjeuner de la Société commerciale un toast au Congrès de Dunkerque, et depuis, à tous les déjeuners qui ont suivi, le 10 de chaque mois, j'ai fait, dois-je le dire, de la réclame pour le Congrès.

Au prochain déjeuner je vous promets qu'on parlera encore de Dunkerque, et je serais extrêmement heureux que quelqu'un d'entre vous vînt se mêler à nous pour entendre ce que nous en dirons.

En l'attendant, je vous remercie de tout cœur, et je vous certifie que les sentiments de chacun des membres de la Société de Géographie commerciale de Paris et de ses sections de province, valent beaucoup mieux que tout ce que je pourrais dire et que je vous ai dit (Applaudissements).

Toast de M. GUENOT

Mesdames, Messieurs,

J'aurais eu le plus grand plaisir à vous exprimer combien, mes collègues et moi, nous avons été touchés de l'accueil cordial que nous avons reçu de la ville de Dunkerque ; mais je dois vous dire que, dès les premiers pas que j'ai faits dans vos rues, dès les premières maisons que j'ai visitées, je me suis aperçu que je n'avais pas quitté le Midi et j'ai cru que j'étais toujours à Toulouse. C'est chose si évidente que M. le Maire de Dunkerque nous a fait remarquer que les dunkerquois étaient tout à fait du Midi, et les dunkerquois ne peuvent être des gascons (Rires et applaudissements).

Il est vrai qu'il y a peut-être une petite difficulté, mais, dans nos pays, on ne s'embarrasse guère de ces difficultés là : c'est qu'à Toulouse, ceux qui connaissent un peu la géographie le savent, il n'y a pas de Mer !... Sauf cette petite difficulté-là, j'aurais pu me croire tout à fait chez nous.

Dans ces conditions, je crois que ce n'est pas à moi qu'il appartient de remercier la Société de Géographie de Dunkerque comme il convient. Il y a là un homme qui a été désigné par les suffrages des congressistes pour les représenter, et, comme je vous le répète, étant de votre pays, je ne crois pas pouvoir parler plus longtemps au nom de Dunkerque, je cède la parole à un homme que nous aimons tous, et que nous avons choisi comme Président de Section : M. Nicolle (Applaudissements).

Toast de M. NICOLLE

Mesdames, Messieurs,

Je m'adresse ici en particulier à mes chers collègues congressistes, mais ce n'est pas sans un certain embarras que je réponds à l'appel de M. Guénot.

Je n'ai pas l'esprit de notre collègue, je n'ai pas non plus sa situation ; il est, dans les congrès du moins, mon ancien de beaucoup, il a beaucoup plus d'expérience que moi, quoique j'ai peut-être navigué plus que lui ; mais enfin je ne veux pas me dérober et pour une raison bien simple, c'est que mon cœur me porte tout entier à vous exprimer les sentiments de gratitude que nous ressentons tous.

Je dirai donc à ceux qui nous ont si bien reçus que nous sommes pleins de gratitude pour leur accueil, et, sans revenir sur les séances qui viennent de se terminer, je puis bien constater que l'un des bons effets de la géographie est de ramener parmi les hommes la concorde et l'amour fraternel. Je ne veux pas m'étendre davantage, car on a déjà dit beaucoup de choses, cependant je tiens à constater que nous avons eu ici une excellente leçon de choses géographiques.

On nous a fait visiter une ville possédant des installations merveilleuses pour son port, on nous a fait voir aussi, hier, un sanatorium qui est un admirable exemple donné à tous ceux qui peuvent faire du bien aux déshérités.

Nous avons été également à Tourcoing, montrer à des personnes qui ne le savaient pas, ce qu'était l'industrie du Nord. Eh bien, je trouve que ce sont là des leçons de choses géographiques excellentes et offrant bien plus d'intérêt que celles que l'on pourrait faire dans un cours.

Maintenant, Mesdames et Messieurs, vous allez avoir le bonheur de partir demain pour une croisière. On a beaucoup parlé de la marine dans ce Congrès et du relèvement de la marine. Eh bien, vous allez prendre l'expérience de la mer, et j'espère qu'elle sera douce. Le temps est heureusement jusqu'ici admirablement propice, et je souhaite que vous ne ressentiez pas trop de roulis ni de tangage. Vous reviendrez donc de votre croisière « marins », et vous comprendrez que nos efforts aient surtout porté sur la Ligue maritime et tout ce qui concerne la marine.

Mais je m'aperçois que je me laisse entraîner trop loin, et je me résume en un mot :

Mes chers collègues congressistes, buvons à la santé de la Société de Géographie de Dunkerque, et à celle de sa Municipalité, qui nous reçoit pour la seconde fois dans cet admirable édifice. Nous l'en remercions de tout cœur (Applaudissements).

Toast de M. CLOAREC

Mesdames, Messieurs,

Lorsque nous sommes arrivés à Dunkerque, aucun de nous n'avait le moindre doute sur la courtoisie avec laquelle nous serions reçus, car nous savons tous que la courtoisie est de tradition dans votre ville. Mais les sociétés assimilées, au nom desquelles j'ai l'honneur de prendre la parole en ce moment, pouvaient se demander si, en leur qualité même d'assimilées, elles ne seraient pas traitées un peu... comme des parents éloignés, et nous avons eu l'agréable plaisir de constater que nous étions reçus au contraire avec une fraternelle sympathie. Les organisateurs du Congrès ont voulu manifester, avec la plus délicate attention vis-à-vis de leurs jeunes sœurs, le plaisir qu'ils avaient à les recevoir en les conviant à organiser les deux belles séances publiques qui ont été données au cours du Congrès, et qui ont été confiées à la Société de l'Afrique française et à celle de la Ligue maritime.

C'est donc du plus profond du cœur que nous remercions les organisateurs du Congrès, le Président et les membres de la Société de Géographie de Dunkerque, le Maire, le Président de la Chambre de Commerce, et tous ceux que nous avons pu oublier, et afin de leur prouver que nous avons profité quelque peu de notre passage dans cette ville, je vous propose de lever vos verres, et de pousser en l'honneur de chacun d'eux un vigoureux vivat : « Vivat in œternum ! » (Vifs applaudissements).

Toast de M. de CLAPARÈDE

Mesdames, Messieurs,

Monsieur le Maire, certes, c'est de grand cœur que je me ferai l'interprète, à Genève et en Suisse, des paroles que vous avez bien voulu prononcer ce soir. Je vous en suis profondément reconnaissant, et c'est avec un profond sentiment de gratitude aussi que j'ai appris cet après-midi que le Congrès National des Sociétés Françaises de Géographie n'aurait pas lieu en 1908, à cause de la réunion à Genève du Neuvième Congrès International de Géographie.

La similitude des langues, la proximité des frontières, j'allais dire les rapports de bon voisinage et d'intimité qui existent entre les deux pays, nous font espérer que Monsieur le Maire de Dunkerque et de nombreux congressistes d'aujourd'hui voudront bien venir à Genève pour le Congrès International de 1908.

Je voudrais ajouter quelque chose aux toasts qui ont été portés tout à l'heure. On a porté, et avec raison, la santé de M. Deman, de M. Guénot, de M. Morael, et l'on ne pouvait mieux faire que d'associer les noms de ces Messieurs, mais, sur un navire — je vous demande pardon de la comparaison, mais elle me semble de circonstance — sur un navire il y a un commandant, il y a l'état-major. Cependant, s'il n'y avait sur ce navire que cet état-major, je crois qu'il n'irait pas très loin, et que si c'était celui qui doit nous emmener demain en excursion, il resterait très probablement à l'écluse Trystram, sans pouvoir gagner Ostende ni Bruges (Sourires).

C'est qu'à côté de ceux que l'on voit, il y a ceux qui sont invisibles, mais qui n'en travaillent pas moins pour cela ; dans un navire il y a l'équipage, et dans toute organisation il y a un Secrétaire général (Applaudissements). Ce Secrétaire général est ordinairement la pierre angulaire de l'édifice, la cheville ouvrière de l'œuvre, et ce fut ici M. Georges Majoux.

Depuis longtemps il a toujours été sur la brèche, ne ménageant ni son temps ni sa peine pour obtenir les résultats excellents dont nous avons eu le plaisir de profiter : c'est donc à M. le Secrétaire-Général Georges Majoux, de la Société de Géographie de Dunkerque, que je désire porter mon toast en lui exprimant toute notre reconnaissance (Applaudissements)... notre très vive reconnaissance pour tous les soins qu'il a pris en vue du succès du Congrès. Je puis d'autant mieux m'en rendre compte que j'ai fait partie des Comités d'Organisation de plusieurs Congrès, et que je sais par expérience quelle somme de travail et de dévouement doit dépenser un Secrétaire-Général pour obtenir de tels résultats.

Je bois donc à la santé du Secrétaire-Général du Congrès, M. Georges Majoux ! (Vifs applaudissements).

*
* *

M. Léon Fayol, dans une improvisation fort applaudie, demande la création de prix qui seront décernés, au nom du Congrès de Géographie, aux élèves des écoles de la Ville.

D'autres toasts se perdent dans le brouhaha d'une animation qui grandit, et la séance est levée vers minuit.

La Croisière

Le départ de l'*Insulaire* était fixé au 3 août, 7 heures du matin. Dès avant l'heure fixée, les quatre-vingt-dix excursionnistes avaient pris place sur le yacht pour y procéder à une installation sommaire. Plusieurs même y avaient passé la nuit.

A sept heures, au moment de partir, le maître-queux apparaît tout effaré sur le pont ; le boulanger a fait défaut, et il n'y a pas de pain. Une voiture obligeamment mise à sa disposition par l'ami ou le parent d'un passager part au triple galop chercher le pain.

Un quart d'heure se passe plein d'anxiété, mais le capitaine Lemanchec ne peut manquer la marée et donne l'ordre de larguer les amarres ; l'*Insulaire* s'éloigne lentement du quai ; ceux qui partent et ceux qui restent échangent un dernier salut et le paquebot s'enfonce à l'horizon, tandis que le pain arrive enfin, mais trop tard.

Le navire suit la côte, passant de la rade de Dunkerque à celle de Nieuport, et la côte flamande, toute proche, déroule sous les yeux des congressistes son admirable panorama. C'est d'abord Malo, Malo-Terminus, la masse imposante du Sanatorium de Zuydcoote, Bray-Dunes, la Panne avec ses villas perchées au haut des dunes, les châlets de Coxyde et d'Oost-Dunkerque, Nieuport-bains ; puis l'immense digue toute bordée de villas qui longe la mer de Westende à Ostende bordant les importantes stations de Middelkerque et de Mariakerque. Ostende étale aux yeux émerveillés des voyageurs son énorme Kursaal, ses somptueux hôtels balnéaires à cinq et six étages, sa digue superbe baignée à toute heure par le flot, ses jetées couvertes de curieux. Et, plus loin, sa rivale Blankenberghe leur apparaît plus animée encore, la foule étant massée dans un espace plus restreint et le « pier » littéralement noir de monde.

Au delà, c'est Zee-Bruges, port nouveau créé de toutes pièces de 1895 à 1906 et ayant coûté jusqu'ici une cinquantaine de millions. La rade, protégée par une énorme digue de plus de deux kilomètres de longueur sur cinquante à soixante-dix mètres de largeur, donne accès par un chenal de 750 mètres à une écluse gigantesque de 256 mètres de longueur utile entre portes sur 20 mètres de largeur, ouvrant sur le port intérieur et le canal Léopold. Une navigation de dix kilomètres dans ce canal mène l'*Insulaire* au pied de la ville de Bruges.

Bruges la morte ! Bruges aux mille cloches jamais lassées psalmodiant du matin au soir un perpétuel office des morts ! Bruges aux rues vides ornées de Madones et bordées de maisons aux airs de cloîtres, aux canaux coulant doucement entre les pignons de pierre leurs eaux mornes et silencieuses ! Combien parmi les Congressistes qui, ce jour-là, voyaient pour la première fois l'antique métropole flamande, n'ont-ils pas regretté ces travaux destinés à l'arracher à son sommeil séculaire et qui ne lui rendront son antique prospérité qu'en lui donnant par surcroît la bruyante banalité des grandes cités commerciales !

De nombreuses voitures attendaient les voyageurs à la descente du paquebot. Une trop rapide visite leur montre successivement l'hôtel Grauthunse, aux merveilleuses dentelles, l'hôpital Saint-Jean où vécut Memling qui y célébra en de candides chefs-d'œuvre les joies de sa convalescence, la merveilleuse chapelle du Saint-Sang, et le lac d'Amour bordant le Béguinage aux ruelles enchevêtrées bordées de maisonnettes uniformes, hameau plus silencieux encore, isolé dans la grande cité silencieuse.

Dans la salle échevinale de l'Hôtel-de-Ville, les Congressistes sont reçus par le bourgmestre, M. le comte Visart de Beaucarnetz, entouré de ses échevins, MM. le baron Van Calsen, Gœthal et Dewulf, et par M. le baron de Béthune, gouverneur de la Flandre Occidentale.

En leur souhaitant la bienvenue, M. le comte Visart de Beaucarnetz fait allusion au passé commun de Bruges et de Dunkerque, qui appartenaient jadis au même clan, et regrette d'autant plus l'interruption des relations entre les deux villes qu'il est lui-même d'origine dunkerquoise par ses grands-parents maternels. Et, dans sa prime jeunesse, ceux-ci lui racontaient en flamand les hauts faits de Jean Bart, héros aussi populaire dans la Flandre belge que dans la Flandre française.

Parlant ensuite des travaux du port de Bruges, le bourgmestre estime qu'ils ne sauraient menacer les intérêts de Dunkerque, dont la rade est unique dans la mer du Nord. Et, deviendrait-elle même pour sa voisine française une concurrente, elle attirerait par cela même un trafic nouveau dont les deux cités maritimes seraient appelées toutes deux à profiter.

M. Thomas Deman lui répond en le félicitant des efforts qu'accomplit Bruges pour conquérir des gloires nouvelles qui ressusciteront les anciennes, et lui remet l'insigne des congressistes qui lui permettra d'être aujourd'hui pour quelques heures, et plus tard par le souvenir, leur collègue.

Puis M. Alfred Dumont, Maire de Dunkerque, remercie e Comte Visart de Beaucarnetz d'avoir rappelé la communauté d'origine de Bruges et de Dunkerque et l'assure que, quoique profondément patriotes et français, les Dunkerquois n'oublient pas plus le temps où ils combattaient sous la même bannière que les Brugeois, qu'ils ne jalousent aujourd'hui les efforts faits par ceux-ci pour le relèvement commercial de leur cité.

On a bu ensuite le champagne et l'on est revenu au port, d'où l'*Insulaire* est parti à 5 heures 1/4, voguant vers Zee-Bruges et Ostende, où un gala est préparé au Kursaal, en l'honneur des Congressistes.

Mais la mer devient houleuse, et c'est en vain que le navire demande le pilote pour entrer au port. Après avoir croisé quelques instants, l'*Insulaire* vire de bord et fait route vers Scheveningue.

Il arrive en vue de cette ville à 4 heures 1/2 du matin. La mer reste dure, le navire a trop de tirant d'eau pour entrer dans le port, et le transbordement des passagers sur un remorqueur devant présenter, dans ces conditions, de réels dangers, le capitaine continue sa route vers l'embouchure de la Meuse.

A 7 heures du matin, le paquebot accoste le quai de Hoek van Holland, à une dizaine de kilomètres de Scheveningue, où une réception officielle attend les Congressistes à dix heures. Mais il n'y a là ni train sous pression, ni automobiles pour les y transporter. Sur le conseil de MM. Woussen et Duchateau, qui ont des représentants à Rotterdam et s'offrent à leur télégraphier immédiatement, les excursionnistes remontent à bord et l'*Insulaire* s'engage dans le nouveau canal de Rotterdam.

Ce chenal devient de plus en plus animé à mesure que l'on approche de la grande cité maritime. A l'ancre au milieu du fleuve, des cargo-boats déchargent leur contenu dans des bélandres de mille tonnes accrochées à leurs flancs. Sur chaque rive, des chantiers de construction emplissent l'air d'un bruit de ferraille et de marteaux ; des cales sèches, des docks flottants, contiennent des navires en réparation ; d'innombrables bateaux — remorqueurs, bateaux-pilotes, bateaux-passeurs, bateaux de pêche — circulent de tous côtés entre les coques de grands vapeurs et répandent une animation extrême dans le paysage ensoleillé.

L'*Insulaire* s'amarre à l'entrée du port, sur la rive gauche, et de 10 heures 1/2 à midi les Congressistes flânent par les rues tout animées par le traditionnel nettoyage du samedi ; puis, l'après-midi, se rendent en chemin de fer à la Haye.

M. Delvincourt, premier Secrétaire de la Légation de France, et M. Ballero, Attaché, les attendaient à la gare, et leur firent visiter en tramway la capitale. Après une assez longue visite au Musée, où ils purent admirer une superbe collection d'œuvres de Rembrandt, de Ruysdael, de Rubens, d'Holbein et de Van Ostade, les Congressistes se rendirent, toujours en tramway, à Scheveningue, la grande plage hollandaise.

Ils y arrivèrent vers 4 heures et furent reçus par le Directeur général de la Société des Bains, M. Goldbec, qui les conduisit au Kurhaus. L'Orchestre Philharmonique de Berlin joue la *Marseillaise* à leur entrée ; tout le monde se lève et se découvre ; les Congressistes applaudissent à tout rompre et vont ensuite visiter la plage.

A 6 heures, les Congressistes étaient de retour à La Haye, où, après avoir traversé la maison du bois et admiré un immense parc dans lequel cerfs et biches s'ébattent en liberté, ils sont reçus à la légation de France par le ministre plénipotentiaire, M. Baylin de Monbel.

M. Thomas Deman, en lui présentant les membres du xxviie Congrès et le Maire de Dunkerque, s'est excusé du retard apporté au voyage par le mauvais état de la mer.

M. Alfred Dumont dit toute la joie qu'il a éprouvée à visiter les trésors artistiques de la ville et rappelle que l'architecte de l'Hôtel-de-Ville de Dunkerque, M. Cordonnier, est l'auteur du projet de Palais des Nations qui vient d'être couronné à La Haye. Il fait des vœux pour que, cette fois, on exécute le projet primé, au rebours de ce qui s'est passé à Amsterdam où la substitution d'un projet nouveau à celui que prépara Cordonnier pour cette ville, et qui fut également primé, a d'ailleurs abouti à un désastre.

Très aimablement, M. Baylin de Monbel excuse les Congressistes d'un retard qu'il n'a pas dépendu d'eux d'éviter, et donne à M. Dumont l'assurance que le gouvernement français soutiendra les droits de M. Cordonnier.

Les congressistes rentraient à Rotterdam à 8 heures du soir et revenaient dîner à bord de l'*Insulaire* qui, à 4 heures du matin, quittait le quai pour arriver à 11 heures à Flessingue, dans l'île de Walcheren. En entrant dans le port il échange des saluts avec un garde-côtes hollandais, le *Piethein*.

L'après-midi, chacun se promène à sa guise à Flessingue ou dans la délicieuse Middelbourg, qui n'en est éloignée que de deux ou trois kilomètres, et y est reliée par un tramway. L'antique abbaye, le magnifique Hôtel-de-Ville et et les jardins plantés sur les fortifications ruinées de la capitale de Walcheren ont peut-être moins éveillé la curiosité des excursionnistes que les costumes pittoresques des jolies Zélandaises exhibant dans les flâneries de ce dimanche estival les couleurs éclatantes de leurs corsages drapés, de leurs bras nus et cramoisis et les ornements d'or qui emprisonnent leur chevelure.

Le départ était fixé à cinq heures, mais des passagers qui, comme ils avaient fait de la monnaie hollandaise, avaient cru devoir aussi prendre l'heure hollandaise et avaient ainsi réglé leurs montres sur le méridien de Greenwich, ont raté le départ.

A 11 heures 1/2, l'*Insulaire* accostait près du phare dans le port de Dunkerque et les Congressistes allaient goûter un repos bien gagné.

Journée du Lundi 6 Août

C'était la dernière journée du Congrès. Où pouvait-on mieux la passer qu'à Cassel, ce point culminant des Flandres, montagne modeste, mais que sa situation isolée au milieu de l'immense plaine a dotée d'un des panoramas les plus étendus de l'Europe et d'où les congressistes devaient voir s'étaler à leurs pieds toute la région qu'ils avaient parcourue et visitée durant une semaine ?

Le temps, qui tenait sans doute à se faire pardonner son inclémence pendant la croisière, fut absolument superbe, et les estomacs étant apaisés, les physionomies ont retrouvé leurs aspects riants. Ce fut une exquise journée d'adieux.

Quand les tramways enrubannés qui attendaient les excursionnistes à la gare atteignirent la Grande Place, ceux-ci furent reçus par M. Moeneclaey, Maire de la Ville et Conseiller Général, et par son adjoint, M. Malot, tandis que la Musique municipale, réunie sur le kiosque, jouait la *Marseillaise*.

L'on monte dans les superbes salons de l'antique Hôtel-de-Ville, et M. Moeneclaey, en souhaitant la bienvenue à ses hôtes, déclare que cette journée comptera dans l'histoire casseloise et sera retenue par les annales locales.

M. Thomas Deman, en lui répondant, excuse les Congressistes absents et présente à M. Moeneclaey le salut amical de ceux qui n'ont pu venir comme de ceux qui sont venus.

Après la visite de l'Hôtel-de-Ville et du Musée et l'audition du concert donné en leur honneur par la Musique municipale, les Congressistes sont allés déjeuner à l'*Hôtel du Sauvage*.

Ce dîner d'adieu a été des plus gais. M. Louis Liem, le doyen des musiciens de France, chanta, sur l'invitation de Madame Gaudy, la vieille ballade flamande du Reuze d'une voix encore très assurée. A l'heure des toasts, M. Morael évoque quelques souvenirs d'enfance qui lui valurent parfois la terrifiante intervention du sergent de ville. C'est encore le même qui se tient à la porte de l'hôtel. Ce qui prouve que dans cette antique petite cité, les hommes, comme les choses, ne changent pas et ne vieillissent guère. Et en terminant, M. Morael boit à la montagne casselloise, à ses vieux monuments, à son site incomparable, à Cassel enfin, parce que c'est Cassel et qu'il est cassellois.

M. Moeneclaey espère que les visiteurs emporteront un bon souvenir de Cassel et boit à Madame Bottin, seule dame casselloise assistant au banquet.

M. Thomas Deman porte un toast à la santé de Madame Moeneclaey. M. Dodanthun, directeur de l'*Indicateur d'Hazebrouck*, parlant au nom de la presse, rappelle les liens d'étroite parenté unissant les dunkerquois et les cassellois, la similitude de leurs mœurs, de leurs traditions et de leurs chants populaires, et boit au rapprochement chaque jour plus étroit de la montagne et de la mer.

M. Paul Hazard, après un piquant récit de ses mésaventures à Flessingue, où il a manqué le départ de l'*Insulaire*, boit à la santé de M. Jean Dupuis, le doyen des explorateurs français.

Le déjeuner terminé, les Congressistes font l'ascension du plateau qui domine la ville, et sont vivement impressionnés par le spectacle de la plaine sans bornes étalant sous leurs pieds, avec la netteté d'une carte géographique, ses longues avenues droites bordées d'arbres qui relient entre eux une centaine de villes et de bourgs ; ses vergers, ses champs et ses prés couvrant des tons verts des herbages ou de l'or des céréales mûrissantes la totalité de l'étendue visible, sans qu'un seul coin de terre soit perdu.

Puis on dévala, par le chemin Rouge, vers Oxelaere, en s'arrêtant à mi-côte dans la superbe propriété de M. Bosquillon de Jenlis où les rives d'un vaste étang ombragé offrent un cadre ravissant pour une halte. Et, au bas de la montagne, les Congressistes se reposent dans le somptueux château de Madame Dujardin, qui leur offre des rafraîchissements. M. Thomas Deman, son parent, lui en a exprimé sa gratitude et a présenté les hommages des Congressistes.

Du château à la gare, il n'y a que quelques pas. Le retour en chemin de fer marqua les derniers moments que nous devions passer en compagnie de nos hôtes. Puissent-ils avoir conservé de la Flandre un bon souvenir. Puissions-nous avoir été assez heureux pour leur témoigner, par notre accueil, tout le plaisir qu'ils nous ont fait en nous rendant visite !

TABLE DES MATIÈRES

PAGES

Avant-Propos

Organisation du Congrès......................	V
Bureau du Congrès...........................	V
Commissions.................................	VI
Subventions.................................	VII
Souscriptions...............................	VIII
Comité d'Honneur............................	X

Travaux du Congrès

Dimanche 29 Juillet.

Réunion des Délégués........................	1
Rapport sur la Société de Géographie d'Alger.....	4
— — — Commerciale de Bordeaux..	7
— — — de Bourges...	10
— — — de Brive.....	11
— — — de Dunkerque	13
— — — du Havre....	17
— — — de Lille......	18
— — Bretonne de Géographie...	20
— — de Géographie et d'Études Coloniales de Marseille	22
— — de Géographie de l'Est....	26
— — — de Paris.....	28
— — de Géographie Commerciale de Paris.....	33
— — — de Roubaix..	35

	PAGES
Rapport sur la Société Normande de Géographie..	37
— — de Géographie de St-Nazaire	39
— — — commerciale de St-Etienne	40
— — — de St-Omer..	42
— sur la Section Tunisienne de la Société de Géographie commerciale de Paris..............	43
Séance Solennelle d'ouverture....................	47
Inauguration du monument élevé par la Ville de Dunkerque à la mémoire de ses enfants soldats et marins morts pour la Patrie...................	57
Kermesse flamande au Parc de la Marine..........	58
Réception à l'Hôtel-de-Ville	58

Lundi matin 30 Juillet.

Première séance.............................	59
Réception à la Chambre de Commerce	68
La Visite du Port.............................	81

Lundi après-midi.

Aux Chantiers de France.......................	114
Conférence de M. Marcel Dubois.................	114

Mardi 31 Juillet.

Visite de l'Exposition de Tourcoing...............	116

Mercredi 1er Août.

Séance du matin............................	118
Visite du Sanatorium	123
Séance de l'après-midi	
Les voyages de Richard Grandsire, de Calais, dans l'Amérique du Sud (1817-1827), par M. le Dr Hamy	125
Le Rôle social de la Forêt, par M. Paul Buffault...	149

	PAGES
Les relations maritimes entre Dunkerque, les Colonies françaises et Pays de Protectorat, par M. Léon Fayol...............................	181
Conférence de M. Terrier.......................	193

Jeudi 2 Août.

Séance du matin.	195
La question du Reboisement, par M. Guénot......	195
La Géographie pratique à Manchester, par M. Ch. Bellamy..	200
Le Reboisement des Dunes, par M. Majoux........	207
Le Canal des Deux Mers, par le Commandant Lévy	215
Le Port de Dunkerque et le Canal du Nord-Est, par M. Georges Morael...........................	229
Rapport sur l'étude de la Géographie régionale dans les Lycées et Collèges, par G. Séverin...........	246
Relations commerciales du port de Dunkerque avec la Tunisie, par M. S. Fellous..................	251
La Montre Boussole-Solaire Emile Lainé........	253
Les relations entre Dunkerque et l'Italie par l'Est de la France (Nancy), par P. Collesson............	257
Vote des Vœux adoptés par le Congrès.............	269
Séance Solennelle de Clôture.....................	271
Banquet offert aux Congressistes.................	275

Vendredi 8 Août.

La Croisière.....................................	294

Lundi 6 Août.

Visite à Cassel.....................................	301
Table des matières.............................	305

www.ingramcontent.com/pod-product-compliance
Lightning Source LLC
Chambersburg PA
CBHW070628160426
43194CB00009B/1397